중국어의 디지털 인문학적 연구

延世大學 中國研究院 孔子學院 研究叢書 007

중국어의 디지털 인문학적 연구

연세대학교 중국연구원 저

學古房

<발간사>

2013년 연세대학교 공자아카데미, 2015년 중국연구원이 개원한 이래, 연세대학교 내에서 중국 관련 연구가 본격적으로 시작되었습니다.

색다른 연구와 특색 있는 분야의 연구가 시대의 흐름에 걸맞게 고안되고 추진되어 세상에 빛을 보게 됩니다. 남들과 다른 길을 가는 사람들의 외로움을 사명감과 책임감으로 포장하며 지금이 아닌 미래의 이 땅의 주역들에게 남겨 줄 의미 있는 작업을 하고자 이 마당을 만들게 된 것입니다.

나무가 나무와 더불어 숲을 이루어 우리의 연구 영역을 이루려고 합니다.

인문, 사회과학 연구자가 더불어 잘하면 누구도 생각지 못한 그림을 그릴 수 있다고 확신합니다. 아집과 편집과 고집은 책을 만들고 연구하는 데 아무런 도움이 되질 않습니다. 진실한 연구는 반드시 따르는 후속 연구자가 있게 마련이고 바른 연구 풍토는 반드시 그 빛을 보게 될 날이 있음을 확신합니다.

우리가 책을 만들고 책이 연구를 대변하고 더불어 연구의 숲을 이루는 그 날까지 연세대학교 중국연구원은 계속해서 연구 과제 총서를 만들어 나갈 것입니다.

남들과 조금이라도 다르게 생각하고 확고한 신념으로 각자 맡은 일에 충실함으로써 새롭게 거듭나는 자랑스러운 연구 마당을 열어 나가겠습니다. 감사합니다.

연세대학교 중국연구원
김현철 드림

목차

인공지능 학습용 데이터 구축 지원사업 참여를 통해 본 한중언어정보 편향문제와 개선방안

이석구*

1. A.I.시대의 통번역

2022년 11월, 오픈AI(OpenAI)의 대화형 인공지능 서비스 챗GPT(ChatGPT)는 일반에 공개되고 닷새만에 사용자 100만명을 돌파하고 두달만에는 1억명의 사용자를 기록할만큼 뜨거운 관심을 받았다.[1] 챗GPT에 대중적 관심이 몰린 이유를 여러 측면에서 찾을 수 있겠지만 실제 인간과 대화하고 있는 듯한 자연스러운 상황의 구현이 가능해지면서 특정 영역의 전문가뿐 아니라 보통 사람들도 쉽게 접근할 수 있었던 요인도 적잖았을 것이라고 짐작이 된다.

사실 챗GPT의 출현 이전부터 인공지능 언어모델들은 발전을 거듭하며 이미 우리의 일상 곳곳에 광범하게 자리잡고 있었다. 오히려 언론에서 알파고(AlphaGo)나 챗GPT와 같은 인공지능에 관련된 뉴스를 보고서야 새삼 우리의 삶 곳곳에 인공지능이 자리잡고 있음을 알아차리게 될만큼 인공지능은 이미 우리에게 성큼 다가와 있다. 게다가 이제는

* 李碩九(Yi Seok Gu) : 全南大學校 人文大學 中語中文學科 助敎授

1) 이진호, "챗GPT 등장 1년, 업계 뒤흔든 생성AI"(Byline Network, 2023년 11월 29일 작성, 2023년 12월 31일 검색)

인공지능의 실시간 통역기능을 채택한 스마트폰까지 출시된 상황에까지 오게되었으니 불과 1년 남짓 되는 시간의 인공지능 발전 속도에 가히 현기증이 날만하다고 하겠다.

그런데 언어 영역, 특히 외국어 통번역 영역에서 인공지능의 성취는 최근 몇 년 사이의 시도에 대한 결과물이 아니다. 기계번역에서는 챗GPT보다 앞서 인공지능을 활용해 왔으며 챗GPT의 번역 기능도 인공지능의 자기학습기능에 의해 발전한 기계번역에 의지하고 있는 바가 크다. 인공지능의 활용 전부터 기계번역의 시도는 있었으나 최근 10년간 인공지능의 자기학습 기능을 적용한 후부터 기계번역은 획기적인 발전을 거두게 되었다. 인공지능의 자기학습기능을 통한 빅데이터의 축적으로 기계번역은 '가공할만한' 수준에 이르렀다. 여기에서 '두려울만큼'이라는 표현은 기계번역의 발전상을 묘사하는 수사적 과장이지만 이를 단지 수사적 과장이 아닌 당장 닥친 현실적 위협으로 느끼는 경우도 없지않은 듯 하다.[2)] A.I. 시대 사라질 직업으로 통번역가가 언급되는 것은 인공지능을 통한 기계번역이 현재 인간의 번역 노동을 대체할 수 있는 수준까지 발전했고 그로 인해 이 업종이 종말을 맞이할 것이라는 인식에서 비롯되었다.

통번역가에 대한 기계번역의 위협은 오로지 기계번역의 기능 향상으로 인해 발생하는 것인가? 또한 기계번역은 과연 위협적이기만 할 것인가? 서로 다른 의문처럼 보이는 이 두 물음에 대한 답은 사실 하나의 인식에 기초하고 있다. 기계번역으로부터 느끼는 사회적 위협은 기계번역 자체의 발전보다는 그것을 신뢰하는 대중적 인식에 기반하고 현실로 고착될 가능성이 크다. 기계번역이 자연스럽고 정확하다는 인식은 이미 다수의 의견을 형성하고 있으나 대중이 사용한 모든 기계번역의 결과물을 전문가 수준으로 검증할 수 없으며 대중적으로 사용하는 수준에서는 전문가 수준의 엄밀한 검증을 필요로 하지도 않는다. 부정확한 통번역으로 초래될 부작용이 예상되지만 그것이 즉시 문제를 발생시키지 않는 이상 기계번역에 대한 신뢰는 변함이 없을 것이다. 이러한 이유로 기계번역의 문제가 없지 않음에도 불구하고 기계번역은 다수에 의해 사용되고 신뢰는 높아

---

2) 곽아람, 김민정, "AI는 번역가를 대체할까? "속도 빨라 가능" "문맥까진 안돼""(조선일보, 2023년 4월 17일 수정, 2023년 12월 31일 검색), 김주완, "일상 파고드는 AI 번역…실시간 통역, 웹툰 현지화에도 기여"(한국경제, 2023년 6월 26일 수정, 2023년 12월 31일 검색)

질 것이며 이에 따라 기계번역에 대한 의존도가 높아지면서 기계번역에 의한 통번역가의 교체는 현실이 되어갈 것이다.

기계번역에 대한 신뢰와 의존은 외국어 정보에 대한 대중의 접근성을 높이고 산업적 측면에서 통번역 서비스의 원가 절감, 감정노동 대체 등의 효용을 동반 혹은 동반하는 것으로 인식되며 첨단 기술이 가져다준 혜택으로 자리잡아갈 것이다. 모든 일에는 장단점이 있기 마련이지만 기계번역의 효용감이 큰 상황이 되면 그로부터 발생하는 오류는 사소한 것이 되고 기계번역의 모든 결과를 사실로 인식하는 것은 거부할 수 없는 현실이 되어갈 것이다. 그러나 기계번역에 의존하는 현실이 고착될수록 역설적으로 기계번역이 빚어내는 오차와 허상을 간파해낼 인간의 능력은 상실되어 있을 것이다. 뒤늦게 기계번역에 대한 저항감을 끌어모아 A.I. 러다이트(luddite) 운동으로 봉기하더라도 그 성공 가능성이 그다지 높아 보이지 않는 것은 바로 이러한 까닭이다.

기계번역에 대한 저항이 성공할 가능성은 희박하고 결국 불가피하게 기계번역에 의존할 수 밖에 없다면 차라리 기계번역이 드러내는 한계를 보완하는 것에서 사람의 역할을 찾는 것은 어떨까? 기계 속에 들어간 사람이 골라주는 자판기와 같은 모양새가 되겠지만 현시점에서 기계번역을 정확하고 편리한 사용하는 한편 소멸될 인간의 역할도 보전하기 위해 고려해 볼만한 방법이다. 대중이 접하게 되는 기계번역의 결과물은 최종 단계에서 기계로부터 받지만 이는 그 전에 사람이 오랜시간 데이터를 축적해왔기에 가능한 것이다.

기계번역에 대한 이와 같은 인식을 바탕으로 이 글에서는 먼저 기계번역의 역사와 현황, 단계별 특성을 개괄하고 이를 통해 현재 기계번역의 원리와 한계를 이해하고자 한다. 그리고 인공지능 학습용 데이터 구축 지원사업의 참여 사례를 통해 먼저 살펴본 기계번역의 원리와 실제를 대비해보고 이를 토대로 데이터 구축 방식의 변화에 따른 향후 기계번역의 기술적 보완방안과 지향에 대한 논의에 단초를 제공하고자 한다.

2. 기계번역의 변천과 특성

2.1. 기계번역의 변천과정과 단계별 특성

기계번역은 다음과 같은 단계를 거쳐 현재에 이르렀다.

① 규칙 기반 기계번역(Rule Based Machine Translation, RBMT): 1954년~1993년

② 통계 기반 기계번역(Statistical Machine Translation, SMT): 1993년~2014년

③ 종단간(End-to-End) 방식 신경망 기반 기계번역(Neural Machine Translation, NMT): 2014년~현재[3)]

1950년대 기계번역의 시작 단계에서 도입된 방식은 규칙 기반 기계번역이었다. 규칙 기반 기계번역은 언어학자를 중심으로 컴퓨터 시스템 내부에 규칙화해둔 언어별 문법에 따라 문장을 번역하는 방식이다. 규칙 기반 기계 번역은 다양한 언어의 시스템 개발에 시간과 비용 소모가 큰 단점이 있었다.

1993년에 이르러 통계 기반 기계번역이 나오면서 규칙 기반 기계번역을 대체할 수 있는 가능성이 열렸다. 통계 기반 기계번역은 규칙 기반 기계번역을 대체한 방식으로 번역하려는 문장을 단어나 구절 단위로 분할하고, 분할한 각 단위를 목표 언어로 번역한 후, 다시 문장으로 합치는 과정을 거쳐 이루어진다. 분할한 각 단위를 번역하는 단계에서는 실제 번역되는 언어의 문장에서 사용빈도를 확률로 나타내고 확률이 높은 선택지에 가중치를 두고 번역한다. 번역된 단위의 조합에 있어서도 가능한 목표 언어 문장과의 비교를 통해 유사도가 가장 높은 문장의 형태로 조합한다. 이 과정에서 통계 기반 기계번역은 언어학적 개념에 의존하지 않고 단어의 선택과 조합의 형태상 확률을 연산하는 수학

---

3) 기계번역의 변천사와 기계번역의 발달 과정은 하두진(2018: 100-102)를 참조

적 방식으로 접근했다. 컴퓨터 기술의 발달과 함께 대량의 언어 자료에 대한 연산 속도와 비용 측면의 부담이 대폭 개선되었다. 그러나 기계번역은 정확한 번역 모델을 구축하기 위해 충분한 양의 데이터가 축적되어야 한다는 전제가 충족되어야 한다.

2000년대에 이르러 기계번역에 딥러닝 기술을 적용함으로써 기계번역은 또 한 번의 전기를 맞는다. 인간의 사고방식을 컴퓨터에게 가르치는 심층 학습(딥러닝 Deep Learning)을 기계번역에 도입하면서 현재의 신경망 기반 기계번역이 등장하게 되었는데 규칙 기반 기계번역과 통계 기반 기계번역이 기본적으로 문장을 단어나 구 단위로 나누어 처리했던 것에 비해 신경망 기반 기계번역은 문장 전체를 한꺼번에 처리함으로써 인간이 구사하는 문장에 가장 가까운 느낌의 자연스러운 문장을 구사할 수 있게 되었다.

2.2. 기계번역의 지향과 데이터의 형태

규칙 기반 기계번역에서 통계 기반 기계번역으로, 통계 기반 기계번역에서 신경망 기반 기계번역으로 이행해 올수록 다음 단계로 이행하는 데 소요된 기간이 단축되어 왔다. 이는 컴퓨터 연산능력의 발달로 기계번역의 방법상 특이점(singularity)이 발생했기 때문이다. 문장의 모든 단어를 목표 언어로 바꾸는 규칙 기반의 번역원리에서 문장을 단어나 구 단위로 나누고 통계적 연산을 통해 해당 단어나 구에 출현확률이 가장 높은 대상을 선정하는 통계 기반 번역이 가능했던 것은 축적된 대량의 언어 통계에 대해 신속한 연산이 가능한 기술이 출현한 후 부터였다.

기계번역은 기술의 발달에 따라 진화를 거듭해 왔으나 단계를 막론하고 모든 기술번역은 문장 단위의 번역을 목표로 하고 있으며 자연스러운 문장 구사능력을 향상시키는 방향으로 발전해왔음을 확인할 수 있다. 그러나 이 발전이 앞선 세대 기계 번역의 장점은 모두 포함하고 모든 단점은 극복했음을 의미하지는 않는다.

지금까지 기계번역은 자연스러운 문장 구사를 목표로 발전해왔고 이를 대량의 데이터 학습을 통해 상당정도 실현시켰다. 그런데 이러한 번역의 수준을 유지하기 위해서는 대량

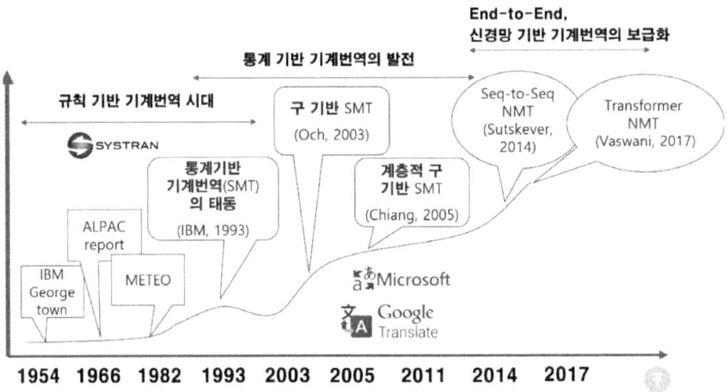

<그림 1> 기계번역 변천사(하두진, 2018: 100에서 재인용)

의 데이터가 확보되어야 한다. 아울러 언어적 변화상을 반영한 데이터가 지속적으로 학습되어야 한다. 빅데이터와 딥러닝 기술에 기반한 챗GPT 사용사례에서도 확인한 바와 같이 인공지능은 잘못된 정보를 제공하기도 한다.[4] 인공지능의 정보 제공상 오류는 언어환경의 변화를 반영한 데이터 학습이 지속적으로 이루어져야 정확한 번역이 가능하다. 그런데 데이터의 정확도와 심층학습 조건을 충족시킬 수 있는 데이터의 양을 함께 충족시키기는 대단히 어렵다. 특히 영어나 중국어에 비해 사용자가 적은 한국어 환경은 상대적으로 표본이 되는 데이터의 양이 부족할 수 밖에 없다. 물론 이러한 문제는 기계번역의 발전에 이르기까지 거쳐가는 과정에서 불가피한 것이며 학습의 고도화에 따라 극복될 수도 있을 것이나 한국어와 같은 언어환경에서 데이터의 정확도는 인간의 개입으로 확보할 수 밖에 없다.

여기에 현재의 빅데이터 기술은 데이터의 단순한 양적 축적을 넘어 의미적 관계망을 형성하는 '시맨틱 웹(Sementic Web)'을 지향하고 있다.[5] '시맨틱 웹'의 개념이 제시된 지

---

4) 강진규, "'신한은행이 하나은행이라고?'...금융권 챗GPT 오류 어쩌나"(디지털투데이, 2023년 5월 19일 수정, 2023년 6월 18일 검색), 이진호, "챗GPT는 왜 거짓말을 할까?"(Byline Network, 2023년 2월 21일 수정, 2023년 6월 18일 검색), Will Douglas Heaven, "'챗GPT'는 여전히 '헛소리'를 토해낸다(Chat GPT is OpenAI's latest fix for GPT-3. It's slick but still spews nonsense)"(MIT Technology Review 한국 에디션, 2022년 12월 16일 수정, 2023년 6월 18일 검색).

5) 『디지털 인문학 입문』에서는 '시맨틱 웹'의 개념을 다음과 같이 소개하고 있다.
"'시맨틱 웹'은 어떤 기술이나 표준을 특정하는 말이기보다, 미래의 '월드와이드웹'(World Wide Web)에

30년을 바라보고 있으나 아직 구현된 것은 아니다. 이는 시맨틱 웹이 단순히 빅데이터의 양적 축적으로만은 구현되기 어려움을 의미한다. 빅데이터 구축에 있어 한국어 정보는 양적 열위로 인한 불가피한 한계가 있었지만 양적 우위만으로 구축되지 않는 시맨틱 웹의 영역에서 새로운 가능성을 기대할 수 있다. 그리고 여기에서 인공지능이 미치지 못하는 사람과 인문학의 역할을 모색해 볼 수 있다.

3. 데이터 수집 방식의 변화와 발전

인공지능이 수행하는 다양한 기능은 광범한 빅데이터에 기반하고 있다. 따라서 인공지능이 수행하는 작업의 결과물은 데이터의 양과 질에 의해 결정되며 이를 위해 인공지능의 지속적인 학습이 요구된다. 인공지능 학습용 데이터는 텍스트 뿐만 아니라 음성, 시각 등 다양한 형태의 정보를 통해 수집된다.

그 중 지식과 시각정보 기반의 질의응답 데이터셋 KVQA(Knowledge-Aware Visual Question Answering)은 인공지능의 학습용 데이터로 사용할 수 있는 데이터셋(Data Set)의 한 유형이다. 여기에서 소개하는 인공지능 학습용 데이터 구축 지원사업에서도 KVQA를 기반으로 인공지능의 학습용 데이터를 구축했다. KVQA 기반 인공지능 학습용 데이터 구축 과정은 현재 기계번역의 한계와 향후 개선 방향에 대해 고찰해보는 계기가 되었다.

대한 기대와 이상을 표현하는 용어이다. 하지만 그 이상을 실현하기 위해서는 기술을 개발하고 표준을 정하는 노력이 있어야 한다. 시맨틱 웹은 월드와이드웹의 창시자 팀버너즈리가 1998년 제안한 이후 월드와이드웹 콘소시엄(World Wide Web Consortium: W3C)을 중심으로 그것의 구현을 위한 기술의 확장과 표준화 작업이 진행중이다."(김현, 김바로, 임영상, 2018: 151), "시맨틱 웹이란 컴퓨터가 인식할 수 있도록 명확한 의미를 부가한 데이터의 웹이다. 컴퓨터가 인식할 수 있는 데이터 기술 규칙을 만드는 것은 정보기술의 영역에서 추구할 과제이지만, 그 규칙을 응용하고 확장하여 미래의 사이버 공간에서 인문지식이 소통될 수 있도록 만드는 것은 디지털 인문학자들의 과제이다."(같은 책: 151)

기계번역의 지향과 학습 정보 형태 사이에서 발생하는 문제를 이해하기 위해 시각정보 기반의 질의응답 데이터셋인 VQA(Visual Question Answering)와 VQA의 발전적 형태로서 지식과 시각정보 기반의 질의응답 데이터셋 KVQA(Knowledge-Aware Visual Question Answering)에 대해 간략히 소개하고자 한다.

3.1. 시각정보 기반 질의응답 데이터셋(Visual Question Answering, VQA)

VQA는 이미지나 동영상 등 시각(Visual) 자료에 대한 질문(Question)이 주어졌을 때 올바른 답변(Answering)을 만들어내기 위한 데이터셋이다. 시각 자료 내에서 파악할 수 있는 정보에 대해 질문하고 이에 대한 답을 데이터셋으로 정리해둔다.

<그림 2> VQA 예시(Aishiwarya Agrawal, 2016: 1에서 재인용)

그림 2를 예로 들면 VQA는 제시된 시각자료에 대해 다음과 같은 질문을 제시하고 이에 대한 답을 데이터 셋으로 구성한다.

Q: '몇 조각의 피자가 있는가?(How many slices of Pizza are there?)', A: 6

Q: '이것은 채식피자인가?(Is this a vegetarian pizza?)', A: 아니오(no).[6)]

VQA는 제시된 시각 자료 내에서 사실관계를 파악할 수 있는 수준의 질문을 하며 이에 대한 답은 대부분 명사나 단답형으로 간단히 제시할 수 있다.

3.2. 지식과 시각정보 기반 질의응답 데이터셋 (Knowledge-Aware Visual Question Answering, KVQA)

KVQA 또한 VQA와 동일하게 시각 자료를는 이보다 고도화된 데이터 셋으로 제시된 시각 자료에서 파악할 수 있는 정보 이외의 일반상식이나 인명과 같은 고유명사와 관련된 정보가 전제되어 있어야 답변이 가능하다.

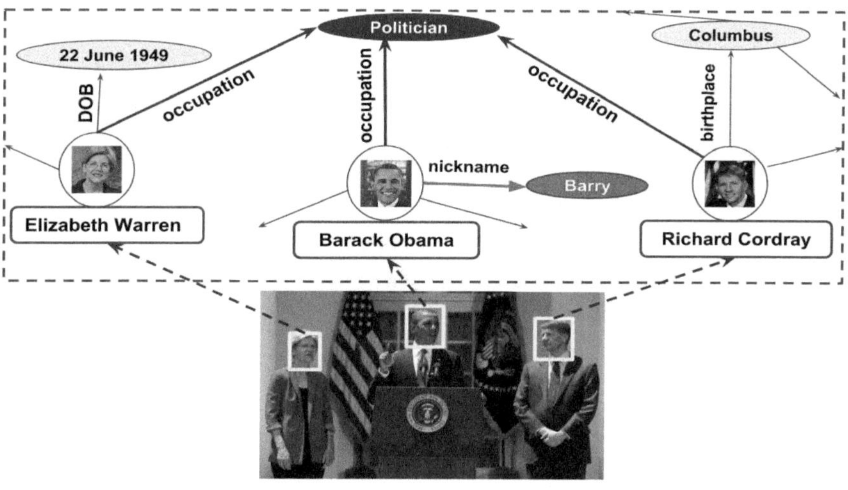

<그림 3> KQVA 예시(Sanket Shah, 2019: 8876에서 재인용)

6) Aishiwarya Agrawal, 2016: 1

그림 3은 하단의 중심의 시각 자료를 통해 KVQA를 구성하는 정보를 보여준다. VQA 수준에서도 제시된 사진의 세 사람을 식별하거나 사진 속에서 소리를 증폭시키기 위해 사용된 것이 마이크라는 답을 제시하는 수준의 데이터셋 구성은 가능했다. 그런데 KVQA의 문답 형태는 시각 자료에 제시되지 않았지만 배경 지식에 의해 구성되는 답까지 포함한다.

> Q: '누가 버락 오바마의 왼쪽에 있는가?(Who is to the left of Barack Obama?)', A: 리처드 코드레이(Fichard Cordray)
>
> Q: '사진 속 사람들은 모두 공통적인 직업을 가지고 있는가?(Do all the people in the image have a common occupation?)', A: 예(yes).
>
> Q: '사진 속 사람들 중에 베리(Barry)라는 별명으로 불리는 사람은 누구인가?(Who amongl the people in the image is called by the nickname Barry?)', A: 가운데에 있는 사람(Person in the center).[7)]

그림 3의 사례에서 살펴보았듯 KQVA는 시각 자료에서 확인할 수 없는 개인의 직업, 별명, 생년월일, 출생지와 같은 정보들까지도 제공한다. 다양한 시각 데이터가 풍부한 유명인에 한정되긴 하지만 동일 인물의 다양한 시각적 이미지에 대한 반복적 학습으로 인간의 개입없이 사람을 식별할 수 있는 능력은 갖출 수 있을 것이다. 그러나 다양한 시각정보의 배경에 있는 정보는 아직 인간의 개입을 통해 구축이 필요한 부분이다. 또한 VQA나 KVQA를 통해 구축되는 정보는 지금까지 기계번역이 주로 학습한 문장 전체가 아닌 시각 정보를 통해 제시되므로 문장을 통해 문맥을 파악할 수 있었던 기계번역과 다른 차원의 문제가 발생한다. 그럼에도 불구하고 시각 자료의 방대함과 정보 취득의 용이함으로 인해 향후 KVQA를 구축해야할 필요는 상당히 늘어날 것으로 전망한다. 이에 다음 장에서 실제 사례를 통해 KVQA에 대한 기계번역 적용의 문제점과 적용 방안을 모색해보고자 한다.

---

7) Sanket Shah, 2019: 8876

4. 인공지능 학습용 데이터 구축 지원사업의 참여 사례와 정보맥락화 방안

4.1. KQVA 중국어 번체 번역 작업의 사례

2022년 과학기술정보통신부와 한국지능정보사회진흥원(NIA) 이 주관하는 '인공지능(AI) 학습용 데이터 구축 지원(2차)' 사업이 시행되었다. 이 사업에서 KVQA로 구축된 정보를 각각 영어, 일본어, 중국어(간체), 중국어(번체)로 번역하는 작업을 실시했다. 이 작업에서 신경망 기계번역은 KVQA의 한국어 답변을 중국어 간체와 번체로 각각 번역하는데 활용되었다. 구체적으로 이 작업은 파파고 기계번역을 활용해 관광분야 KVQA의 한국어 답변을 중국어 간체와 번체로 번역하고 각 영역별로 전문가들이 집단을 나누어 3차에 걸쳐 검수하는 과정으로 진행되었다.[8)]

<표 1> 인공지능(AI) 학습용 데이터 구축 지원(2차) 사업 중국어(번체)분야 작업과정

1		2		3		4		5
KVQA (한국어) 구성	→	파파고 번역 (중국어 번체)	→	1차검수 (전량)	→	2차검수 (10% 표본추출)	→	3차 검수 (2차 검수의 10% 표본추출)

이 작업에서 기계번역은 한국어 데이터를 중국어(번체)로 번역하는 두 번째 단계에서 활용되었다. 현재까지의 기계번역이 문장의 자연스러운 통사구조를 구사하는 방향으로 발전해 온 것에 비해 KVQA의 번역에서는 정확한 어휘의 적절한 사용이 관건이 된다는 측면에서 이 단계 작업의 결과물에 주목할 필요가 있다. 앞서 KVQA의 설명을 위해 제

8) 표 1에서 점선으로 표시된 2단계에서 기계번역이 활용되었으며 이중선으로 표시된 3, 4, 5단계의 작업은 전문가 집단의 인력으로 진행되었다.

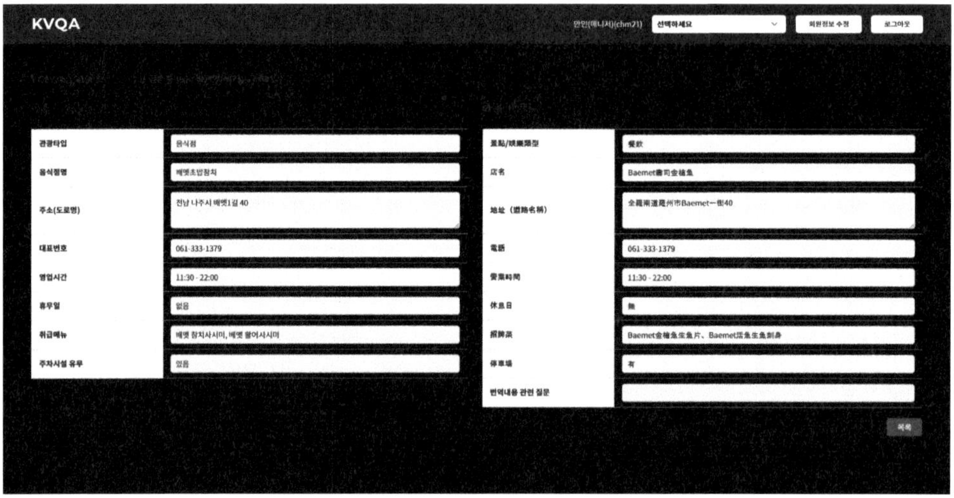

<그림 4> 인공지능(AI) 학습용 데이터 구축 지원사업 중국어(번체) 번역의 실제 사례

시한 예시에서도 추측할 수 있듯 KVQA의 답변은 단순하게 단어로 도출할 수 있지만 이 답변의 도출에는 사전에 형성된 배경지식이 필요하다. 신경망 기계번역은 문장을 바탕으로 자연스러운 통사구조의 번역에서 강점을 보인다. 문장은 하나 이상의 단어의 조합으로 맥락을 재구성할 수 있는 기초 정보가 다수 제공되나 KVQA의 번역은 단어와 단순한 어구로만 제공되는 제한적 기초 정보를 근거로 출발어의 맥락을 파악하고 도착어로 이어지는 정확한 일대일 대응관계를 구성해내야 한다. 결국 신경망 기계번역이 대량의 문장을 통해 해결한 것처럼 보였던 문제의 이면에는 기계번역 초기의 규칙 기반 기계번역이나 통계 기반 기계번역의 고민이 여전히 해결되지 않은 상태로 잠복하고 있었으며 문제는 KVQA의 사례를 통해 초기 기계번역의 원점으로 회귀한 것이다.

그림 4에서 확인할 수 있듯 KVQA를 통해 획득된 한국어 정보는 명사어구 형태의 단순 정보만 제시된다. 여기에 지명, 상호 등 고유명사의 성격을 갖는 어휘가 다수이며 제시된 단어에서 표면적으로 파악할 수 있는 정보만으로 동음이의(同音異義), 작명(作名), 브랜드 네이밍(Brand Naming)의 요소를 반영해 정확히 번역하기란 매우 어렵다.

인공지능 학습용 중국어 데이터 구축 과정에서는 앞서 언급한 사례로부터 예상할 수 있는 어려움을 실제로 확인할 수 있었다. 관광분야 학습용 데이터의 번역에서는 지명, 주소, 상호, 인명 등을 중국어로 번역하고 표기함에 있어서 기존 신경망 기계번역에서 고민할 필요가 없었던 다양한 특성의 문제들을 다수 발견하게 되었다. 지명과 주소 정보의 사례를 보면 한글전용이후 한자 병기된 지명과 주소가 적고 심층학습의 기초가 형성되어 있지 않다보니 결국 지명과 주소에 쓰이는 고유명사는 전문가들이 고증 수준의 감수를 거쳐 보충할 수 밖에 없었다.

이 외에도 외래어를 사용한 상호나 여러 언어의 합성으로 만들어낸 상호나 품목의 이름에 대한 의역과 음역 전략의 선택문제, 음역시 표기 한자의 선택 문제, 번역과 네이밍의 영역 분류 등의 문제가 발생했다. 특히 중국어 번체 번역의 경우는 통사구조에 있어서는 중국어 간체 번역과 큰 차이가 없었으나 중국어 간체와 대비해 상대적으로 인공지능이 학습할 수 있는 표본의 양이 과소하고 이로 인해 단순 표기형태의 차이에서부터 어휘의 사용 양상에 있어서의 실제적 차이를 반영하지 못하는 문제가 두드러졌다. 상대적으로 언어 정보의 양이 많은 중국어 간체를 번체로 교체하는 방식으로 문제를 부분적으로는 해결할 수 있었으나 번체와 간체를 사용하는 두 사회의 상이한 언어적 배경과 활용 양상을 모두 반영할 수는 없었다. 여기에 번체의 시대적, 지역적 용법의 차이도 고려해야 하는 어려움도 기계학습과 번역으로는 극복하기 어려운 부분이었다.

4.2. 어휘중심 정보의 맥락화 방안

앞서 확인한 바와 같이 KQVA 데이터의 번역 문제는 대량의 문장 정보 축적으로 통해 자연스러운 통사구조를 구사하는 현재 기계번역의 방식으로는 해결할 수 없는 어려움이 있다. 이에 반해 시각정보의 풍부한 양과 수집의 용이함으로 이해 시각정보를 근거로 질문과 답변의 데이터 셋을 구축하는 KVQA의 양은 지속적으로 증가할 것이며 KVQA 바탕의 데이터에 대한 번역의 필요성도 함께 늘어날 것으로 전망한다. 이에 따라 현재 기계번역의 지향도 기존의 자연스러운 문장 구사에 더해 맥락에 맞는 어휘의 정확한 번역의 필요성도 높아졌다. 그러나 현재까지의 딥러닝 기술이 상호나 지명 등의 고유명사까지도 정확한 대응어로 번역해 낼 수 있는 수준에까지 이르지는 못했다.[9)]

여기에는 여전히 인력이 필요한 부분이 있으며 인간의 판단을 통해 개별 정보와 연결되는 복수의 맥락들을 연결함으로써 해결해나갈 수밖에 없는 측면이 있다. 인력에 대한 의존도가 높아진다는 측면에서 기술적으로 퇴보한 것으로 보일 수 있으나 이는 현 단계에서 시맨틱 웹에 수렴하는 현실적인 방법이다.

시맨틱 웹으로의 접근은 단순히 빅데이터의 기계학습의 학습주체를 인간이 대체한다는 것을 의미하는 것은 아니다. 데이터의 양적 학습은 기계학습을 지속하되 개별 데이터가 담고 있는 다양한 의미와 그에 따른 의미 분류체계를 인간이 작업을 통해 학습시키는 것이다. 양적 방법만으로 시맨틱 웹을 구현하기에는 뚜렷한 한계가 있으며 결국 인간을 통해 하나의 기표로서 단어와 연관되는 다양한 의미들을 발견되는 사례별로 연결해 의미망을 구성할 수 밖에 없다. 이러한 방법으로도 역시 정확한 의미의 시맨틱 웹을 구현할 수 있는 것은 아니나 빅데이터의 한계를 넘어 시맨틱 웹에 근접하는 시도가 될 것이다. 이를 실현하기 위해서는 좀 더 구체적으로 의미를 구성하는 분야와 항목을 세분하고

---

9) 최근의 연구에서 딥러닝 기술에 기반한 자연어 처리 기술이 상당한 수준의 정확도와 자연스러움에 도달했음을 확인할 수 있다. 그러나 동시에 '아직 인간과 구분되지 않을 정도의 완벽한 수준에는 도달하지 못했으며 표층 문맥에서 제공하지 못하는 텍스트의 구조적 정보, 담화, 화용적 지식 등의 언어학적 특징을 현재의 딥러닝 모델과 어떻게 잘 조화시켜 구현해낼 것인지, 반대로 딥러닝 모델의 정보 처리 과정의 해석가능성을 높이는 것 또한 앞으로의 전산언어학·자연언어처리가 해결해야 할 부분'(강병규, 박민준, 2022: 226)임을 언급하고 있다.

또한 '번역'의 개념적 범주 설정에 따라 자연어 처리 능력에 관한 논의는 전산언어학을 넘어 번역학, 언어철학, 기호학, 고전해석학으로 확장될 수 있으며 자연어 처리 기술의 수준이 높아질수록 그에 대한 기대와 더불어 '번역'의 개념적 범주 또한 넓어질 것이다. 그리고 번역의 개념적 범주가 넓어질수록 폴 리쾨르가 말하는 '번역 불가능한 것'은 더욱 늘어날 것이다(폴 리쾨르 지음, 윤성우, 이향 옮김, 『번역론(Sur La Traduction)』, 133-138).

이러한 맥락에서 딥러닝 기술에 기반한 자연어 처리 기술의 정확도에 대한 논의는 번역을 수행함에 있어 기계와 인간간 분업의 경계를 확인하는 과정임과 동시에 문학 번역과 같은 고맥락 번역과 해석학 영역의 어느 수준까지 자연어 처리 기술을 적용할 수 있을지의 가능성을 가늠해보는 시도로 확장될 수 있다. 이에 관해서는 추후 구체적 사례를 통해 별도로 논의하고자 한다.

분야와 항목별로 개별 데이터가 갖는 다양한 의미와 해석의 가능성을 최대한 확보해야 한다. 이렇게 확보된 개별 데이터의 의미군 취합을 통해 초보적 형태의 시맨틱 웹을 구성해 볼 수 있을 것이다. 그리고 개별 데이터 의미의 지속적 생성과 변화를 반영하기 위해 데이터 세부 분야와 항목별로 전문가 집단을 구성해 상시적으로 관리함으로써 시맨틱 웹을 구성해 볼 수 있을 것이다.

<표 2> 시맨틱 웹 구성의 세부 항목별 개별 데이터 기초 의미망 구성 개념도

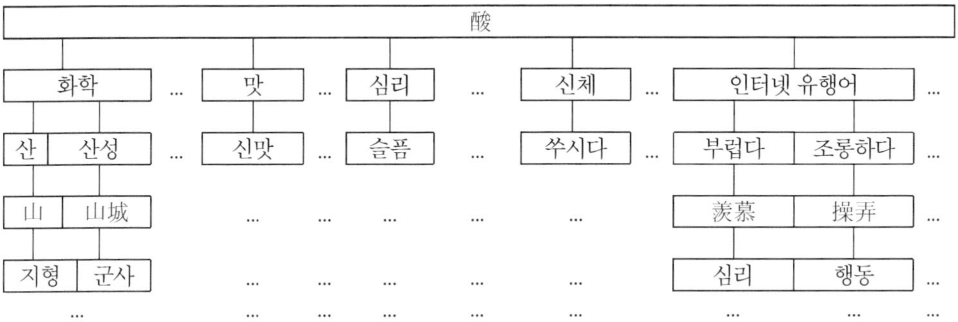

5. 맺음말

빅데이터 기술의 발전에 따라 인공지능 또한 비약적 발전을 보이면서 인공지능에 대한 기대와 우려가 동시에 커졌다. 인공지능의 기술적 한계에도 불구하고 대중화가 진행되고 인공지능에 대한 의존도가 높아질수록 여러 분야가 인공지능으로 대체될 상황이 실현될 것은 불가피하다. 인공지능에 대한 이와같은 전망이 반드시 인간의 모든 영역을 인공지능이 대체해 갈 것임을 의미하는 것은 아니다. 인공지능을 통해 최종 결과물 혹은 중간 결과물이 산출되는 것처럼 보이지만 여전히 그 과정에는 사람의 관리를 필요로 하는 부분이 있기 때문이다.

인공지능(AI) 학습용 데이터 구축 지원 사업의 목적에 대한 실효성은 논외로 하더라도 KVQA를 통한 한중언어정보 구축과정에서 인공지능을 활용한 기계번역의 현재와 그 허실(虛實)을 확인해 볼 수 있었다. 인공지능의 발달과 그에 대한 현재 일반의 인식을 보면 인공지능에 대한 의존도가 높아지는 현실을 돌이킬 방법은 없어보인다. 그러나 이것이 외국어문학, 통번역 분야에서 인간의 역할이 끝났음을 의미하지는 않는다. 오히려 데이터의 분류와 구축, 시맨틱 웹의 구축이라는 지향을 실현하기 위해서는 사람의 역할이 상당부분 남아있으며 인공지능과 인간의 작업의 영역을 명확히 나눌 필요가 있음을 확인할 수 있었다. 아울러 현재와 같은 데이터의 양적 학습만으로는 결코 시맨틱 웹을 구축할 수 없으며 결국 사람이 양적으로 파악되지 않는 맥락을 가미한 데이터셋을 관리할 수 밖에 없다. 그러나 현실적으로 방대한 빅데이터 속 개별 데이터의 맥락을 개인 혹은 특정 집단에 의해 관리하기란 불가능하다. 따라서 빅데이터를 분야별로 분류해가며 해당 분야의 전문가들이 상시적으로 데이터의 맥락을 부여하고 관리하는 방법이 현재로서는 데이터에 맥락을 부여하고 시맨틱 웹 구축에 한걸음 더 가까워지는 현실적인 방법이다.

특히 한국어 정보와 같이 양적 열세에 있는 정보의 경우 영어나 중국어 정보와 같이 데이터의 양을 통해 정확도를 제고하기에는 한계가 있다. 따라서 한국어 정보의 경우 인력으로 데이터셋을 상시관리하여 맥락화하는 것이 불가피하다. 특히 언어간 정보량의 규모에 있어 편차가 큰 통번역분야에 있어서 정보맥락화가 필요하며 여기에는 결국 사람의 역할이 여전히 필요하다.

〈參考文獻〉

김계수, 『빅데이터 분석과 메타분석』, 서울: 한나래아카데미, 2015.

김동환, 『빅데이터는 거품이다: 대한민국의 빅데이터 유행을 말하다』, 서울: 페이퍼로드, 2016.

김명락, 『이것이 인공지능이다: 하룻밤에 읽는 AI(인공지능)의 모든 것』, 서울: 슬로디미디어, 2020.

김현, 김바로, 임영상, 『디지털 인문학 입문』, 서울: 한국외국어대학교출판부, 2017.

송영진, 『인공지능에 관한 철학적 성찰』, 서울: 철학과현실사, 2022.

아베 아야메(阿部彩芽), 카사이 타쿠미(笠井琢美)지음; 이아름 옮김, 『튜링의 생각하는 기계: 인공지능(AI)의 아버지에게 배우는 컴퓨터 과학의 기초』, 서울: 위즈플래닛, 2019.

에드워드 홀(Edward T. Hall) 저, 최효선 옮김,『침묵의 언어(The Silent Language)』,서울 : 한길사, 2000

에레즈 에이든, 장바티스트 미셸, 지음; 김재중 옮김, 『빅데이터 인문학: 진격의 서막-800만 권의 책에서 배울 수 있는 것들』, 서울: 사계절, 2015.

오카지마 유우시(岡嶋裕史), 요시다 마사히로(吉田雅裕)지음; 황석형, 정영애, 김민경, 김수환 옮김, 『인공지능 시대의 AI리터러시 교과서』, 서울: 홍릉, 2022.

유진은, 『AI시대의 빅데이터 분석과 기계학습』, 서울: 학지사, 2021.

장동선, 『AI는 세상을 어떻게 바꾸는가: 장동선 박사의 인공지능 이야기』, 파주: 김영사, 2022.

정원섭, 『인공지능의 편향과 챗봇의 일탈: 인공지능과 챗봇으로 알아보는 AI의 현주소!』, 서울: 세창출판사, 2022.

조현석, 『빅데이터 시대의 기회와 위험』, 파주: 나남, 2016.

지승도, 『꿈꾸는 인공지능』, 서울: 자유문고, 2021.

카카오 AI 리포트 편집진 엮음, 『카카오 AI 리포트』, 서울: 북바이북, 2018.

크리스틴 보그만(Christine L. Borgman) 지음; 심원식, 현은희 옮김, 『빅데이터, 새로운 깨달음의 시대』, 서울: 성균관대학교 출판부, 2019.

폴 리쾨르(Paul Ricoeur)지음; 윤성우, 이향 옮김, 『번역론(Sur La Traduction)』, 서울: 철학과현실사, 2006.

한국소프트웨어기술인협회, 빅데이터전략연구소, 『빅데이터 개론: analyse data』, 파주: 광문각, 2021.

한상기, 『신뢰할 수 있는 인공지능』, 서울: 클라우드나인, 2021.

한선관, 류미영, 김태령, 『AI사고를 위한 인공지능 교육』, 서울: BM성안당, 2021.

한지우, 『AI는 인문학을 먹고 산다: 인문학으로 인공지능 시대를 주도하라』, 고양: 미디어숲, 2021.

후쿠마 도모키(福馬 智生), 가토 고이치(加藤 浩一)지음; 정용민 옮김, 『비전공자를 위한 인공지능 교과서』, 서울: 홍릉, 2022.

강병규, 「중국문학 텍스트 번역을 위한 상용구 자동 추출과 언어학적인 고찰」, 『중국어문논역총간』제25집, 169-199, 2009.

강병규, 「신문 빅데이터를 통한 신중국 60년 시기의 어휘 사용 양상 고찰」, 『인문과학연구논총』제38권 1호, 179-207, 2017.

강병규, 이지은, 「신경망 기계번역의 작동 원리와 번역의 정확률 - 중한 번역을 실례로」, 『중어중문학』제73집, 253-295, 2018.

강병규, 「AI의 중국 古典詩歌 창작」, 『중국문학』제100집, 183-207, 2019.

강병규, 박민준 「중국의 자연어처리 연구 현황과 발전 추세」, 『언어와 정보 사회』제45호, 193-231, 2022. 3.

권도경 등, 「2018년 인공신경망 기계번역의 중한 번역 현황 - 구글 번역과 네이버 파파고를 중심으로」,『중국문학』제98집, 233-267, 2019.

하두진, 「협업을 통한 기계번역 개선방법 - 어문학적 시각을 중심으로」,『중국학보』제98집, 99-125, 2018.

한민수, 민진영, 「자연어 처리 AI 모델의 편향 원인과 해결책 : 문헌을 통한 탐색적 연구」,『2023년도 한국경영정보학회 춘계 학술대회』, 1643-1648, 2023. 6.

Aishiwarya Agrawal, Jiasen Lu, Stanislaw Antol, Margaret Mitchell, C. Lawrence Zitnick, Dhruv Batra, Devi Parikh, VQA: Visual Question Answering, arXiv:1505.00468v7 [cs.CL] 27 Oct 2016.

Sanket Shah, Anand Mishra, Naganand Yadati, Partha Pratim Talukdar, KVQA: Knowledge-Aware Visual Question Answering, The Thirty-Third AAAI Conference on Artificial Intelligence(AAAI-19), 2019.

강진규, "'신한은행이 하나은행이라고?'...금융권 챗GPT 오류 어쩌나"(디지털투데이, 2023년 5월 19일 수정, 2023년 6월 18일 검색)

곽아람, 김민정, "AI는 번역가를 대체할까? "속도 빨라 가능" "문맥까진 안돼""(조선일보, 2023년 4월 17일 수정, 2023년 12월 31일 검색)

김주완, "일상 파고드는 AI 번역…실시간 통역, 웹툰 현지화에도 기여"(한국경제, 2023년 6월 26일 수정, 2023년 12월 31일 검색)

이진호, "챗GPT는 왜 거짓말을 할까?"(Byline Network, 2023년 2월 21일 수정, 2023년 6월 18일 검색)

이진호, "챗GPT 등장 1년, 업계 뒤흔든 생성AI"(Byline Network, 2023년 11월 29일 작성, 2023년 12월 31일 검색)

Will Douglas Heaven, "'챗GPT'는 여전히 '헛소리'를 토해낸다(Chat GPT is OpenAI's latest fix for GPT-3. It's slick but still spews nonsense)"(MIT Technology Review 한국 에디션, 2022년 12월 16일 수정, 2023년 6월 18일 검색).

〈中文摘要〉

本研究專注以中韓語言資訊為主的人工智能翻譯問題。首先概括機器翻譯的歷史與現況以及界限。舉人工智能學習資訊構造計劃的事例, 診斷現今時點上AI翻譯的問題。目前機器翻譯所造出較準確的句子, 不過沒有提供語境的詞彙或句子的翻譯上露出界限。尤其, 此種界限在地名、商號、人名等只在文面上的資訊難以接近於整體語境的專有名詞及因使用人口較少而學習資訊也少的語言上明顯露出。克服機器翻譯的缺點, 再加作為接近語意網的過渡性替代方案, 斟酌以各方面的語言資訊專家所組成的系統與其實現可能性。由此考察陸續管理資訊而賦予語境的系統的可能性。由此進一步思考人工智能時代人類的角色與價值。

〈Abstract〉

This study focuses on the challenges of machine translation driven by AI technology development, particularly concerning Korean-Chinese language data. It provides an overview of the history, current status, and limitations of machine translation, and diagnoses current AI translation issues through case studies from AI learning data construction projects. Currently, machine translation excels in producing natural-sounding sentences but shows weaknesses in translating information presented as isolated words or phrases without context. These vulnerabilities are particularly evident with proper nouns, such as place names, company names, and personal names, where surface-level information makes it difficult to grasp the full context. They are also more pronounced in languages with relatively fewer speakers, leading to smaller training datasets. To overcome these weaknesses in machine translation and move closer to the 'Semantic Web,' the study explores the feasibility of a collective management system, composed of language information experts in various fields, to continuously manage and contextualize data. Furthermore, it aims to confirm the role and value of human labor in the AI era through this approach.

* 이 글은 2024년 『중국어문학논집』 144호에 게재된 「한중언어정보 편향 문제와 대안으로서 정보맥락화 방안 고찰 — 인공지능 학습용 데이터 구축 지원사업의 사례를 중심으로」의 논문을 토대로 하여 작성된 것임을 밝혀둔다.

한중 기계번역 활용과 오류 인식에 관한 고찰
- 초급 중국어 학습자를 중심으로 -

안인*

1. 서론

오늘날 IT 기술의 발전이 가져온 편리함은 학부생들의 학습 환경에까지 영향을 미치며, 과거를 답습하던 과제 수행 방식도 바꾸어 놓았다. 이러한 변화는 대학의 외국어 교양 과목에도 영향을 미쳤으며, 그중 주목할 만한 한 가지는 바로 번역 과제이다. 번역 과제는 외국어 과목에서 많은 비중을 차지하는 중점 과제 중 하나로 과거에는 학생들이 수행하기 힘들어하는 과제였지만, 현재는 학생들이 빠르면서도 비교적 편안하게 수행할 수 있는 과제가 되었다. 이는 AI를 기반으로 하는 무료 기계번역의 보급에 따른 결과라고 볼 수 있다. 현재 AI를 기반으로 하는 무료 기계번역은 번역 품질이 일정 정도 보장이 될 정도로 빠른 발전 추세를 보이며, 이를 사용해 보지 않은 학생들이 상당히 적을 정도로 일반화되어 있다. 이를 대변하기라도 하듯 현재 기계번역의 활용을 이용한 대학 교양 수업은 점차 증가하는 추세이며, 이를 잘 활용하기 위한 학계의 연구도 활발히 진행되고 있다. 이에 최근 기계번역 사용에 따른 포스트에디팅(이하 PE)의 가이드라인에 관한 여러

---

* 安仁(AN IN) : 延世大學校 中語中文學科 講師

가지 제시 방법에 주목하는 상황에 발맞추기 위해서는 무엇보다 이러한 연구의 토대가 될 수 있는 학생들의 기계번역 활용 현황 및 사용 실태에 관한 실질적인 연구가 뒷받침되어야 한다고 여겨진다. 또한, 최근 연구들에서는 학생들이 기계번역 오류를 인식하고 설명하는 과정을 통해 번역에 대한 지식을 확장하고 비판적 사고를 기르는 데 도움을 줄 수 있다는 논의가 진행 중이다.[1)]

이처럼 학습자들의 기계번역에 대한 의존도와 활용도가 증가하고, 기계번역문의 품질이 날로 발전하는 상황에서 학습자들의 기계번역 활용 현황에 대해 다시 한번 재고찰해 볼 필요가 있다고 여겨진다. 이에 본 연구에서는 초급 중국어 학습자의 기계번역문에 대한 오류 인식 여부를 통해 이들이 기계번역기를 효율적으로 활용하고 있는지, 기계번역문에 대한 신뢰도가 있는지, 포스트에디팅이 가능한지 등을 살펴보고 분석하여, 그 사용 현황과 실태를 재탐색해 보고자 한다.

2. 선행 연구 및 연구 방법

1) 선행 연구

최근 AI를 기반으로 한 기계번역이 빠르게 발전하면서 이와 관련된 연구가 활발하게 이루어지고 있다. 2021년 2월을 기준으로 RISS에서 '기계번역' 키워드만으로 검색되는 논문은 800편을 뛰어넘었고,[2)] 2024년 2월을 기준으로 2,000편에 가까운 많은 논문이 검

1) 최은경, 윤미선, 홍승연(2023), 「학부 번역교육에서 기계번역 메타언어 학습 활동에 대한 연구」, 『통역과 번역』 제25권 1호, 157쪽, 재인용.

2) 이현주, 린위쑤안(2021), 「학부생들의 중국어 수준에 따른 번역기 활용에 관한 연구」, 『중국언어연구』 97권, 425쪽.

색되었는데,[3] 이는 최근 많은 학자가 이 분야에 대해 높은 관심을 가지며 활발한 연구를 진행하고 있음을 보여주는 결과라고 할 수 있겠다. 또한, 이러한 연구의 대부분이 아직은 한영-영한 번역 교육에 국한되어 있는 실정이기는 하지만, 다양한 연구를 바탕으로 유의미한 성과가 보여지고 있으며, 포스트에디팅에 대한 체계적인 가이드라인도 지속적으로 제시되고 있는 추세이다.

윤미선 외(2018)는 번역 수업에 가이드라인을 적용시켰고, 서구권 학자들의 가이드라인을 종합적으로 정리하여 의미, 언어와 문법, 구조의 대 항목 3개와 정확성, 완결성, 일관성, 어휘, 통사구조, 맞춤법, 문장부호, 문체, 형식의 세부항목 9개로 가이드라인을 구성하였다. 각각의 세부항목에 대한 가이드라인은 적게는 한 개에서 많게는 네 개까지 적용하였으며, 이중 어휘 항목에 대한 가이드라인이 가장 많은 부분을 차지하였다. 또한, 거시적이고 추상적인 항목을 상위에 배치하고, 미시적이고 구체적인 항목을 하위에 배치하였다. 이 연구는 한국어 친화적인 가이드라인을 제시했다는 점에서 그 의의를 찾을 수 있다.

김경란(2020)[4]은 초급반의 L2 쓰기 수업에서 번역기의 사용 현황을 조사하고, 그들이 응답한 번역기의 필요성, 신뢰도, 한계를 통해 그 타당성을 조명하면서 기계번역은 효과적인 글쓰기를 위해 활용될 충분한 가치가 있다고 판단하였다.

이외에 텍스트를 기능별(정보, 설득, 미학적)로 나누어 포스트에디팅을 실시하고, 포스트에디팅의 활용성에 대해 논한 마승혜(2018)[5], 영미권의 문화텍스트를 기계번역에 활용한 홍승연 외(2022)[6], 챗GPT를 활용한 번역과 포스트에디팅을 논한 지윤주 외(2023)[7], 기계

3) 2024년 2월 28일을 기준으로 국내 학술논문은 1,230편, 학위논문은 702편이 검색되었다.

4) 김경란(2020), 「대학 L2 글쓰기에서 번역기 사용은 필요한가?: 타당성에 대한 초급반 학습자의 인식」, 『디지털융복합연구』 제18권 no 6, 99-108쪽.

5) 마승혜(2018), 「한영 기계번역 포스트에디팅에 대한 경험적 고찰 : 학부 교육 과정 및 결과를 중심으로」, 『통번역학연구』 제22권 1호, 53-87쪽.

6) 홍승연, 윤미선, 최은경(2022), 「학부 문화번역 수업에서 기계번역을 활용한 교육방안 모색」, 『영미연구』 제56집, 189-214쪽.

7) 지윤주, 이상빈, 이선우(2023), 「학부번역전공자의 챗GPT 관련 인식과 챗GPT 번역 및 포스트에디팅

번역과 메타언어의 활용을 논한 최은경 외(2023)[8] 등의 연구가 있다. 이처럼 한영-영한 한 쌍의 언어와 번역 수업에 초점이 맞추어져 있는 기계번역 관련 연구는 이미 일정 정도의 연구 성과를 거두었고, 점점 더 다양한 각도에서 폭넓은 연구가 진행되고 있다.

한편, 중한-한중 기계번역에 관한 연구는 영한-한영 기계번역 연구와 비교해 아직 부족한 실정이다. 일찍이 배재석, 조연정(2004)[9]은 중문 웹번역기를 평가 대상으로 168개의 문장을 테스트하였는데, 오역된 문장은 93개로 과반수를 넘었으며, 주로 어휘 불일치, 문법기능소 불일치, 구문구조 불일치, 대응 패턴 불일치 등의 오류가 나타났다. 당시 기계번역기의 결과는 전반적으로 만족할 수준에는 도달하지 못했지만, 정확한 결과도 많았기에 기계번역기의 발전 가능성과 연구 가치를 높게 평가하였다.

권도경 외(2019)[10]는 번역 정도의 추이를 살펴봄과 동시에 글을 연설문, 논설문, 기사문, 대화체, 수필의 다섯 종류로 분류하고, 9개월 동안의 기계번역기 결과문을 수집하고 분석하여 향후 중국어문학 교학의 방향과 내용에 혁신이 필요하다는 점을 제시하였다.

이현주, 린위쑤안(2021)[11]은 기계번역기의 결과를 효율적으로 활용하기 위해서는 최소 어느 정도의 중국어 수준이 필요한가에 대한 탐색을 통해 중급 수준의 수업부터 기계번역 결과를 활용하는 방법을 적용하는 것이 효율적이라는 점을 확인하였지만, 텍스트 선정과 분석 방법 등에서 한계점이 발견되었다.

김혜림(2022, 2023)은 윤미선의 포스트에디팅 가이드라인을 활용하고 수정 보완하여 고찰하였다. 김혜림(2022)이 중한 기계번역 오류를 중심으로 포스트에디팅 가이드라인의 '무엇'을 수정할지 탐구하였다면, 김혜림(2023)은 포스트에디팅 가인드라인의 세부항

실험 연구」, 『통번역학연구』 제27권 3호, 203-226쪽.

8) 최은경, 윤미선, 홍승연(2023), 「학부 번역교육에서 기계번역 메타언어 학습 활동에 대한 연구」, 『통역과 번역』 제25권 1호, 155-184쪽.

9) 배재석, 조연정(2004), 「중한 기계번역 시스템에서의 오류 분석」, 『중국언어연구』 18권, 341-369쪽.

10) 권도경, 문수정, 김정수, 허윤정(2019), 「2018년 인공신경망 기계번역의 중한 번역 현황 —구글 번역과 네이버 파파고를 중심으로」, 『한국중국어문학회』 98권, 233-267쪽.

11) 이현주, 린위쑤안(2021), 「학부생들의 중국어 수준에 따른 번역기 활용에 관한 연구」, 『중국언어연구』 97권, 423-445쪽.

목을 '어떻게' 이해했는지를 분석하고 고찰하였다.[12] 한 학기로 한정된 분석 텍스트를 바탕으로 이루어진 연구로 포스트에디팅 가이드라인에 대한 체계적인 제시에는 한계가 존재했지만, 향후 이루어질 포스트에디팅 가이드라인 수립 및 교육에 참고자료로서의 가치가 있는 유의미한 연구 결과를 이끌어냈다. 이처럼 한중-중한 한 쌍의 언어에 대해서도 현재 지속적이면서도 활발한 연구가 진행되고 있다.

본 연구에서는 초급 중국어 학습자들을 대상으로 학습 경험 유무에 따른 텍스트의 기계번역문에 대한 오류 인식 여부를 통해 기계번역에 대한 활용 여부 및 신뢰도를 살펴보고, 더 나아가 포스트에디팅 여부, 포스트에디팅 내용 등을 탐색해 봄으로써 현재까지 이루어진 선행 연구와는 차별성이 있는 유의미한 결과를 도출해 내고자 한다.

2) 연구 참여자 및 텍스트

본 연구는 2023년 1학기와 2학기에 학부에서 한 학기 동안 이루어진 중국어 기초 과목을 수강 완료한 학생들의 번역본 38개를 분석 대상으로 삼았으며, 1그룹은 1학기 15명, 2그룹은 2학기 23명의 학생이 참여하였다. 본 연구의 목적이 학습자들의 다양한 텍스트에 대한 오류 인식 여부를 파악하여 기계번역 활용 실태를 중점적으로 탐색하는 것이기 때문에 중국어 학습 경험이 많지 않아서 오류 인식에 어려움을 겪을 수 있는 초급 학습자들이 연구 대상자로 가장 적합하다고 여겼다.

중국어 기초 과목은 학부 교양 과목으로 『니하오중국어회화 1』[13]을 기본 교재로 사용하고, 한 학기 동안 일주일에 4시간의 수업 시수를 가지며, 중국어의 발음에서부터 학습을 시작하는 기초 수준의 중국어 수업이다. 학생들은 한 학기 동안 중국어 병음 외에 명사, 동사(조동사 포함), 형용사, 어기 조사 등 700여 개의 단어와 주술술어문, 형용사술어문, 연동문, 비교문, 선택의문문 등의 기초 어법을 학습하게 된다. 연구 참여자 38명은 해당 학기의 중국어 수업을 포함하여 1년 미만의 중국어 학습 경험이 있는 수강생 34명과

---

12) 김혜림(2023), 「학부생 번역자는 기계번역 포스트에디팅 가이드라인을 어떻게 이해하는가?」, 『번역학연구』 제24권 1호, 110쪽.

13) 김현철 저, 장허성, 진리신 감수(2019), 『니하오중국어회화 1』, YBM.

2년 미만의 학습 경험이 있는 수강생 4명으로 구성되어 있으며, 엄격한 수강 신청 기준으로 인해 이들의 중국어 실력에 편차가 적음을 높은 수준에서 신뢰할 수 있다.[14] 또한, 94.74%의 비율에 해당하는 36명의 학생이 수업에 성실히 참여했다고 응답하였다.[15]

본 연구에서는 학생들에게 단문·중장문·장문[16]의 한국어(출발어) 원문 텍스트(source text, 이하 ST) 열 개를 부여하고, 이를 중국어(목표어)로 번역하는 과제를 수행하도록 하였는데, 학생들에게 제공한 ST는 다음과 같다.

1. 나는 보통 자전거를 타고 학교에 갑니다. (1-233)
2. 밥을 먹은 후에 약을 먹어야 합니다. (1-231)
3. 저는 기분이 좋아서 삼겹살과 소주를 많이 먹었습니다. (1-235)
4. 인터넷 뱅킹은 컴퓨터로 신청이 가능하다. (3-150)
5. 가족이나 친구 등 다른 사람과 같이 여가 활동을 하는 사람보다 혼자서 하는 사람이 더 많았다. (3-52)
6. 나에게 맞는 진로를 찾으려면 먼저 자신의 적성이 무엇인지 알아야 한다. (3-28)
7. 시험 전에 미역국과 죽을 먹으면 안 되는 이유는 죽을 만드는 것을 '죽을 쑤다'라고 하는데, 그것이 시험을 망친다는 의미로 쓰이기 때문이다. (4-155)
8. 소금은 자꾸자꾸 나와서 배를 가득 채우고, 배 위로 산더미처럼 쌓였어요. 그러다가 마

---

14) 해당 과목은 해당 외국어 성적을 가지고 있는 학생, 외국어 고등학교에서 해당 언어를 전공한 학생, 해당 언어권에서 살았거나 유학을 한 경험이 있는 학생들은 수강 신청이 불가하며, 아울러 해당 언어에 대한 '자가진단설문지'도 제출해야만 한다. 이에 이 과목은 대부분 대학교 때 중국어를 처음 접하는 학생들로 구성되며, 중국어를 학습한 경험이 있는 네 명의 학생들은 일반 고등학교 1학년 혹은 2학년 재학 중에 1년 미만의 짧은 중국어 교육을 접한 학생들이다.

15) 설문에 대한 모든 응답은 '1) 매우 그렇지 않다, 2) 그렇지 않다, 3) 보통이다, 4) 그렇다, 5) 매우 그렇다'의 5개 척도로 구성되어 있다. 중국어 기초 수업에 대한 참여도를 묻는 질문에 31명의 학생이 '그렇다(4)' 이상을 선택하였고, 5명이 '보통이다(3)'를 선택하였고, 나머지 두 명은 '그렇지 않다(2)' 이하를 선택하였다.

16) 본 연구에서 사용된 단문, 중장문, 장문은 한국어 문장 길이를 기준으로 구분하였으며, 30자 미만은 단문, 60자 미만은 중장문, 그 이상은 장문으로 표기하였다.

침내 배가 무게를 이기지 못해 바닷속으로 가라앉았어요. 욕심쟁이 부자는 바다에 빠져서 죽고 말았어요.

9. 네가 오후 4시에 온다면 나는 3시부터 행복해지기 시작할 거야. 시간이 지날수록 점점 더 행복해지겠지. 4시가 되면 나는 안절부절 못하고 초조해하겠지. 행복의 대가를 알게 되는 거지.

10. 사랑! 그 지극한 사랑! 그 눈물겨운 사랑! 그러니까 벽 속에서 꼬리가 못에 찍혀 갇혀버린 도마뱀을 위하여 또 한 마리의 도마뱀은 십 년이란 긴 세월을 비가 오나 눈이 오나 한결같이 먹이를 물어 나른 것이다. (6-159)[17)]

상술한 ST는 학습자들의 어휘, 어법 수준 등을 고려하여 선정하였다. 텍스트는 텍스트의 기능에 따라 크게 정보적 텍스트와 표현적 텍스트로 한정하였고,[18)] 이를 다시 단문, 중장문, 장문 등으로 나누어 구성하였는데, 텍스트 출처와 선정 기준은 다음과 같다. 정보적 텍스트 중 단문과 중장문 텍스트인 1번에서 7번은 성균관대학교 한국어학당에서 출판된 성균 한국어 1-6권까지의 텍스트 중 학습자들이 학습한 어휘와 어법을 고려하여 임의 발췌하였다. 8번에서 10번은 표현적 텍스트로 각각 『소금 맷돌』, 『어린 왕자』, 『도마뱀의 사랑』에서 임의 발췌하였는데, 일반적인 정보적 텍스트의 장문은 번역이 어렵고 힘들다는 선입견을 배제하고자 하는 목적에서 학습자들이 비교적 낮은 부담감으로 재미있으면서도 쉽게 접근할 수 있는 표현적 텍스트를 선정하였다. 이들 ST 중 1번에서 4번까지는 학습자들이 학습한 경험이 있는 내용을 포함한 단순하고 간단한 단문 텍스트

17) 1번에서 7번, 10번 텍스트는 성균관 대학교 한국어학당의 교재인 성균 한국어 권1-권6에서 발췌하였으며, 구체적인 권수와 페이지는 각각 괄호 안에 표기하였다. 성균관대학교(2019), 『성균 한국어』1-6, 하우, 인용 및 재인용.

18) 텍스트는 일반적으로 텍스트의 기능에 따라 사실과 정보만을 전달하는 정보적 텍스트, 청자에게 호소하는 연설문적인 설득적 텍스트, 문학작품인 표현적 텍스트로 나눌 수 있다. 마승혜(2018), 「한영 기계번역 포스트에디팅에 대한 경험적 고찰 : 학부 교육 과정 및 결과를 중심으로」, 『통번역학연구』 제22권 1호, 61쪽. 하지만, 본 연구에서는 정보적 텍스트와 설득적 텍스트를 따로 구분하는 것에 의미가 크지 않다고 보고, 원문 텍스트는 정보적 텍스트와 표현적 텍스트로만 구성하였다.

로 구성하였고, 5번부터 10번까지는 학습자들이 학습한 경험이 있는 일부 어휘를 제외하고는 학습한 경험이 없어 난이도가 높다고 느껴질 수 있는 중장문, 장문 텍스트로 구성하였다. 이렇듯 다양한 난이도를 갖고 있는 예문 ST를 통해 초급 학습자들이 기계번역을 어떻게 사용하고 활용하는지, 학습자들의 기계번역문(machine translation text, 이하 MT)에 대한 오류 인식은 어느 정도인지, 포스트에디팅은 가능한지에 대해 가감 없는 사실 그대로의 결과가 도출될 수 있을 것으로 기대한다.

3) 연구 방법

이 연구는 총 3단계의 연구 과정과 취합으로 나뉘어 진행되었다.

1단계는 '사전 설문지 작성' 통해 학생들의 중국어 수준과 기계번역 사용 현황 및 신뢰도를 파악할 목적으로 이와 관련된 몇 가지의 항목들로 설문조사를 진행하였다. 이 단계에서 학생들의 학번과 이름 등의 개인정보를 과도하게 수집하지 않고 생략하면서 익명성을 보장하였는데, 이를 통해 학생들이 과제를 수행할 때 발생할 수 있는 심리적인 압박감을 최대한 낮추고, 과제 수행에 대한 자율성과 적극성을 극대화 시키고자 하였다.

2단계는 '과제 수행하기'에서는 학생들에게 한국어 원문 텍스트를 제공한 후, 기계번역기에 제한을 두지 않고, 개인이 선택할 수 있게 하였으며, 기계번역의 결과를 자유롭게 수정, 즉 포스트에디팅을 한 후에 최종 결과문을 제출하게 하였다. 이 단계에서 고려한 점 또한 학생들의 자율성과 적극성이다. 그 이유는 첫째, 본 연구가 기계번역문에 대한 오류 인식 여부에 중점을 둔 연구이기 때문이고, 둘째, 학생들에게 기계번역 사용이 더이상 낯선 작업이 아니라고 판단했기 때문이며, 셋째, 포스트에디팅에 대한 과도한 가이드라인은 참여자에 따라 그 이해와 해석 정도에 차이를 보일 수 있어서 오히려 참여자의 혼란을 가중시켜 정확한 응답을 방해하는 요소로 작용할 수 있다고 판단했기 때문이다. 이에 학생들이 과제를 수행하는 동안 포스트에디팅에 대한 가인드라인을 제시하지 않고, 어떠한 개입도 하지 않은 상태에서 순수하게 학생 본인의 중국어 수준 안에서 기계번역을 통해 과제를 해결할 수 있도록 유도하였다.[19] 또한, 학생들 모두 동일 환경에서 과제 수행을 할 수 있도록 하기 위해서 같은 장소에서 일정 시간 내에 모든 과제를 수행하여 제출하게 하였다.

3단계는 '사후 설문지 작성'으로 10개의 MT에 대한 학생들의 오류 인식 여부, 포스트에디팅 여부, 포스트에디팅 내용 등을 탐색하였고, 더불어 과제 수행 중 어려웠던 점, 기계번역 결과에 대해 아쉬웠던 점 등을 자유롭게 서술하게 하였다.

마지막으로 학생들의 과제를 취합하여 기계번역문의 결과에 대한 참여자들의 오류 인식은 어떠한지, 어떤 특이점이 있는지 등을 그래프와 수치 등을 통해서 살펴보고, 나아가 포스트에디팅 결과를 통해 포스트에디팅 여부와 포스트에디팅 내용 등도 수치를 통해서 분석하였다.

3. 연구 분석 및 결과

1) 기계번역기의 사용 현황 및 신뢰도

본 연구는 초급 중국어 학습자들의 기계번역 사용 현황을 살피고, 기계번역 결과에 대한 오류 인식 여부를 통해 기계번역문에 대한 신뢰도[20], 포스트에디팅 여부 등을 탐색하기 위해서 한중 기계번역을 진행하였고, 동시에 설문지를 작성하게 하였다.

참여자들의 '사전 설문지 작성'을 통해 얻은 정보를 종합적으로 분석한 후, 다음과 같은 결과를 얻을 수 있었다.

---

19) 사전 작업을 통해 기계 번역기를 사용한 번역은 동일 시간대에 진행하였더라도 텍스트를 문장 단위로 입력했을 때와 문단 단위로 입력했을 때의 결과가 달라질 수 있다는 점을 인지하였지만, 참여자의 자율성을 고려하여 언급하지 않았다.

20) 본 연구에서 '신뢰도'는 기계번역기에 대한 학생 개개인의 신뢰 정도를 나타내는 의미로 사용하였다.

<표 1> 기계번역기의 사용 현황 및 기계번역에 대한 신뢰도[21)]

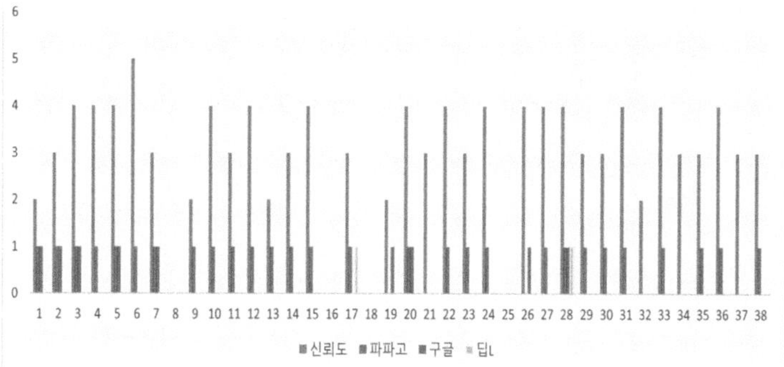

첫째, 참여자들은 대부분 네이버 파파고(이하 P)와 구글 번역기(이하 G)를 사용한 경험이 있다고 응답하였으며, 2명의 학생은 DeepL을 사용한 경험이 있다고 응답하였다. 〈표 1〉을 통해 이를 좀 더 구체적으로 살펴보면, 참여자들의 중복 응답을 허용한 가운데 파파고를 사용한 경험이 있는 학생은 28명으로 전체의 73.68%를 차지하였고, 구글 번역기를 사용한 경험이 있는 학생은 9명으로 전체의 23.68%를 차지하였으며, 파파고와 구글 번역기를 모두 사용한 경험이 있다고 응답한 학생은 7명이다. 이는 2020년 이루어진 한 연구 결과와 비슷한 응답 결과를 보였는데,[22)] 재검토를 통해 학습자들이 여전히 파파고를 선호하고 있음을 알 수 있었다. 이외에 한 명의 학생만이 앞의 두 가지 번역기와 함께 DeepL까지 세 가지의 기계번역기를 모두 사용한 경험이 있다고 응답하였다. 이 설문에 대해 상세한 응답을 하지 않은 학생은 모두 8명인데, 이 중에는 번역기를 사용한 경험이 없는 4명의 학생이 포함되어 있다.

21) 이 그래프는 기계번역기의 사용 현황과 기계번역에 대한 신뢰도를 한눈에 파악하기 위한 그래프이다. 기계번역기의 사용 현황 및 기계번역에 대한 신뢰도는 색으로 구분하였고, 세로축의 척도는 신뢰도에만 해당하는 척도이며, 기계번역기의 사용 현황과는 무관하다.

22) 전체 85명의 학습자 가운데 파파고는 64.7%, 구글 번역기는 18.8%의 점유율을 보였고, 중복 사용일 경우 각각 72.9%와 27.1%의 비율을 차지한다는 결과를 얻었다. 김경란(2020), 「대학 L2 글쓰기에서 번역기 사용은 필요한가?: 타당성에 대한 초급반 학습자의 인식」, 『디지털융복합연구』 제18권 제6호, 104쪽.

<표 2> 파파고 사용 이유

<표 3> 기계번역기의 사용 용도

참여자들에게 파파고를 많이 사용하는 이유를 구체적으로 답하게 하였고, 이를 워드클라우드로 작업한 결과는 〈표 2〉와 같다. 학습자들은 대부분 접근성이 용이하다는 점을 가장 큰 장점으로 높게 평가하였는데, 이는 개인이 자주 사용하는 인터넷 검색 엔진과 관련이 있을 것으로 예상된다. 이외에 번역이 자연스럽다는 응답이 뒤를 이었는데, 2020년도의 한 연구 결과에서도 같은 결과가 도출된 것을 보면 파파고는 여전히 한국어 번역에 최적화된 번역기로 학습자들의 선호도가 높음을 알 수 있다.[23] 구글 번역기와 DeepL을 사용하는 참여자들의 응답은 그 수가 적고, 유의미한 결과가 도출되지 않아서 워드클라우드 작업을 하지 않았다.

참여자들의 기계번역기 사용 용도는 〈표 3〉의 워드클라우드 결과를 통해서 알 수 있듯이 과제를 수행하기 위해서가 가장 많았으며, 다음으로 모르는 단어 검색, 일상대화를 하기 위해서 순으로 나타났는데, 이를 통해 학생들이 과제 수행을 위해 기계번역을 많이 사용하고 있다는 것이 다시 한번 증명되었다. 또한, 참여자들은 일상대화를 위해서도 기계번역기를 사용한다고 응답하였는데, 이러한 결과는 참여자들이 평상시에도 기계번역기를 자주 사용하고 있을 정도로 익숙해져 있음을 증명하는 하나의 지표라고 볼 수

---

23) 파파고가 더 익숙하고, 번역문이 더 자연스럽다는 응답이 많다는 결과를 얻었다. 김경란(2020), 「대학 L2 글쓰기에서 번역기 사용은 필요한가?: 타당성에 대한 초급반 학습자의 인식」, 『디지털융복합연구』 제18권 제6호, 104쪽.

있다.

둘째, 참여자들의 기계번역문에 대한 신뢰도를 알아보기 위해 총 5개의 척도[24)]로 나누어서 설문을 진행하였는데, 상술한 〈표 1〉을 통해 알 수 있듯이 대부분 학습자가 기계번역문에 대해 높은 신뢰도를 가지고 있었다. 이를 구체적으로 살펴보면, 38명의 학습자 중 '보통(3)' 이상의 응답자는 28명으로 73.68%를 차지하였고, '그렇지 않다(2)' 이하의 응답은 6명으로 15.79%를 차지하였으며, 10.53%에 해당하는 4명의 참여자는 기계번역을 사용한 경험이 없어서 응답하지 않았다. 이러한 긍정적인 결과는 이전 연구에서도 나타났으며[25)], 학습자들의 기계번역문에 대한 신뢰도가 상당히 높다는 것을 재확인할 수 있었다. 또한, 현재 기계번역기의 보급률, 활용도 및 의존도의 증가도 이러한 신뢰도가 점차적으로 축적되어 나타난 결과임을 예측할 수 있었으며, 앞으로 기계번역기의 품질이 더욱 향상된다면 기계번역기에 대한 신뢰도도 이와 더불어 더욱 상승할 것이라고 기대한다.

2) 기계번역문에 대한 오류 인식 및 포스트에디팅

초급 중국어 학습자들에게 포스트에디팅에 대한 어떠한 설명 및 가이드라인을 제공하지 않은 상태에서 중국어 학습 경험과 관련된 기계번역문에 대한 오류 인식 여부를 통해 기계번역문의 활용 및 포스트에디팅 여부 등을 분석하여 학습자들의 기계번역 사용 현황을 재탐색하였다.

이 연구는 2023년 1학기 6월과 2학기 12월에 이루어졌으며, 이 기간에 제공된 파파고

---

24) 설문에 대한 모든 응답은 '1) 매우 그렇지 않다, 2) 그렇지 않다, 3) 보통이다, 4)그렇다, 5)매우 그렇다'의 5개 척도로 구성되어 있다.

25) 임희주(2017), 정미애(2020), 한현희(2023) 등은 학습자들이 학습 도구로서의 기계번역기 사용에 대해 긍정적인 태도를 보인다고 말하였다. 임희주(2017), 「교양영어 수업에서 영어자동번역기 사용에 대한 대학생의 인식 및 태도연구 — 영작문 수업을 중심으로」, 『교양교육연구』 제11권 제6호, 744쪽. 정미애(2020), 「한국 대학생 EFL 학습자의 영어 자동번역기 사용에 대한 인식」, 『STUDIES IN ENGLISH EDUCATION』 25권 3호, 433쪽. 한현희(2023), 「학부 러시아어 전공 학습자의 기계번역 사용 양상과 인식」, 『노어노문학』 제35권 제1호, 62쪽.

와 구글 번역기의 번역문을 정리한 결과, 〈부록1〉을 통해 알 수 있듯이 일치하지 않은 부분이 발견되었다. 이는 1그룹과 2그룹 학습자들의 오류 인식률 차이에 영향을 미쳐 유의미한 결과를 도출할 수 있을 것으로 기대한다. 다만, 기계번역기 종류에 대해 제한을 두지 않고, 자유롭게 참고하며 수정하도록 했기 때문에 MT가 다소 일치하지 않더라도 각 그룹 참여자의 응답 결과에 미치는 영향은 미미할 것으로 예상하였다.[26)]

초급 중국어 학습자들은 주어진 한 시간 동안 기계번역기를 이용해 10개의 한국어 ST를 중국어로 번역하여 완성된 번역문을 제출하였다. 이와 관련된 설문에 대해 '그렇다(4)' 이상으로 응답한 참여자는 35명으로 92.11%의 높은 비율을 보였으며, 나머지 3명도 '보통이다(3)'라는 응답을 선택하였다. 이를 통해 초급 학습자라 하더라도 기계번역기를 이용해 한중 번역을 완성하는 것에는 별다른 어려움이 없음이 확인되었다.[27)] 이와 같은 결과는 상술한 바와 같이 참여자들의 기계번역문에 대한 높은 신뢰도와 기계번역기의 품질 및 개인에 따른 기계번역기의 활용 정도가 영향을 미쳤을 것이라는 예측이 가능하다.

이하는 참여자들의 '사후 설문지 작성'을 통해서 10개의 ST에 대한 MT의 오류 인식 여부, 포스트에디팅 여부 및 포스트에디팅 내용 등을 구체적으로 살펴본 결과이다.

첫째, 중국어 학습 경험을 토대로 중국어 MT에 대한 오류 여부를 판단할 수 있는지를 살피기 위해 참여자에게 제공한 10개의 ST 중 단문에 속하는 4개의 텍스트는 다음과 같다.

ST 1. 나는 보통 자전거를 타고 학교에 갑니다.
ST 2. 밥을 먹은 후에 약을 먹어야 합니다.
ST 3. 저는 기분이 좋아서 삼겹살과 소주를 많이 먹었습니다.
ST 4. 인터넷뱅킹은 컴퓨터로 신청이 가능하다.[28)]

---

26) 실제로 일부 학생은 파파고와 구글 번역기를 번갈아 사용하면서 번역문을 선택하였다.

27) 필자는 이 연구를 설계하면서 중한이 아닌 한중 번역이기 때문에 몇몇의 학생은 포기할 것으로 예측하였다.

28) MT 결과는 〈부록1〉에 정리하였다.

상술한 4개의 ST는 참여자들이 중국어 학습 경험을 토대로 오류 유무를 인식할 수 있으면서 동시에 오류에 대한 포스트에디팅이 가능한 텍스트로 구성하였다. 〈부록1〉의 한중 기계번역 결과를 통해 사용 어휘, 문장 구조 등은 약간씩 다르지만, 전체적으로 오류없이 매끄럽게 번역이 된 것을 알 수 있다.[29] 2번 ST에 대한 MT는 뉘앙스에 약간의 차이가 발생하였는데, 앞뒤 정황이 없는 단문 텍스트에서 나타날 수 있는 해석의 차이이며, 문장 자체의 오류로는 볼 수 없다고 판단하였다. 4번 ST에 대한 MT는 '인터넷 뱅킹'이라는 단어를 기계번역기에 따라 주어나 목적어로 해석하면서 차이가 발생했지만, 이 또한 문장 자체의 오류로는 볼 수 없다고 판단하였다. 이 4개의 ST에 대한 MT에 참여자들은 대부분 '그렇다(4)' 이상을 선택하면서 정확하다고 응답하였는데, 구체적으로 살펴보면 다음과 같다. 1번 ST는 31명으로 81.58%, 2번 ST는 27명으로 71.05%, 3번 ST는 30명으로 78.95%, 4번 ST는 33명으로 86.84%라는 높은 결과치가 나타났다.[30] 이처럼 상술한 4개의 ST에 대해서는 오류를 인식하지 못하였다고 응답하며, 전체적으로 기계번역의 정확성에 대해 높은 비율의 신뢰도를 보여주었다. 이를 통해서 중국어 학습 경험을 토대로 한 단문 MT에 대해 초급 학습자들이더라도 오류가 없음을 인식하는 데 충분한 확신이 있음을 확인할 수 있었다.

참여자에게 제공한 10개의 ST 중 중장문에 속하는 3개의 텍스트는 다음과 같다.

ST 5. 가족이나 친구 등 다른 사람과 같이 여가 활동을 하는 사람보다 혼자서 하는 사람이 더 많았다.

ST 6. 나에게 맞는 진로를 찾으려면 먼저 자신의 적성이 무엇인지 알아야 한다.

ST 7. 시험 전에 미역국과 죽을 먹으면 안 되는 이유는 죽을 만드는 것을 '죽을 쑤다'라고

29) 중국어 기계번역문에 대한 감수는 모두 신한대학교에 재직 중이신 김홍매 원어민 교수님이 담당해 주셨다.

30) 1그룹 참여자 15명의 응답이다. 1번 ST는 14명으로 93.33%, 2번 ST는 10명으로 66.68%, 3번 ST는 12명으로 80%, 4번 ST는 14명으로 93.33%.이다. 2그룹 참여자 23명의 응답이다. 1번 ST는 17명으로 73.91%, 2번 ST는 17명으로 73.91%, 3번 ST는 18명으로 78.26%, 4번 ST는 19명으로 81.61%이다.

<표 4> 5번 MT에 대한 오류 인식률

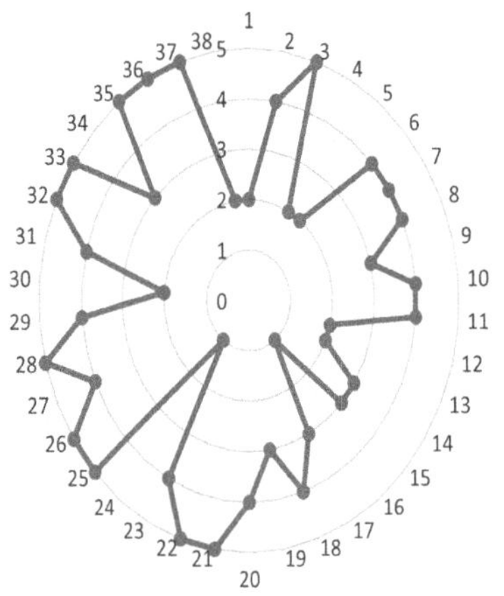

<표 5> 7번 MT에 대한 오류 인식률

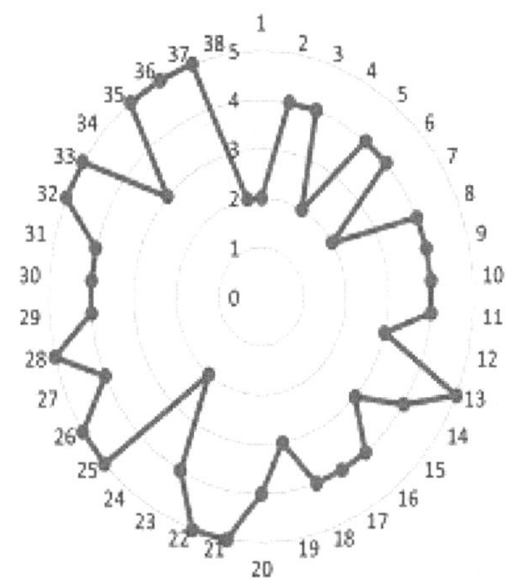

하는데, 그것이 시험을 망친다는 의미로 쓰이기 때문이다.[31)]

상술한 3개의 ST는 참여자들이 중국어 학습 경험을 토대로 오류 유무를 인식하기에는 약간의 난이도가 있는 텍스트로 구성하였다. 특히, 7번 ST의 '죽을 쑤다'라는 관용구를 구분할 수 있는지를 살펴보았다. 〈부록1〉의 한중 기계번역 결과를 통해 알 수 있듯이 사용 어휘, 문장 구조 등에 약간의 차이가 발생하였지만, 문장 자체의 오류라고 볼 수 없는 경우는 오류로 판단하지 않았다. 5번 ST에 대한 파파고의 MT는 텍스트 일부분을 누락하는 오류를 보였으며, 7번 ST에 대한 MT는 두 개의 기계번역기 모두 '죽을 쑤다'라는 관용구를 학습자가 이해할 수 있을 정도로 충분히 번역해 내지 못했다. 이 3개의 ST에 대한 MT에도 참여자들은 대부분은 정확하다고 응답하였는데, 구체적으로 살펴보면 다음과 같다. 5번 ST는 29명으로 76.32%, 6번 ST는 29명으로 72.32%, 7번 ST는 22명으로 58%라는 결과치가 나타났다.[32)]

31) MT 결과는 〈부록1〉에 정리하였다.

32) 1학기 참여자 15명의 응답이다. 5번 ST는 10명으로 66.67%, 6번 ST는 10명으로 66.67%, 7번 ST는 7

여기서 주목할 점은 5번 MT인데, 전체적인 응답 비율은 76.32%로 나타났지만, 파파고가 오류를 일으킨 1그룹(6월)과 오류가 없던 2그룹(12월) 학습자의 결과가 각각 66.67%와 82.61%로 다르게 도출되었다는 점이다. 이를 〈표 4〉를 통해 살펴보면, 1그룹인 1번부터 15번까지의 응답과 2그룹인 16번부터 38번까지의 응답에 차이가 발견되었고, 1그룹은 MT가 정확하지 않고 오류가 있다고 여기며 낮은 척도를 선택했음을 쉽게 확인할 수 있다. 이를 통해 초급 중국어 학습자라도 기계번역기가 일으킨 오류를 인식하고 구분할 수 있다는 유의미한 결과를 얻을 수 있었다. 또한, 7번 MT는 58%라는 유독 낮은 결과치가 나타났는데, 〈표 5〉를 통해 알 수 있듯이 1그룹과 2그룹의 오류 인식에 차이가 발생하기는 했지만, 참여자들의 오류 인식이 비교적 정확함을 알 수 있었다. 이는 학습자들이 '죽을 쑤다'의 해석을 신뢰하지 못한 데서 비롯된 것으로 추측할 수 있다. 이처럼 학습 경험에 비해 비교적 높은 난이도를 갖는 3개의 MT에 대해서 학습자들은 대체로 정확한 오류 인식률을 보여주었다. 이를 통해 두 가지의 결과를 도출해 낼 수 있는데, 하나는 학습자들이 자신의 학습수준보다 높은 수준의 학습과제를 해결할 수 있을 정도로 기계번역기의 품질이 향상되었다는 점이고, 다른 하나는 초급 학습자라도 기계번역기를 각자의 방식에 따라 효율적으로 사용할 수 있다는 점이다. 또한, 이는 학습자들의 기계번역기 사용이 일정 수준 이상에 도달해 있음을 의미하는 것으로 이들에게 기계번역기의 사용이 더이상 낯선 작업이 아님을 뒷받침하는 것이기도 하다.

참여자에게 제공한 10개의 ST 중 장문에 속하는 3개의 텍스트는 다음과 같다.

ST 8. 소금은 자꾸자꾸 나와서 배를 가득 채우고, 배 위로 산더미처럼 쌓였어요. 그러다가 마침내 배가 무게를 이기지 못해 바닷속으로 가라앉았어요. 욕심쟁이 부자는 바다에 빠져서 죽고 말았어요.

ST 9. 네가 오후 4시에 온다면 나는 3시부터 행복해지기 시작할 거야. 시간이 지날수록 점점 더 행복해지겠지. 4시가 되면 나는 안절부절 못하고 초조해 하겠지. 행복의 대가를

명으로 46.67%를 차지하였다. 2학기 참여자 23명의 응답이다. 5번 ST는 19명으로 82.61%, 6번 ST는 19명으로 82.61%, 7번 ST는 15명으로 65.22%를 차지하였다.

알게 되는 거지.

ST 10. 사랑! 그 지극한 사랑! 그 눈물겨운 사랑! 그러니까 벽 속에서 꼬리가 못에 찍혀 갇혀 버린 도마뱀을 위하여 또 한 마리의 도마뱀은 십 년이란 긴 세월을 비가 오나 눈이 오나 한결같이 먹이를 물어 나른 것이다.[33)]

상술한 3개의 ST는 참여자들이 중국어 학습 경험을 토대로 오류 유무를 판단하기에는 문장의 난이도가 높지만, 쉬운 접근성을 가진 표현적 텍스트로 구성하였다. 특히, 8번 ST의 '배'와 '부자'와 같은 동음이의어 문제를 해결할 수 있는지를 살펴보았다. 〈부록1〉의 한중 기계번역문 결과를 통해서 알 수 있듯이 사용 어휘, 문장 구조 등은 약간씩 차이가 있지만, 8번 MT를 제외하고는 전체적으로 오류 없이 번역되었다. 이 3개의 MT에 대해서 참여자들은 대부분 '그렇다(4)' 이상을 선택하면서 3개의 장문 텍스트에 대해서도 비교적 정확한 오류 인식률을 보여주었다는 점이다. 이를 구체적으로 살펴보면, 8번 ST는 27명으로 71.05%, 9번 ST는 27명으로 71.05%, 10번 ST는 29명으로 76.35%라는 결과치가 나타났다.[34)] 필자는 이 연구를 설계하면서 참여자들이 장문 텍스트 대한 오류는 당연히 인식하지 못할 것으로 예상하였고, 이에 오류 인식률이 전체적으로 낮을 것으로 예측하였다. 이에 대해 흥미로운 결과가 도출되었는데, 서로 비슷한 중국어 수준을 가지고 있는 1그룹과 2그룹의 오류 인식률에 차이가 나타났다는 점이다. 이를 구체적으로 살펴보면, 1그룹 참여자는 각각 53.33%, 53.33%, 66.67%라는 결과치를 나타내며 전체적으로 정확하지 않고 오류가 있다고 판단하였고, 반면에 2그룹 참여자는 82.61%, 82.61%, 82.61%라는 결과치를 나타내며 전체적으로 정확하여 오류가 없다고 판단했다는 점이다. 이러한 결과치의 격차는 초급 중국어 학습자가 장문의 텍스트에 대한 오류를 정확하게 인식하기에는 다소 무리가 있었을 것이라는 대답을 가능하게 한다.

---

33) MT 결과는 〈부록1〉에 정리하였다.

34) 1학기 참여자 15명의 응답이다. 8번 ST는 8명으로 53.33%, 9번 ST는 8명으로 53.33%, 10번 ST는 10명으로 66.67%를 차지하였다. 2학기 참여자 23명의 응답이다. 8번 ST는 19명으로 82.61%, 9번 ST는 19명으로 82.61%, 10번 ST는 19명으로 82..61%를 차지하였다.

지금까지 10개의 MT를 분석하고, 탐색하였는데, 이 연구를 설계할 때 학습자의 중국어 학습 경험 유무에 따른 텍스트의 오류 인식률에 차이가 있는 결과가 도출될 것으로 예상하였다. 학습자들은 학습 경험 유무에 따른 텍스트에 대한 오류 인식률에 차이를 보이며 예상과 부합되는 결과를 낳았고, 이는 실제 MT의 오류 상황과도 비교적 정확하게 부합하였다. 이를 통해 학습자의 기계번역기 사용은 이미 일정 수준에 도달하여 각자의 방식으로 기계번역을 효율적으로 활용하는 것이 가능하다는 결론을 내릴 수 있다. 또한, 초급 학습자들의 장문 텍스트에 대한 오류 인식률을 살펴보기 위해서 표현적 텍스트를 선택해 심리적인 장벽을 낮추고, 접근성을 높였음에도 불구하고 두 그룹 간의 결과치는 상당한 차이를 보였다. 이를 통해 초급 학습자의 기계번역 사용 수준이 일정 정도에 도달했다 하더라도 장문 텍스트에 대한 정확한 오류 인식은 결코 쉬운 작업이 아니라는 결론을 얻을 수 있었다.

둘째, 10개의 MT에 대한 수정 여부, 즉 포스트에디팅이 가능했는지에 대한 질문에 전체 참여자의 13.16%에 해당하는 5명의 학습자만이 '그렇다(4)' 이상이라고 응답하였다. 이는 초급 중국어 학습자들이 상술한 바와 같이 오류를 인식하는 것은 가능하지만, 그것이 구체적인 포스트에디팅으로까지는 이어지지 않는다는 것을 의미한다. 주목할 만한 점은 두 개의 '동음이의어'에 대한 문제 해결 방식에 있어 두 그룹 간의 결과치가 다르게 나타났다는 점이다. 8번 ST의 기계번역문에 학습자들은 71.05%의 정확성을 갖고 있다고 응답하였지만, 각각의 응답률을 살펴보면 1그룹 학습자는 53.33%, 2그룹 학습자는 82.61%로 응답에 차이가 발생하였다. 다음은 8번 ST의 중국어 번역 결과와 중국어를 다시 한국어로 역번역한 결과이다.

(ST)

소금은 자꾸자꾸 나와서 배를 가득 채우고, 배 위로 산더미처럼 쌓였어요. 그러다가 마침내 배가 무게를 이기지 못해 바닷속으로 가라앉았어요. 욕심쟁이 부자는 바다에 빠져서 죽고 말았어요.

(P)

盐总是出来填饱肚子，肚子上堆积如山。最后船无法承受重量沉入海底。贪心鬼父子掉进海里死了。

소금이 자꾸 나와서 배를 채우고 배가 산더미처럼 쌓입니다. 결국 배는 무게를 견디지 못하고 바닷속으로 가라앉았습니다. 욕심쟁이 부자가 바다에 빠져 죽었습니다.

(G)

盐不断地流出来，填满我的胃，在我的胃顶上堆积如山。然后，船终于失去了重量，沉入了大海。贪婪的富翁掉进海里死了。

소금이 계속 흘러나와 배를 채우고 배 위에 쌓였습니다. 그러다가 마침내 배는 무게를 잃어 바다에 가라앉았습니다. 탐욕스러운 부자는 바다에 빠져 죽었습니다.[35]

기계번역문을 통해서 알 수 있듯이, 역번역 결과를 한국어 ST와 비교했을 때 거의 다른 점을 찾아보기 어렵다. 하지만, 8번 ST에 포함된 두 개의 동음이의어 중 하나인 '부자'가 파파고 번역문에서 '父子'로 번역되었는데, 몇몇 학습자는 이것이 오류임을 인식하였을 뿐만 아니라 돈이 많은 사람을 일컫는 '有钱人'으로 포스트에디팅 하였다. 이에 대해 학습자들이 ST를 완벽히 이해하여 텍스트 중의 '부자'가 아버지와 아들을 일컫는 '父子'가 아님을 인식했기 때문이라는 설명이 가능하다. 또한, '父子'라는 단어는 초급 중국어 학습자가 학습하지 않더라도 알 수 있는 쉬운 기초 한자어이기 때문이기도 하다.[36] 이처럼 오류를 인식하고, 포스트에디팅을 진행한 학습자는 모두 53.33%의 응답률을 보인 1그룹에 속해 있었다. 반면에 학습자들은 또 다른 동음이의어인 '배'의 오류는 발견하지 못했는데, 이에 대해 가능한 설명은 '배'를 뜻하는 단어 '船'을 학습하지 못했기 때문이며, 학습자들이 오류 확인을 위해 중한으로 역번역을 시도했을 때 상술한 인용문을 통해서도 알 수 있듯이 이 과정에서 동음이의어의 특성상 오류를 전혀 발견할 수 없었기 때문이다.

지금까지 학습 경험 유무에 따른 MT에 대한 오류 인식률을 분석해 본 결과 문장에 따

35) 수정된 번역문은 〈부록1〉에 수록하였다.

36) 『니하오중국어 1』의 단어 목록에 포함되지 않은 단어이다.

라 결과치가 다르게 나타나기는 했지만, 학습자들은 비교적 높은 수치로 오류를 정확하게 인식했는데, 이는 학습자들의 기계번역문에 대한 높은 신뢰도와 무관하지 않을 것이라는 결론을 내릴 수 있다. 또한, 이는 초급 학습자도 자신의 언어 수준보다 높은 수준의 학습과제를 해결할 수 있을 정도로 기계번역의 품질이 향상되었음을 의미하며, 동시에 학습자의 기계번역기 사용 수준이 일정 정도를 넘어섰음을 의미한다. 반면에 학습자들은 오류를 인식하는 것은 가능했지만, 이를 구체적으로 포스트에디팅하는 실질적인 작업은 이루어지지 못했는데, 이는 초급 학습자의 특성상 어휘, 어법 등에 대한 문제를 극복하지 못한 데서 오는 한계점이 존재했음을 의미한다.

4. 결론

지금까지 초급 중국어 학습자의 기계번역문에 대한 오류 인식 여부를 통해 기계번역기를 효율적으로 활용하고 있는지, 기계번역문에 대한 신뢰도가 있는지, 포스트에디팅이 가능한지 등을 탐색하고 분석하여, 그 사용 현황과 실태를 재탐색하였다.

이 연구는 총 3단계의 연구 과정과 설문 취합으로 나누어 진행하였고, 연구 대상은 2023년 1학기와 2학기에 초급 중국어 수업을 수강한 학부생 38명이며, 이들은 대부분 1년 미만의 중국어 학습 경험을 가지고 있다. 연구 과정에서 포스트에디팅에 대한 어떠한 가이드라인도 적용하지 않았으며, 순수하게 학습자들의 중국어 수준에서 기계번역문에 대한 오류를 파악하고, 포스트에디팅을 하였다. 이 연구를 통해 얻은 몇 가지의 결론을 구체적으로 살펴보면 다음과 같다.

첫째, 학생들이 현재까지도 가장 선호하는 기계번역기는 파파고였으며, 접근성이 용이하다는 점과 번역이 자연스럽다는 점을 가장 큰 장점으로 들었다. 또한, 현재 학생들은 과제 용도로 기계번역을 가장 많이 사용하고 있으며, 기계번역문에 대해 높은 신뢰도를 가지고 있었다. 이는 하루아침에 완성된 것이 아니라 기계번역기의 발전에 따라 축적된 결과라고 볼 수 있으며, 이는 이후 기계번역기의 더 나은 발전을 이끄는 토대로 작용하여 기계번역기에 대한 신뢰도는 더욱 상승할 것으로 기대한다.

둘째, 초급 학습자도 기계번역을 사용하여 별다른 어려움 없이 다양한 유형의 텍스트를 중국어로 완역할 수 있었다. 이처럼 학습자가 기계번역을 사용할 수 있는 학습 환경은 초급 학습자들에게 자신의 학습수준보다 더 다양하면서도 높은 수준의 학습 경험을 제공함으로써 학습자들의 언어 학습에 대한 성취도를 증가시키고, 자신감을 고취시켜 학습 효과를 높이는 요소로 작용할 수 있다. 이러한 긍정적인 효과를 낳는 측면에서 기계번역기는 새로운 학습 도구로서의 제 역할을 다하고 있다고 봐도 무방하다. 또한, 이러한 학습 환경에 대해 많은 부정적인 견해가 제시되는 상황임에도 불구하고, 여전히 많은 학습자가 기계번역기 사용에 대해 긍정적인 현 상황에서는 회의적인 시선으로 이를 바라보기보다는 현재 상황을 더욱 나은 방향으로 발전시켜 나갈 수 있도록 관련 과목 개설 등의 교육 환경 개선에 대한 근본적인 논의가 필요한 시점이라고 여겨진다.

셋째, 초급 학습자들도 학습 경험 유무와 관련된 여러 가지 텍스트에 대해 비교적 정확하게 오류를 인식하였지만, 포스트에디팅 작업으로까지는 이어지지 못했다. 이들은 10개의 ST를 번역한 MT에 대해 대체로 높은 수준의 오류 인식률을 보여주며 오류 정도를 정확하게 판단하였고, 이는 실제 MT에서 발견한 오류와 비교적 정확하게 부합하였다. 이를 통해 초급 학습자도 자신의 언어 수준보다 높은 수준의 학습과제를 해결할 수 있을 정도로 기계번역의 품질이 향상되었음을 알 수 있었으며, 동시에 학습자의 기계번역기 사용이 이미 일정 수준을 넘어서 각자의 방식에 따른 효율적인 기계번역이 활용이 가능하다는 점을 알 수 있었다. 한 가지 흥미로운 사실은 학습자들이 '동음이의어'의 오류를 일정 정도 인식하면서 이 문제를 해결하기 위해 노력했다는 점이며, 이를 통해 '동음이의어' 번역에 대한 문제는 기계번역기의 폭넓은 활용을 위해서 반드시 해결해야 할 시급한 과제임이 밝혀졌다. 또한, 이러한 오류 인식의 판단을 통한 문제의식 접근 방법은 학습자들의 비판적인 사고방식을 이끌어내며 학습 효과를 극대화할 수 있다는 긍정적인 요소로 작용할 수 있어서 앞으로 교육 현장에서의 실질적인 활용을 기대해 볼 만하다. 반면, 초급 학습자라는 특성상 포스트에디팅이라 할 수 있을 만한 실질적인 작업이 이루어졌다고 보기는 힘들지만, 학습자는 각자의 방식대로 효율적으로 기계번역기를 활용하고 있음을 알 수 있었다.

본 연구는 초급 중국어 학습자로 한정하여 기계번역기의 활용 현황에 대한 연구를 진행하였으나 향후에 연구 범위를 중·고급 중국어 학습자로 확장하고, 연구 참여자도 증원하여 심층적이면서도 다각적인 연구가 이루어진다면 지금의 연구 결과와 비교해 더욱 유의미한 결과가 도출될 수 있을 것으로 기대한다.

〈參考文獻〉

권도경, 문수정, 김정수, 허윤정(2019),「2018년 인공신경망 기계번역의 중한 번역 현황 — 구글 번역과 네이버 파파고를 중심으로」,『한국중국어문학회』 98권, 233-267쪽.

김경란(2020),「대학 L2 글쓰기에서 번역기 사용은 필요한가?: 타당성에 대한 초급반 학습자의 인식」,『디지털융복합연구』 제18권 no6, 99-108쪽.

김혜림(2020),「학부생 번역자의 중한 기계번역 포스트에디팅 사례연구」,『중국언어연구』 vol., no.91, 383-414쪽.

______(2023),「학부생 번역자는 기계번역 포스트에디팅 가이드라인을 어떻게 이해하는가? : 중국어-한국어 파파고 기계번역을 중심으로」,『번역학연구』 제24(1), 109-135쪽.

김순미, 신호섭, 이준호(2019),「번역학계와 언어서비스업체(LSP)간 산학협력연구: '포스트에디팅 생산성'과 '기계번역 엔진 성능 비교」,『번역학연구』 제20권(1), 41-76쪽.

마승혜(2017),「기계화되기 어려운 인간 능력과 문학번역 능력 비교、고찰 및 논의」,『통번역학연구』 21(3), 55-77.

______(2018),「한영 기계번역 포스트에디팅에 대한 경험적 고찰 : 학부 교육 과정 및 결과를 중심으로」,『통번역학연구』 제22권 1호, 53-87쪽.

배재석, 조연정(2004),「중한 기계 번역 시스템에서의 오류 분석」,『중국언어연구』 18권, 341-369쪽.

신지선(2020),「기계번역 포스트에디팅에 관한 해외 연구 동향」,『번역학연구』 제21권(4), 87-114쪽.

신종호, 최효식, 연은모(2014),「학교목표구조, 개인목표성향 및 학업적 자기평가가 학습자의 실수 인식에 미치는 영향」,『교육심리연구』 제28권(1), 225-249쪽.

윤미선 외(2018),「영어-한국어 언어쌍에 적합한 포스트에디팅 가이드라인 미래 포스트에디터를 위한 가이드라인과 그 실례」,『번역학연구』, 2018-12 19(5), 43-76쪽.

이상빈(2017), 「학부번역전공자의 기계번역 포스트에디팅, 무엇이 문제이고, 무엇을 가르쳐야 하는가?」, 『통역과 번역』 제19권(3), 37-64쪽.

______(2018a), 「국내학부 번역전공자의 구글 기계번역 포스트에디팅 과정(process) 및 행위 연구」, 『번역학연구』 제19권(3), 259-286쪽.

______(2018b), 「학부 번역전공자의 구글 기계번역 포스트에디팅에 관한 현상학 연구」, 『통번역학연구』 제22권(1), 117-143쪽.

이준호(2021), 「영한 포스트에디팅 생산성에 대한 고찰 – 시간적 노력을 중심으로」, 『통번역학연구』 제25권(2), 55-83쪽.

이창수(2020), 「한-영 신문사설 번역에서 나타나는 인간번역과 기계번역 간의 어휘 사용 차이 연구」, 『통역과 번역』 제22권(1), 245-262쪽.

이현주, 린위쑤안(2021), 「학부생들의 중국어 수준에 따른 번역기 활용에 관한 연구」, 『중국언어연구』 97권, 423-445쪽.

임소영, 임소정(2023), 「구어체 문장의 한중 기계번역 오류 개선을 위한 프리에디팅 가이드라인 연구 - 중국어 비숙련자를 대상으로」, 『한중언어문화연구』 vol., no.68, 129-157쪽.

임희주(2017), 「교양영어 수업에서 영어자동번역기 사용에 대한 대학생의 인식 및 태도 연구 — 영작문 수업을 중심으로」, 『교양교육연구』 제11권 제6호, 727-751쪽.

정미애(2020), 「한국 대학생 EFL 학습자의 영어 자동번역기 사용에 대한 인식」, 『STUDIES IN ENGLISH EDUCATION』 25권 3호, 411-438쪽.

지윤주, 이상빈, 이선우(2023), 「학부번역전공자의 챗GPT 관련 인식과 챗GPT 번역 및 포스트에디팅 실험 연구」, 『통번역학연구』 제27권 3호, 203-226쪽.

최은경, 윤미선, 홍승연(2023), 「학부 번역교육에서 기계번역 메타언어 학습 활동에 대한 연구」, 『통역과 번역」 제25권 1호, 155-184쪽.

한현희(2019), 「노한 기계번역의 프리에디팅(pre-editing) 및 포스트에디팅(post-editing) 가이드라인 제안」, 『노어노문학』 제31권(4), 65-96쪽.

______(2023), 「학부 러시아어 전공 학습자의 기계번역 사용 양상과 인식」, 『노어노문학』

제35권 제1호, 57-82쪽.
홍승연, 윤미선, 최은경(2022), 「학부 문화번역 수업에서 기계번역을 활용한 교육방안 모색」, 『영미연구』 제56집, 189-214쪽.
Reiss, K.(2000), Translation criticism-potentials and limitations: Categories and criteria for translation quality assessment, Manchester: Routledge

〈부록 1〉 파파고와 구글 번역기의 기계번역문 결과[37)]

ST	1	저는 보통 자전거를 타고 학교에 갑니다.
MT	P	我一般骑自行车去学校。
	G	我通常骑自行车去学校。
ST	2	밥을 먹은 후에 약을 먹어야 합니다.
MT	P	吃完饭后要吃药。
	G(1)	你应该在进食后服药。
	G(2)	您应该饭后服药。
ST	3	저는 기분이 좋아서 삼겹살과 소주를 많이 먹었습니다.
MT	P	我心情很好，吃了很多五花肉和烧酒。
	G	我心情很好，所以吃了很多五花肉和烧酒。
ST	4	인터넷 뱅킹은 컴퓨터로 신청이 가능하다.
MT	P	网上银行可以用电脑申请。
	G	可以通过电脑申请网上银行。
ST	5	가족이나 친구 등 다른 사람과 같이 여가 활동을 하는 사람보다 혼자서 하는 사람이 더 많았다.

37) 기계번역문은 2023년 6월과 12월에 이루어졌으며, 두 번의 결과가 다를 경우에만 6월은 (1)로 12월은 (2)로 표기하였고, 오류가 있는 텍스트는 포스트에디팅(PE)을 거친 텍스트와 함께 수록하였다.

MT	P(1)	与家人或朋友等其他人一起进行休闲活动的人更多。
	PE	与家人或朋友等其他人一起做休闲活动的人相比,独自做活动的人更多。
	P(2)	与家人或朋友等其他人一起进行休闲活动的人相比,独自进行活动的人更多。
	G	单独进行休闲活动的人多于与家人或朋友等其他人一起进行休闲活动的人。
ST	6	나에게 맞는 진로를 찾으려면 먼저 자신의 적성이 무엇인지 알아야 한다.
MT	P	要想找到适合我的前途,首先要知道自己的性格是什么。
	G	想要找到适合自己的职业, 首先要知道自己的才能。
ST	7	시험 전에 미역국과 죽을 먹으면 안 되는 이유는 죽을 만드는 것을 '죽을 쑤다'라고 하는데, 그것이 시험을 망친다는 의미로 쓰이기 때문이다.
MT	P	考试前不能喝海带汤和粥,是因为做粥被称为"熬粥", 意思是考试考砸。
	PE	考试前不能喝海带汤和粥,是因为煮粥被称为"죽을쑤다(熬粥)", 意思是考试考砸。
	G(1)	考试前不宜吃紫菜汤和粥的原因是, 煮粥被称为"煮粥", 意思是会毁掉考试。
	PE	考试前不宜吃紫菜汤和粥的原因是, 煮粥被称为"죽을쑤다(熬粥)", 意思是会毁掉考试。
	G(2)	考试前不宜吃海带汤和粥的原因是, 煮粥被称为"煮粥", 用来表示会毁掉考试。
	PE	考试前不宜吃海带汤和粥的原因是, 煮粥被称为"죽을쑤다(熬粥)", 用来表示会毁掉考试。
ST	8	소금은 자꾸자꾸 나와서 배를 가득 채우고, 배 위로 산더미처럼 쌓였어요. 그러다가 마침내 배가 무게를 이기지 못해 바닷속으로 가라앉았어요. 욕심쟁이 부자는 바다에 빠져서 죽고 말았어요.
MT	P	盐总是出来填饱肚子, 肚子上堆积如山。 最后船无法承受重量沉入海底。 贪心鬼父子掉进海里死了。
	PE	盐总是出得越来越多, 船上堆积如山。 最后船无法承受重量沉入海底。 贪心鬼富翁掉进海里死了。
	G	盐不断地流出来, 填满我的胃, 在我的胃顶上堆积如山。 然后, 船终于失去了重量, 沉入了大海。 贪婪的富翁掉进海里死了。
	PE	盐不断地流出来, 填满了船, 在船上堆积如山。 然后, 船终于失去了重量, 沉入了大海。 贪婪的富翁掉进海里死了。

ST	9	네가 오후 4시에 온다면 나는 3시부터 행복해지기 시작할 거야. 시간이 지날수록 점점 더 행복해지겠지. 4시가 되면 나는 안절부절 못하고 초조해 하겠지. 행복의 대가를 알게 되는 거지.
MT	P(1)	如果你下午4点来的话，我会从3点开始变得幸福。 随着时间的流逝，会越来越幸福吧。 到了4点，我会坐立不安, 焦急吧。 知道了幸福的代价。
	P(2)	如果你下午4点来的话，我会从3点开始变得幸福。 随着时间的流逝，会越来越幸福吧。 到了4点，我会坐立不安，焦躁不安吧。 知道了幸福的代价。
	G	如果你下午 4点来，我会在下午 3点开始快乐。 随着时间的流逝，你会变得更加幸福。 到了四点钟我就会感到焦躁不安。 你将了解幸福的代价。
ST	10	사랑! 그 지극한 사랑! 그 눈물겨운 사랑! 그러니까 벽 속에서 꼬리가 못에 찍혀 갇혀버린 도마뱀을 위하여 또 한 마리의 도마뱀은 십 년이란 긴 세월을 비가 오나 눈이 오나 한결같이 먹이를 물어 나른 것이다.
MT	P(1)	爱！那至极的爱！ 那可歌可泣的爱情！ 因此, 为了被钉子钉住尾巴的蜥蜴, 又一只蜥蜴在长达10年的时间里, 无论下雨还是下雪都始终咬着食物搬运。
	P(2)	爱！至爱！ 那可歌可泣的爱情！ 因此, 为了被钉子钉住尾巴的蜥蜴, 又一只蜥蜴在长达10年的时间里, 无论下雨还是下雪都始终咬着食物搬运。
	G(1)	爱！ 那种极致的爱！ 那份热泪盈眶的爱情！ 于是，对于那只被困在墙内的尾巴被钉子钉住的蜥蜴，另一只蜥蜴继续搬运食物长达十年之久，不管是下雨还是下雪。
	G(2)	爱！ 那种极致的爱！ 那份热泪盈眶的爱情！ 于是，对于那只尾巴被钉子困在墙内的蜥蜴来说，另一只蜥蜴十年来一直在搬运食物，无论是下雨还是下雪。

〈摘要〉

本研究旨在重新探讨初级汉语学习者对机器翻译的使用情况，考察其翻译文本中是否存在错误，学习者是否进行后期编辑，以及编辑的内容。本研究以正在修读基础汉语课程的38名本科生为研究对象，进行了中韩机器翻译实验与问卷调查。研究结果显示，初级汉语学习者对已有学习经验的短句MT的准确性表现出较高的信任度，认为其翻译结果没有错误。值得一提的是，学习者对没有学习经验的长篇MT也有较高的错误识别率，这与实际MT发现的错误基本一致。然而，尽管学习者意识到MT存在错误，但其修改频率仍然偏低。这表明初级学习者在处理词汇、语法及句子结构等问题时仍存在一定的局限性。

〈ABSTRACT〉

The purpose of this study was to reexamine the extent to which beginner Chinese learners utilize machine translation, and explore whether errors in machine translated text were identified, whether corrections were made, frequency of corrections, and correction elements, etc.

This study conducted a Chinese Korean machine translation and questionnaire survey on 38 undergraduate students who are currently studying basic Chinese courses.

According to the research results, beginner Chinese learners showed a high level of confidence in the accuracy of the short MT they had learned and judged that there were no errors. What is interesting is that even MT for long-text with no learning experience were recognized as accurate and error-free at a relatively high rate, and in reality, many errors were not found in MT. However, the fact that even though learners recognized that there were errors in MT, they showed a low rate of correction, upon which we could conclude that due to the nature of beginner learners, there would have been limitations in solving problems such as vocabulary, grammar, and sentence structure.

* 이 논문은 2024년 『중국어문학논집』 제144호에 게재된 『초급 중국어 학습자의 한중 기계번역 활용과 오류 인식에 관한 고찰』 논문을 토대로 하여 작성된 것임을 밝혀둔다.

R Studio를 활용한 중국어 텍스트 데이터 전처리(Preprocessing) 방법 初探

이지민*

1. 서론

본고는 중국어 텍스트 데이터를 분석할 때 어떻게 R Studio[1)]를 활용할 수 있는지 그 방법을 제시하는 데 목적이 있다.

언어연구에서 텍스트 데이터를 분석한다면 컴퓨터의 활용은 필수적이며, 이를 위해 사용할 수 있는 프로그램과 활용 방법의 선택지는 매우 폭넓다. R Studio는 텍스트 데이터를 분석할 수 있는 다양한 방법 중 하나이며, 본고에서는 R Studio를 이용한 텍스트 데이터의 전처리 방법과 그 과정을 간단한 예시들과 함께 소개하고자 한다.

모든 예문과 텍스트 데이터는 북경대학 중국어 연구센터 코퍼스[2)](북경대학 중국어언학연

---

* 李枝玟(Lee Jimin) : 延世大學校 中語中文學科 博士課程

1) R은 일종의 프로그래밍 언어이자 분석도구이다. 하지만 그래픽 유저 인터페이스가 직관적이니 않다는 단점이 있기 때문에, 초보사용자들이 사용하기에 어려움이 있다. 이러한 단점을 개선한 것이 R Studio이다. R Studio는 R의 다양한 기능들을 쉽게 사용할 수 있을 뿐만 아니라, 데이터 관리와 편집 등 여러 가지 편리한 기능을 갖추고 있다.

2) 북경대학 중국어 연구센터 코퍼스는 CCL(Center for Chinese Linguistics의 약자) 코퍼스로 불리며, 2024년 2월을 기준으로 58억자가 넘는 큰 규모의 텍스트 데이터이다. 현대중국어, 고대중국어, 중영이중언어

구중심, Center for Chinese Linguistics Peking University)에서 "是"를 검색한 결과를 이용하였다. 텍스트의 실질적인 의미는 텍스트 데이터 전처리 및 분석과 무관하므로, 제시된 모든 예문과 텍스트 데이터의 구체적인 의미해석에 대해서는 고려하지 않았다.

2장에서는 R Studio를 활용하여 문자열 벡터를 생성하는 방법과 텍스트 파일을 불러오는 방법을 소개하고자 한다. R Studio에서 직접 문자열 벡터를 생성하는 것은 텍스트의 규모가 작을 경우 용이하지만, 데이터의 규모가 큰 경우에는 직접 파일을 불러와서 작업하는 것이 더욱 편리하다. 또한, 다양한 형태의 데이터 프레임을 읽어오는 코드도 그에 맞는 패키지와 함수들과 함께 소개하겠다.

3장에서는 중국어 텍스트 데이터의 전처리를 위한 다양한 패키지와 함수를 소개하겠다. 먼저, 문자열 패턴을 교체하고 불용어를 제거하여 자연어 처리에 적합한 양질의 데이터를 만드는 과정을 설명하고자 한다. 그 다음으로 여러 문장으로 이루어진 텍스트 데이터를 토큰화하는 코드로 데이터를 구조화시켜 분석에 더욱 적합한 데이터로 만들어보고자 한다. 마지막으로 이러한 일련의 과정들을 거쳐 빈도수와 문장을 추출하는 여러 가지 패키지와 코드를 알아보고자 한다.

본고에서 제시하는 방법은 절대적인 기준이 아니며, 기본적인 함수와 패키지를 바탕으로 다양한 방식으로 동일한 결과를 도출할 수 있다. 따라서 본고의 내용은 하나의 예시로 이해되어야 하며, 이를 대체하거나 보완할 수 있는 다양한 접근법과 코딩 방식은 얼마든지 존재한다. 본 연구의 목적은 초급사용자가 중국어 텍스트 데이터를 실제 연구에 활용할 수 있도록 기초적이고 기본적인 전처리 방법을 R Studio통해 제시하는 데 있다.

코퍼스를 모두 가지고 있다는 특징이 있다. 하지만 각 단어마다 품사표기가 되어 있지 않다는 단점이 있기도 하다.

2. 텍스트 데이터 전처리를 위한 준비

본장에서는 중국어 텍스트 데이터를 R Studio에서 전처리를 하기 위한 준비 과정인 문자열 벡터 생성하는 방법과 파일 불러오는 방법을 소개하고자 한다. 서론에서 언급했듯이 본고는 R Studio 초급사용자를 위한 방법을 제시하고자 함이 목적이므로, 가장 기초적이고 간단한 방법을 알아보고자 한다.

첫째, R Studio에서 문자열 벡터를 생성하는 방법이 있다. 이는 데이터의 양과 규모가 작을 경우 유용하다. 둘째, 텍스트 데이터 파일의 경로를 읽어 R Studio로 불러오는 방법이 있다. 또한, 다양한 형태의 데이터 프레임을 읽어오는 경우 그 형태에 따른 패키지와 함수도 제시하고자 한다.

2.1. 문자열 벡터 생성하기 및 파일 불러오기

텍스트를 R Studio에서 문자열 벡터[3]로 생성하여 활용할 수 있다. 이 방법은 텍스트 데이터의 규모가 비교적 작을 때 유용하다. 우선 아래[4]의 코드를 살펴보자.

---

3) 벡터는 동일한 데이터 유형의 원소로 구성된 일련의 값들을 나타내는 자료 구조이다. R Studio를 활용하는데 가장 기본적이고 중요한 데이터 구조 중 하나이다.

4) 본고에서 제시하는 모든 코드는 여러 방법 중 하나일 뿐이며, 절대적인 것은 아니다. 같은 결과르 도출하기 위해 다양한 코드식이 있을 수 있으며, 이는 각자의 방식과 목적에 따라 자유롭게 수정하고 적용할 수 있다.

<표 1> 문자열 벡터 생성하기1

```
#1 text <- c("這是他最痛的兒子。他是沒禮貌的人。不是個好貨。")
#2 text
   [1] "這是他最痛的兒子。他是沒禮貌的人。不是個好貨。"
```

<표 2> 문자열 벡터 생성하기2

```
#1 text <- c("這是他最痛的兒子。", "他是沒禮貌的人。", "不是個好貨。")
#2 text
   [1] "這是他最痛的兒子。"
   [2] "他是沒禮貌的人。"
   [3] "不是個好貨。"
```

위의 〈표 1〉과 〈표 2〉는 R Studio에서 문자열 벡터를 생성하는 두 가지 방법이다. 먼저 〈표 1〉의 #1은 변수 text에 "這是他最痛的兒子。他是沒禮貌的人。不是個好貨。"라는 문자열 값을 포함한다. #2는 변수 text가 포함하고 있는 내용을 출력한 것이다. 〈표 2〉도 마찬가지이다. 하지만 〈표 1〉은 모든 텍스트를 한 쌍따옴표 안에 넣어서 벡터를 생성하였고, 〈표 2〉는 텍스트를 각각의 쌍따옴표 안에 넣었다. 그렇게 때문에 〈표 1〉은 하나의 벡터가 생성된 것이고, 〈표 2〉는 세 개의 벡터가 생성된 것이다.

이와 같은 방법은 대규모 데이터를 처리하는 데는 적합하지 않다. 데이터의 양이 비교적 많은 경우 R Studio에서 파일 경로로 그 파일을 직접 불러와 처리 할 수 있다. 이때, 파일의 경로를 정확히 읽어와서 그 데이터를 다시 벡터로 변환해야 이후 R Studio에서 활용하는데 제약이 없다. 파일 경로를 읽어오는 방법은 파일의 형식에 따라 나누어 볼 수 있다. 우선 일반적인 txt파일을 불러오는 방법을 알아보자.

<표 3> 파일 불러오기

```
#1 file <- "파일의 저장경로"
#2 readLines(file, warn = FALSE)
```

위의 〈표 3〉은 파일 경로를 이용하여 텍스트 데이터를 R Studio로 직접 불러오는 코드이다. #1은 file이라는 이름의 변수에 파일의 경로를 저장하였다는 것을 의미한다. 예를 들어, 컴퓨터 바탕화면에 있는 파일의 경로는 "C:/Users/본인컴퓨터이름/Desktop/파일이름"와 같을 것이다. 여기서 주의해야 할 점은, R Studio에서는 경로 구분자인 슬래시(/) 대신 백슬래시를 두 번(\\) 사용하여 "C:\\Users\\본인컴퓨터이름\\Desktop\\파일이름"와 같이 사용할 수도 있다.

#2는 readLines함수를 사용하여 파일에서 텍스트를 읽어오는 함수이다. file은 #1에서 정의한 파일 경로를 뜻하고, warn = FALSE는 경고 메시지를 표시하지 않겠다는 의미로 생략해도 무관하다.

readLines함수는 텍스트 파일을 각 줄 단위로 읽어오는 일반적인 함수로, txt파일과 같은 일반적인 문자만 포함한 파일을 읽을 때 유용하다. 따라서, 각 줄은 하나의 원소로 간주된다. 또한, 텍스트 데이터를 처리하는데 주로 사용되기 때문에, 파일 경로를 통해 데이터를 읽어와 각 줄을 개별적인 문자열로 반환하여 조작하기에 유용하다. 만약 데이터 프레임과 같이 행과 열 형태의 데이터를 처리하기에는 readr패키지의 read.csv함수나 read.table함수 혹은 readxl패키지의 read_excel함수 등이 더욱 편리할 것이다.

readr패키지는 read.csv, read.delim, read_lines 등의 함수를 포함하고 있으며, 주로 행과 열로 된 표 형태의 데이터 프레임을 읽고 변환 시키는데 최적화되어 있다. CSV[5], TSV[6] 등 구분자로 된 데이터를 처리할 때 특히 유용하다.

---

5) CSV란 Comma Separated Values의 약자로 〈표 4〉의 CSV예시와 같이 각 데이터 필드가 쉼표(,)로 구분되어 있다는 것을 뜻한다.

6) TSV란 Tap Separted Values의 약자로 〈표 4〉의 TSV예시와 같이 각 데이터 필드가 탭으로 구분되어

<표 4> 다양한 데이터 프레임 형태

CSV 예시	TSV 예시	엑셀 예시
可不是麼,4	可不是麼 4	1 可不是麼 4
狗說,4	狗說 4	2 狗說 4
狼說,4	狼說 4	3 狼說 4
行了,4	行了 4	4 行了 4
啊,3	啊 3	5 啊 3
狐狸說,3	狐狸說 3	6 狐狸說 3
說完就走了,3	說完就走了 3	7 說完就走 3

위의 예시들과 같이 데이터 프레임의 형태는 다양하다. 그렇기 때문에 형태에 맞는 패키지와 함수를 써야 한다. 아래는 각 프레임 형태에 유용한 코드 예시이다.

<표 5> readr패키지로 데이터프레임 형태 파일 불러오기

```
#1 install.packages("readr")
#2 library(readr)
#3 file <- "파일의 저장경로"
#4 text <- read.csv(file)                                CSV파일
   text <- read.table(file)                              테이블파일
```

〈표 5〉는 CSV파일과 테이블파일 처리에 유용한 패키지와 함수이다.

#1은 readr패키지를 설치한다. 패키지명은 반드시 쌍따옴표와 함께 작성해야 한다.

#2는 설치된 readr패키지를 로드하는 것이다. 이 작업 이후 readr에 포함된 함수들을 사용할 수 있다.

#3은 파일이 설치된 경로를 입력한다.

있다는 것을 뜻한다.

#4는 데이터프레임의 형태에 따라 read.csv 혹은 read.table 함수를 사용한다.

<표 6> readxl패키지로 데이터프레임 형태 파일 불러오기

```
#1 install.packages("readxl")
#2 library(readxl)
#3 file <- "파일의 저장경로"
#4 text <- read_excel(file)                                엑셀파일
```

엑셀파일의 경우 〈표 6〉과 같이 readxl패키지의 read_excel함수를 사용하는 것이 유용하다. 아래는 각 형태의 데이터 프레임을 각기 다른 함수를 사용했을 때의 출력값이다.

<표 7> 다양한 데이터 프레임 출력값

CSV 파일

	可不是麼	X4
1	狗說	4
2	狼說	4
3	行了	4
4	啊	3
5	狐狸說	3
6	說完就走了	3

TSV 파일

	V1	V2
1	可不是麼	4
2	狗說	4
3	狼說	4
4	行了	4
5	啊	3
6	狐狸說	3
7	說完就走了	3

엑셀파일

	可不是麼	4
1	狗說	4
2	狼說	4
3	行了	4
4	啊	3
5	狐狸說	3
6	說完就走了	3

데이터 프레임과 함수에 따라 최종적으로 출력되는 형태가 다르다는 것을 위의 표를 통해 알 수 있다. 특히 read.csv함수와 read_excel함수는 테이블의 첫 번째 줄인 헤더가 read.table과 달리 따로 구분되어 있지 않다는 것을 알 수 있다. CSV파일과 엑셀파일을 사용할 때는 헤더를 따로 지정해주는 것이 좋다.

2.2. 파일 저장하기

본장에서는 R Studio에서 문자열 벡터를 생성하고 그것을 텍스트 파일로 저장하는 방법에 대해서 알아보겠다. 아래의 코드를 살펴보자.

<표 8> 문자열 벡터 저장하기

```
#1 text <- c("這是他最痛的兒子。他是沒禮貌的人。不是個好貨。")
#2 setwd("현재 작업 폴더")
#3 write(text, "파일이름.txt")
   writeLines(text, "파일이름.txt")
```

위의 〈표 8〉은 R Studio에서 생성한 문자열 벡터를 텍스트 파일로 저장하는 코드이다.

#1은 변수 text에 문자열을 저장한다.

#2는 현재 작업 폴더, 즉 워킹 디렉토리를 지정된 경로로 변경하는 것이다. setwd는 "Set Working Directory"의 약자로, R Studio의 현재 작업 폴더를 지정된 경로로 변경할 수 있는 함수이다. 앞서 설명한 파일의 저장경로와 마찬가지로, 정확한 구분자를 이용하여 원하는 작업 디렉토리를 지정하면 된다.

#3은 #1의 변수 text 데이터를 파일로 출력한다. 즉, text라는 변수의 데이터를 "파일이름.txt"의 텍스트 파일에 쓴다. 여기서 write함수와 writeLines함수를 사용하였다. write함수는 일반적으로 데이터 프레임이나 행렬과 같은 데이터 구조를 파일에 쓸 때 사용되며, 여러 데이터 유형을 테이블 형태로 정리하여 저장할 수 있다. writeLines함수는 주로 텍스트 데이터를 줄 단위로 파일에 쓸 때 사용된다. 각각의 요소를 파일의 별도 줄로 쓰기 때문에, 문자열 벡테를 파일에 한 줄씩 쓰는 데 유용하다. 본 예시에서는 문자열 벡터를 예시로 들었기 때문에 write함수보다는 writeLines함수가 이후 처리에 더욱 적합할 것이다.

#4는 텍스트 파일을 줄 단위로 읽어 콘솔에 출력한다. "파일이름.txt"의 텍스트 파일을

읽고, 그 내용을 R Studio에서 문자열 벡터로 변환한다. 여기에서 변환된 벡터는 파일의 각 줄을 요소로 포함한다.

본장에서는 R Studio에서 문자열 벡터를 생성하고, 파일을 불러오고, 문자열 벡터를 다시 지정된 경로에 저장하는 방법에 대해서 알아보았다. 3장에서는 2장의 내용을 바탕으로 본격적으로 다양한 중국어 텍스트 데이터의 전처리 패키지와 함수에 대해 알아보겠다.

3. 텍스트 데이터 전처리 패키지 및 함수

전처리과정은 텍스트 데이터를 양질의 데이터로 만드는데 제일 처음 이루어져야 하는 필수 과정이다. 불용어, 특수문자 등을 제거하는 전처리 과정의 유무에 따라 최종 출력값은 전혀 다르다. 이러한 전체적인 정제과정은 텍스트 데이터를 구조화 시키는데 중요할 뿐만 아니라 자연어 처리에서 더욱 정확한 출력값을 얻기 위해서는 반드시 진행되어야 하는 작업이다.

3장에서는 텍스트 데이터 정제를 위한 전처리 관련 패키지와 함수를 소개할 것이다. 문자열 패턴 교체와 불용어 삭제 코드를 바탕으로 특수문자 제거, 빈줄 제거, 불용어 자동 삭제 등 중국어 텍스트 데이터 전처리의 가장 기초적이고 기본적인 코드들을 제시하고자 한다. 이를 바탕으로 중국어 텍스트 데이터를 토큰화 할 수 있는 방법과 글자수 및 빈도수를 추출하는 방법을 알아보겠다. 먼저, 문자열 패턴 교체와 불용어를 제거하는 함수에 대해 알아보자.

3.1. 패턴 교체하기와 불용어 제거하기

아래에서 제시한 sub, gsub 등의 함수는 문자열 패턴 교체에 가장 기본적인 함수일 뿐만 아니라 불용어[7]를 제거하는데도 활용된다. 이 두 함수 모두 문자열에서 패턴을 찾아내어 대체하는데 사용할 수 있다. 예를 들어 문자열의 "是"를 "不是"로 교체할 때 사용될 수 있다. 자세한 코드를 알아보자.

<표 9> 문자열 패턴 교체하기

```
#1 file <- "파일의 저장경로"
#2 text <- readLines(file)
#3 replace_text <- sub("是", "不是", text)                    sub함수
   replace_text <- gsub("是", "不是", text)                   gsub함수
#4 setwd("현재 작업 폴더")
#5 write(replace_text, "파일이름.txt")
```

위의 〈표 9〉는 sub함수 혹은 gsub함수를 사용하여 문자열 "是"를 "不是"로 변환하는 코드이다.

#1과 #2는 텍스트 데이터 파일을 R Studio로 불러온 후, readLines함수로 텍스트 파일을 줄 단위로 읽어들인다.

#3은 file의 "是"를 "不是"로 교체하여 replace_text라는 변수로 저장한다. 문자열 내에서 패턴을 찾아 다른 문자열로 교체할 때는 sub함수 혹은 gsub함수를 사용할 수 있다.

---

7) 불용어란 텍스트에서 출현 빈도는 높으나 큰 의미가 없어 중요도가 낮은 단어들을 의미한다. 일반적으로 조사나 접속사 등이 포함될 수 있으며, 예를 들어 중국어의 的, 了 등을 불용어로 간주할 수 있다. 하지만 텍스트 데이터를 정제하는 목적에 따라 불용어의 기준이 달라질 수 있다. 만약 的에 관한 텍스트 데이터를 분석한다면 的은 불용어로 설정하면 안된다. 반대로 평소에는 불용어로 간주하지 않는 단어를 특정 주제에 따라 불용어로 설정할 수도 있다.

sub함수는 주어진 패턴과 일치하는 문자열의 첫 번째로 발견된 문자열만 교체하며, gsub 함수는 주어진 패턴과 일치하는 모든 문자열을 교체한다. 아래의 예시를 살펴보자.

…並不是你眞强因爲你占的地方兒好就是了。(원문)

…並不不是你眞强因爲你占的地方兒好就是了。(sub함수 출력값)

…並不不是你眞强因爲你占的地方兒好就不是了。(gsub함수 출력값)

원문에서는 "是"가 두 번 출현하였다. sub함수는 첫 번째 "是"만 "不是"로 교체하였고, gsub함수는 두 번의 "是"가 모두 "不是"로 바뀌었다. 필요에 따라 sub함수 혹은 gsub함수를 선택하여 이용하면 된다.

#4와 #5는 원하는 폴더에 결과값을 원하는 파일이름으로 저장한다.

gsub함수를 활용하여 불용어나 특수문자를 제거할 수도 있다.

<표 10> 문자열 제거하기 gsub함수

```
#1 file <- "파일의 저장경로"
#2 text <- readLines(file)
#3 replace_text <- gsub("是", "", text)
#4 setwd("현재 작업 폴더")
#5 write(replace_text, "파일이름.txt")
```

예를 들어 "是"가 텍스트 데이터에서 더 이상 필요하지 않은 불용어인 경우, #3과 같이 gsub함수를 이용하여 "是"를 빈 문자열인 ""로 대체하면, file에 포함된 모든 "是"가 제거된다. 아래의 예시를 살펴보자.

…並不是你眞强因爲你占的地方兒好就是了。(원문)

…並不你眞强因爲你占的地方兒好就了。(gsub함수 출력값)

#4와 #5는 〈표 9〉와 같이 "是"를 제거한 텍스트 데이터를 원하는 폴더에 원하는 파일 이름을 지정하여 저장한다. 이와 같은 방법으로 특수문자를 제거할 수도 있다. 아래의 코드를 살펴보자.

<표 11> 특수문자 제거하기 gsub함수

```
#1 file 〈- "파일의 저장경로"
#2 text 〈- readLines(file)
#3 clean_text 〈- gsub("[[:punct:]]", "", text)          모든특수문자제거
   clean_text 〈- gsub("[。？！]", "", text)               。？！제거
#4 setwd("현재 작업 폴더")
#5 write(replace_text, "파일이름.txt")
```

#3은 특수문자를 의미하는 정규식 "[[:punct:]]"으로 텍스트 데이터의 모든 특수문자를 제거한다. 만약 특정 특수문자를 제거하고 싶다면 [。？！]와 같이 대괄호([ ])안에 원하는 특수문자를 입력하여 제거할 수 있다.

패턴을 교체할 때, gsub함수 이외에 stringr패키지에 포함된 함수를 활용한다면 보다 간편하고 일관된 인터페이스를 제공받을 수 있다. 먼저 gsub함수와 같이 문자열 패턴을 교체할 수 있는 stringr패키지의 str_replace_all함수를 살펴보자.

<표 12> 문자열 패턴 교체하기 str_replace_all함수

```
#1 file 〈- "파일의 저장경로"
#2 text 〈- readLines(file)
#3 install.packages("stringr")
#4 library(stringr)
#5 replace_text 〈- str_replace_all(text, "是", "不是")
```

str_replace_all함수는 stringr패키지에 포함된 것으로, 우선 #3과 #4와 같이 stringr패키지를 설치해야 한다.

#5는 text에 포함된 모든 "是"를 "不是"로 교체하고 변수 replace_text에 저장한 것이다. 여기서 주의해야 할 점은 gsub함수와 str_replace_all함수의 코드 작성법이 다르다는 것이다. gsub함수는 gsub("是", "不是", text)와 같이 gsub("패턴", "대체할 패턴", 작업을 수행할 파일 혹은 문자열)이고, str_replace_all함수는 str_replace_all(text, "是", "不是")와 같이 str_replace_all(작업을 수행할 파일 혹은 문자열, "패턴", "대체할 패턴")과 같이 코드 작성법에 차이가 있다.

stringr패키지의 str_remove_all함수로 문자열을 제거할 수도 있다.

<표 13> 문자열 제거하기 str_remove_all함수

```
#1 file 〈- "파일의 저장경로"
#2 text 〈- readLines(file)
#3 install.packages("stringr")
#4 library(stringr)
#5 replace_text 〈- str_remove_all(text, "是")
```

위의 코드는 stringr패키지의 str_remove_all함수를 이용하여 text에 포함된 모든 문자열 "是"를 제거한 것이다. gsub함수와 달리 그저 제거하고자 하는 문자열만 입력하면 된다.

텍스트 데이터를 분석할 때 필요에 따라 불용어를 제거해야 하기도 한다. 불용어는 텍스트에 많이 사용되지만 문맥 의미에는 영향을 미치지 않는 단어들이다. R Studio에서는 각 언어의 불용어 목록을 제공하는 패키지가 있다. 아래의 코드를 살펴보자.

<표 14> 중국어 불용어 목록 stopwords패키지

```
#1 install.packages("stopwords")
#2 library(stopwords)
#3 stopwords(language = "zh", source = "misc")
```

〈표 14〉의 stopwords패키지는 불용어 목록을 제시하는 패키지이다. 이는 기본 패키지가 아니므로 먼저 #1과 #2와 같이 패키지를 설치하고 활성화한다.

#3은 stopwords함수를 이용해 중국어("zh")의 목록을 요청한다. source는 매개변수로 불용어 목록을 어떤 출처에서 가져올지 지정하는 옵션으로, 중국어는 일반적인 용도로 사용할 수 있는 "misc"옵션이 있다. #3을 실행한다면 다음과 같은 불용어 목록을 확인할 수 있다.

<그림 1> 중국어 불용어 목록 일부

위의 불용어 목록은 절대적인 것이 아니므로 필요에 따라 더하거나 빼서 적절하게 사용할 수 있다. 만약 stopwords패키지의 중국어 불용어 목록을 텍스트 파일로 저장하려면 앞서 텍스트를 저장한 것과 같이 다음과 같은 코드를 사용할 수 있다.

<표 15> stopwords패키지의 중국어 불용어 목록 저장하기

```
#1 install.packages("stopwords")
#2 library(stopwords)
#3 stop_text <- stopwords(language = "zh", source = "misc")
#4 setwd("현재 작업 폴더")
#5 write(stop_text, "파일이름.txt")
```

#3은 stopwords함수의 중국어 불용어 목록은 stop_text라는 변수로 저장한다.

#4와 #5는 원하는 폴더에 중국어 불용어 목록이 포함된 stop_text변수를 원하는 파일 이름으로 저장한다.

위와 같이 R Studio의 중국어 불용어 목록을 따로 저장하여 이후 텍스트 데이터 전처리에 활용할 수 있다. 불용어는 텍스트의 주제나 정제 목적에 따라 충분히 바뀔 수 있다. 그렇기 때문에 기존 R Studio의 불용어가 아닌 사용자가 설정한 불용어 목록을 사용할 수도 있다. 아래 코드는 사용자가 텍스트파일로 저장한 불용어를 텍스트 데이터에서 제거하는 방법이다.

<표 16> 고리점(。)을 기준으로 문장 분리하기 strsplit함수

```
#1 file <- "파일의 저장경로"
#2 text <- readLines(file)
#3 split_text <- unlist(strsplit(text, "。")
```

위의 코드는 텍스트 데이터의 문자열을 고리점(。)을 기준으로 문장을 분리하는 것이다. #3은 strsplit함수를 이용하여 변수 text의 텍스트 데이터를 고리점(。)을 기준으로 문장을 분리하고, 다시 unlist함수를 사용하여 분리된 문장들을 하나의 벡터로 펼쳐 split_text라는 변수에 저장한다. 고리점 대신 물음표나 느낌표를 입력해도 되고, 이 세 가지 특수문자를 모두 포함하려면 unlist(strsplit(text, "[。？！]")와 같이 바꾸어 주면 된다.

지금까지 제시한 일련의 전처리 과정을 모두 거쳤다면 텍스트 데이터에 빈 줄이 생길 확률이 높다. 텍스트 전처리 과정에서 빈 줄을 제거하는 것이 일반적이다. 마지막으로 빈 줄을 제거하는 두 가지 코드에 대해서 알아보자.

<표 17> 빈 줄 제거하기 stringi패키지

```
#1 install.packages("stringi")
#2 library(stringi)
#3 file <- "파일의 저장경로"
#4 text <- readLines(file)
#5 cleaned_text <- text[stri_trim_both(text) != ""]
```

〈표 17〉은 stringi패키지의 stri_trim_both함수를 이용하여 텍스트 데이터 파일의 빈 줄을 제거하는 코드이다.

#1과 #2는 stringi패키지를 설치하고 활성화한다.

#3과 #4는 원하는 파일을 R Studio로 불러와 변수 text로 저장한다.

#5는 텍스트 양쪽 끝의 공백을 제거하고, 그 결과가 빈 문자열이 아닌 경우 cleaned_text에 저장한다. stri_trim_both(text)는 변수 text의 문자열 벡터에서 양쪽 끝에 있는 공백을 제거한다. stri_trim_both(text) != ""는 앞서 공백을 제거하여 얻은 결과가 빈 줄인지 여부를 확인하는 조건이다. 여기에서 != 사이에 공백이 없이 작성해야 한다. text[stri_trim_both(text) != ""]는 빈 줄 여부 확인 조건을 이용하여 원본 텍스트에서 해당하는 요소를 확인하여 선택하고, 마지막으로 변수 cleaned_text에 양쪽 끝에 공백을 제거한 후 빈 문자열이 아닌 텍스트를 저장한다.

<표 18> 빈 줄 제거하기 trimws함수

```
#1 file <- "파일의 저장경로"
#2 text <- readLines(file)
#3 cleaned_text <- text[trimws(text) != ""]
```

〈표 18〉은 〈표 17〉과 같이 빈 줄을 제거하는 코드이다. R Studio의 기본 패키지의 trimws함수를 사용하였다. #3의 trimws(text)는 변수 text에서 양쪽 끝에 있는 공백을 제거한 후, 그 결과가 빈 줄인지 확인하여, 조건에 만족하는 요소들을 cleaned_text에 저장한다.

〈표 17〉과 〈표 18〉은 모두 모두 문자열의 양쪽 끝에서 공백을 제거하고, 그 결과 빈 문자열이 아닌 요소만을 선택하여 변수에 저장하는 코드이다. 하지만 stri_trim_both함수를 포함하는 stringi패키지는 다양한 언어와 문자 인코딩에 적합하다. 따라서 기본적인 작업에서는 trimws함수가 충분할 수 있으나, 다양한 언어 텍스트 데이터를 처리하는 경우 stringi패키지의 함수들을 활용하는 것이 더 적합할 것이다.

3.2. 텍스트 데이터 토큰화하기

텍스트 데이터를 토큰화하면 여러 가지 장점이 있다. 작은 단위로 나누어 분석할 수 있기 때문에 다양한 자연어 처리가 쉬워지고, 텍스트 특징을 알아보거나 단어의 빈도 등을 추출할 때도 유용하다. 또한, 텍스트 데이터를 시각화하는데도 빠질 수 없는 전처리 과정이다. 텍스트를 토큰화하여 구조화하면 이후 분석 과정이 간단해지고, 데이터의 질도 높아져 최종적 결과값에도 영향을 미친다.

중국어는 띄어쓰기를 하지 않는다는 특징이 있다. 그렇기 때문에, 텍스트 데이터를 토큰화하여 분석해야 한다. 만약 토큰화하지 않은 문장으로 이루어진 중국어 텍스트 데이터는 여러 가지 제한이 있다. 예를 들어 불용어 목록은 단어로 구성되어 있지만, 중국어 텍스트 데이터는 띄어쓰기 없이 모든 글자를 붙여서 쓰는 형식이기 때문에, 중국어 텍스트 데이터에서 직접 불용어를 제거하기 쉽지 않다. 우선, 중국어 텍스트 데이터를 토큰화하는 코드이다.

<표 19> 중국어 텍스트 데이터 토큰화하기 jiebaR패키지

```
#1 install.packages("jiebaR")
#2 library(jiebaR)
#3 file <- "파일의 저장경로"
#4 text <- readLines(file)
#5 worker <- worker()
#6 tokenization <- segment(text, jieba = worker)
```

위의 〈표 19〉는 jiebaR패키지를 이용하여 중국어 텍스트 데이터를 토큰화하는 코드이다. jiebaR패키지는 중국어 텍스트의 형태소를 분석하는 기능도 포함하고 있기 때문에 토큰화하는데도 매우 적합하다.

#1과 #2는 jiebaR패키지를 R Studio에 설치하고 활성화한다.

#3과 #4는 텍스트 데이터 파일을 불러와서 변수 text로 저장한다.

#5는 worker함수로 jiebaR패키지의 중심적인 기능을 수행하는 객체를 생성한다. 이는 이후 토큰화를 위한 도구로 사용되며, jiebaR패키지의 여러 기능을 수행하는데 필요한 설정과 자원을 관리할 수 있게 한다. worker객체를 설정하지 않고 직접 segment함수 내부적으로 worker객체를 자동으로 생성할 수 있다. 그러나 worker 객체를 명시적으로 생성한다면 세부적인 토큰화 설정을 제어할 수 없거나, 대규모 데이터의 처리 속도가 늦어지는 등의 제한이 생긴다. 따라서, segment함수 입력 전에 #5와 같이 worker객체를 명시적으로 생성하는 것이 이후 토큰화과정에 유리하다.

#6는 jiebaR패키지의 segment함수를 이용하여 중국어 텍스트 데이터를 토큰화한다.

text는 분석대상이며, jieba = worker는 형태소 분석기 설정 객체로, jieba 매개변수에 #4의 worker객체에 전달하여 텍스트를 토큰화한다. 이 결과를 변수 tokenization에 저장한다. 아래 〈그림 2〉는 토큰화의 예시이다.

```
> tokenization
 [1] "这"   "是"   "他"   "最"   "疼"   "的"   "儿子" "他"   "是"   "没"   "礼貌" "的"   "人"   "不是" "个"   "好"
[17] "货"   "那"   "是"   "他"   "最"   "疼"   "的"   "女儿" "她"   "是"   "没"   "礼貌" "的"   "人"   "不是" "个"
[33] "好"   "货"
```

<그림 2> 중국어 텍스트 데이터 토큰화 예시

아래 〈표 20〉은 〈표 19〉에 기반하여 중국어 텍스트 데이터에서 불용어를 제거하는 코드이다.

<표 20> 중국어 텍스트에서 불용어 제거하기 tringi패키지

```
#1 install.packages("jiebaR")
#2 library(jiebaR)
#3 file <- "파일의 저장경로"
#4 text <- readLines(file)
#5 worker <- worker()
#6 tokenization <- segment(text, jieba = worker)
#7 install.packages("stopwords")
#8 library(stopwords)
#9 stopwords <- stopwords(language = "zh", source = "misc")
#10 cleaned_text <- tokenization[!tokenization %in% stopwords]
```

#1~#6은 〈표 19〉와 같이 jiebaR패키지를 이용하여 중국어 텍스트 데이터를 토큰화한다.

#7~#9는 〈표 14〉와 같이 stopwords패키지를 이용하여 불용어 목록을 변수에 stopwords에 저장한다.

#10은 토큰화한 데이터에서 불용어 목록에 해당하는 단어들을 제거하여 변수 cleaned_text에 저장한다. 이 코드에서 %in%은 R언어에서 벡터의 각 요소가 다른 벡터에 속하는지 여부를 확인하는 것이다. 예를 들어 c(a, b, c, d, e) 벡터의 각 요소가 c(a, b, c) 벡터에 속하는지 확인하려면 c(a, b, c, d, e) %in% c(a, b, c)와 같이 작성할 수 있으며, 그 결과값은 'TRUE TRUE TRUE FALSE FALSE'와 같다. 즉, #10의 코드는 토큰화한 데이터에 불용어 목록의 단어들이 포함되어 있는지 확인하여, 불용어 목록에 미포함된 단어들만 추출한다. 즉, tokenization %in% stopwords는 tokenization 벡터의 각 요소가 stopwords 벡터에 포함되어 있는지 여부를 확인하고, 포함되어 있으면 TRUE 그렇지 않으면 FALSE가 된다. 하지만 이 코드는 불용어를 제거하기 위한 것이므로, 불용어 목록에 포함되어 있지 않은 단어들을 추출해야 한다. 그렇기 때문에 FALSE값에 해당되는 단어들을 선택해야 한다. 이를 위해 !를 더해 !tokenization %in% stopwords와 같은 코드를 입력하여, TRUE값은 FALSE값으로, FALSE값은 TRUE값으로 반전시킨다. 결과적으로 아래 〈그림 3〉과 같이 tokenization에서 stopwords에 포함된 요소들을 제외한 새로운 벡터 cleaned_text가 생성된다.

```
> cleaned_text
 [1] "疼"    "儿子" "没"    "礼貌" "货"    "疼"    "女儿" "没"    "礼貌" "货"
```

<그림 3> 불용어 제거 결과 예시

〈그림 2〉와 〈그림 3〉을 비교하면 중국어 불용어 단어들이 제거되었다는 것을 알 수 있다. 이와 같이 중국어 텍스트 데이터를 토큰화하여 분석하면 더욱 편리하고 다양한 방식으로 활용할 수 있다.

〈표 20〉의 코드를 활용하여 텍스트 데이터에서 사용자가 직접 설정한 불용어 목록을 삭제할 수도 있다. 아래 코드를 살펴보자.

<표 21> 중국어 텍스트에서 사용자 설정 불용어 제거하기 tringi패키지

```
#1 install.packages("jiebaR")
#2 library(jiebaR)
#3 file <- "파일의 저장경로"
#4 text <- readLines(file)
#5 worker <- worker()
#6 tokenization <- segment(text, jieba = worker)
#7 stopwords_file <- "파일의 저장경로"
#8 stopwords <- readLines(stopwords_file)
#9 cleaned_text <- tokenization[!tokenization %in% stopwords]
```

#1~#6은 〈표 20〉과 같은 과정이다.

#7과 #8은 사용자가 설정한 불용어 목록이 들어있는 파일을 R Studio로 읽어온다.

#9는 〈표 20〉의 #10 코드와 같이 토큰화한 데이터에서 사용자가 설정한 불용어 목록에 해당하는 단어들을 제거하여 변수 cleaned_text에 저장한다.

3.3. 빈도수와 문장 추출하기

본 장에서는 R Studio에서 단어 빈도수와 문장을 추출하는 등 추출에 관한 몇 가지 패키지와 함수에 대해서 알아보고자 한다. 첫째로 stringi패키지를 이용하여 텍스트를 특정 글자 수만큼 추출하는 코드를 알아보자.

<표 22> 글자 수만큼 텍스트 추출하기 stringi패키지

```
#1 install.packages("stringi")
#2 library(stringi)
#3 file <- "파일의 저장경로"
#4 text <- readLines(file)
#5 extract_text <- stringi::stri_sub(text, from = 1, to = 3)
```

〈표 22〉는 텍스트 데이터의 각 줄에서 3개의 글자만 추출하는 코드이다. stringi패키지를 사용하며, 이는 문자열을 처리하는 매우 효율적인 패키지이다.

#1~#4는 stringi패키지를 설치하고 활성화한 후, 텍스트 데이터를 변수 text에 저장한다.

#5는 각 줄에서 첫 번째 글자부터 세 번째 글자까지 추출하여 변수 extract_text에 저장한다. stringi::stri_sub함수를 이용하여 text의 각 줄에서 첫 번째부터 세 번째 글자를 추출한다는 것을 뜻한다. 추출하고자 하는 글자는 필요에 따라 조정하면 된다. 예를 들어 stringi::stri_sub(text, from = 3, to = 5)는 각 줄에서 세 번째 글자부터 다섯 번째 글자까지만 추출한다. 다음으로 특정 단어의 출현 빈도와 해당 문자열을 추출하는 패키지와 함수에 대해 알아보자.

단어와 빈도수를 추출하려면 tm패키지가 적합하다. 이는 텍스트 마이닝에 적합한 패키지이며, 코퍼스나 문서-단어행렬 생성하기 등 텍스트 데이터의 구조화와 분석에 유용한 기능을 가지고 있다. 본 장에서 소개하고자 하는 특정단어를 포함한 문장 추출이나 특정 단어의 출현 빈도 추출 등은 코퍼스와 문서-단어행렬을 생성하는데서 시작한다. 이를 위해 Corpus함수와 DocumentTermMatrix함수를 사용한다.

Corpus함수는 텍스트 데이터를 코퍼스 객체로 묶어 이후 텍스트 데이터 분석에 용이하게 만들어 주는 역할을 하며, DocumentTermMatrix함수는 단어의 빈도를 표현한 행렬을 뜻한다. 즉, 각 행은 하나의 문서를 나타내고 각 열은 단어를 나타내며, 행과 열이 교차하는 지점에 위치하는 셀은 행렬의 원소를 나타내어 해당 문서에서 특정 단어가 출현한 빈도수를 표시한다. 이러한 문서-단어행렬은 텍스트 데이터를 수치형 데이터로 표현하는데 매우 효율적이며, 여러 방면에서 활용이 가능하다. 텍스트 데이터를 수치화하기 때문에 자연어로 이루어진 데이터를 수학적을 분석할 수 있게 도와준다. 또한, 문서를 고차원의 벡터로 표현하여 벡터간의 유사성을 측정하여 문서와 문서 간의 유사성을 비교할 수도 있으며, 문서에서 특정 단어의 출현 빈도를 측정하여 단어의 기여도를 확인할 수도 있다. DocumentTermMatrix함수를 이용하여 문서-단어행렬을 생성해보자.

<표 23> 문서-단어행렬 생성하기 DocumentTermMatrix

```
#1 install.packages("tm")
#2 library(tm)
#3 file <- "파일의 저장경로"
#4 text <- readLines(file)
#5 corpus <- Corpus(VectorSource(text))
#6 dtm <- DocumentTermMatrix(corpus)
```

CCL에서 "是"를 검색한 결과를 파일로 저장하여 토큰화하고, 위의 〈표 23〉과 같은 과정을 거쳐 아래와 같은 출력값을 얻었다.

```
<<DocumentTermMatrix (documents: 23677, terms: 6781)>>
Non-/sparse entries: 23677/160530060
Sparsity : 100%
Maximal term length: 7
Weighting : term frequency (tf)
```

위의 내용은 문서(행)의 개수가 23677개이며, 단어(열)의 개수가 6781개로 이루어진 문서-단어행렬이고, 비어있지 않은 항목이 23677개이며, 희소성이 100%이고, 가장 긴 단어의 길이가 7이라는 것을 나타낸다.

여기서 말하는 희소성(Sparsity)이란 행렬에서 0이 아닌 값의 비율을 나타내는 지표이다. 낮은 희소성은 0이 아닌 값이 많은 경우를 의미하며, 행렬이 밀집하다고 해석할 수 있다. 반대로 높은 희소성은 0이 아닌 값이 적으며 행렬이 희소하다고 말할 수 있다. 행렬이 희소하다는 것은, 예를 들어, 행렬의 값이 단어의 빈도수를 나타낼 때, 대부분의 문서에서 사용되지 않은 단어가 많다는 것을 의미한다. 그렇기 때문에, 희소성은 행렬의 크기가 커질수록 중요해진다.

가중치(Weighting)는 단어의 가중치를 말하며, 여기에서는 term frequency(tf)방법을 사용하여 가중치가 부여되었음을 나타낸다. 즉, 각 단어의 가중치가 단어의 빈도수(tf)로 측정되었다는 것이다.

문어-단어행렬은 텍스트 데이터를 구조화시켜 많은 정보를 담고 있기 때문에, 그 활용 범위가 매우 넓다. 이 코드를 활용하여 아래에서 단어 출현 빈도수, 문장 빈도 수 등 여러 가지 빈도 수를 추출하는 방법에 대해 알아보자. 우선, 텍스트 데이터에서 특정 단어가 출현한 문장과 그 문장이 출현한 빈도수를 추출하는 코드를 살펴보자.

<표 24> 특정 단어 출현 문장과 문장 출현 빈도 추출하기

```
#1 install.packages("tm")
#2 library(tm)
#3 file <- "파일의 저장경로"
#4 text <- readLines(file)
#5 corpus <- Corpus(VectorSource(text))
#6 dtm <- DocumentTermMatrix(corpus)
#7 freq_matrix <- as.matrix(dtm)
#8 word_freq <- colSums(freq_matrix[, grepl("是", colnames(frequ_
              matrix))])
```

#1~#6은 〈표 23〉과 같이 문서-단어행렬을 생성한다.

#7은 #6의 문서-단어행렬을 일반적인 행렬로 변환하여, 다양한 연산과 분석작업을 수행할 수 있게 한다.

#8은 是가 각 행에서 출현하는 빈도를 계산한다. grepl함수는 colnames(열 이름) 중에서 是가 포함된 열을 찾아내고, colSums함수를 사용하여 해당 열들의 빈도를 합산한다. 아래의 예문[8]과 함께 위의 과정과 결과를 살펴보자.

(1) 因是中國通用語中不常用者
(2) 你說甚麽
(3) 實在是很多我是吃不了
(4) 狐狸趁空兒抓住他的
(5) 想必是好喫的
(6) 實在很多我是吃不了
(7) 是　　是 是是

```
> word_freq
因是中國通用語中不常用者      實在是很多我是吃不了
                      1                        1
          想必是好喫的        實在很多我是吃不了
                      1                        1
```

<그림 4> 특정 단어 출현 문장 추출 예시

〈그림 4〉는 〈표 24〉에 예문(1)~(6)을 대입시켜 얻은 결과값이다. 예문(1), (5), (6)에는 "是"가 한 번, 예문(3)은 두 번, 예문(2)와 (4)에는 출현하지 않았다. 〈그림 4〉를 살펴보면 각 문장에서 "是"의 출현횟수가 한 번 이상이면 모두 "1"로 표시되었다는 것을 알 수 있다. 따라서 〈표 24〉의 코드는 특정 단어가 출현한 빈도수가 아닌 특정 단어가 포함된 문

8) 예문의 실질적인 의미는 본고의 분석과 무관하므로, 구체적인 의미해석에 대해서는 고려하지 않았다.

장과 그 문장의 수를 추출하는 방법이다. 만약 특정 단어가 포함된 문장과 그 문장에서 특정 단어가 출현한 횟수를 추출하고자 한다면 아래의 코드를 사용할 수 있다.

<표 25> 특정 단어 출현 문장과 단어 출현 빈도 추출하기 1

```
#1 install.packages("tm")
#2 library(tm)
#3 file <- "파일의 저장경로"
#4 text <- readLines(file)
#5 target <- "是"
#6 total_word_freq <- 0
#7 for (sentence in text) {
    #7-1 word_freq <- sum(unlist(strsplit(sentence, "")) == target)
    #7-2 total_word_freq <- total_word_freq + word_freq
    #7-3 if (word_freq> 0) {cat("문장:", sentence, "\t", target,
          "출현빈도:", word_freq, "\n")}
    }
#8 cat("전체 문서에서", target, "의 출현빈도는", total_word_freq, "\n")
```

〈표 25〉의 #1~#4는 tm패키지를 활성화하고 텍스트 데이터를 R Studio로 불러온다.

#5는 분석하고자 하는 단어를 변수 target으로 저장한다. 본 코드에서는 "是"를 예로 설정하였다.

#6은 전체 문서에서 타겟 단어의 빈도를 더할 변수를 초기화시킨다.

#7은 "是"가 출현하는 문장과 각 문장에서 "是"의 출현 빈도를 함께 보여준다. for (sentence in text)는 텍스트 데이터에 포함된 각 문장에 대해 다음 중괄호({})[9] 안의 작업을 반복적으로 수행한다. #7-1은 문장에서 타켓으로 지정된 단어의 빈도를 계산한다. strsplit(sentence, "")는 문장을 한 글자씩 분리하고, ==target은 분리된 글자들이 타겟글자

9) #7에서 중괄호({})를 사용하였다. R언어에서 중괄호는 코드 블록을 정의하는 중요한 구문요소이다. 이것으로 여러 명령문을 하나로 묶어 조건문, 반복문 등에서 일괄적으로 실행할 수 있다.

와 일치하는지 여부를 확인하여 sum으로 일치하는 글자의 수를 합한다. #7-2는 출현빈도를 계산한다. word_freq는 #7-1의 타켓 글자와 일치하는 글자의 수를 합한 것이고, total_word_freq는 #6에서 초기화시킨 값이다. #7-3은 타켓 단어의 빈도가 0보다 크면 "문장: 중국어문장 타겟단어 출현빈도: 빈도수"와 같은 형식으로 출력한다. 아래 예시를 살펴보자.

```
문장: (1) 因是中國通用語中不常用者      是 출현빈도: 1
문장: (3) 實在是很多我是吃不了          是 출현빈도: 2
문장: (5) 想必是好喫的        是 출현빈도: 1
문장: (6) 實在很多我是吃不了            是 출현빈도: 1
문장: (7) 是       是 是是    是 출현빈도: 4
```

<그림 5> 특정 단어 출현 문장과 단어 출현 빈도 추출 결과 예시

마지막 #8의 출력값은 아래와 같다.

```
> cat("전체문서에서", target, "의 출현빈도는", total_word_Freq, "\n")
전체문서에서 是 의 출현빈도는 9
```

<그림 6> 특정 단어의 전체 출현 빈도 추출 결과 예시

〈표 25〉의 #7-3과 #8의 cat함수 사용은 얼마든지 편의에 따라 수정할 수 있다. #7-3의 "문장:", sentence, "\t", target, "출현빈도:", word_freq, "\n"을 해석해보자. 〈그림 5〉와 같이 "문장:"은 문자열 그대로 출력되고, sentence는 타겟단어가 포함된 파일의 문장이 출력될 것이다. "\t"는 탭의 정규식이고, target은 #5에서 설정한 타겟단어이며, "출현빈도:"는 "문장:"과 같이 문자열이 그대로 출력된다. word_freq는 #7-1에서 계산된 출현빈도이며, 마지막의 "\n"은 줄바꿈을 의미하는 정규식이다. #8도 이와 같으며 최종 결과값은 〈그림 6〉과 같다.

〈표 25〉의 #5에서 타겟단어를 변수 target으로 지정하여, #7-1에서 타겟단어를 변수 이름인 target으로 입력하였다. 하지만 아래 〈표 26〉과 같은 코드를 만들 수도 있다.

<표 26> 특정 단어 출현 문장과 단어 출현 빈도 추출하기 2

```
……
#3 file <- "파일의 저장경로"
#4 text <- readLines(file)
#5 total_word_freq <- 0
#6 for (sentence in text) {
    #6-1 word_freq <- sum(unlist(strsplit(sentence, "")) == "是")
    #6-2 total_word_freq <- total_word_freq + word_freq
    #6-3 if (word_freq> 0) {cat("문장:", sentence, "\t", "是의 출현빈도:",
          word_freq, "\n")}
         }
```

〈표 26〉은 타겟단어의 변수를 따로 지정하지 않고, #6-1에서 직접 타겟단어를 지정하였다. 따라서 #6-3의 cat함수에서도 변수이름 대신 '是의 출현빈도'라고 직접 사용하였다.

위에서는 문장과 출현빈도가 함께 출력되는 코드를 소개하였다. 아래에서는 빈도수와 문장 중에서 하나만 추출하는 코드를 제시하고하 한다. 먼저, 특정 단어의 출현 빈도만 추출하는 코드를 알아보자.

<표 27> 특정 단어의 출현빈도 추출하기

```
#1 install.packages("tm")
#2 library(tm)
#3 file <- "파일의 저장경로"
#4 text <- readLines(file)
#5 freq <- sum(sapply(strsplit(text, ""), function(x) sum(x == "是")))
```

#1~#4는 tm패키지를 활성화하고 텍스트 데이터를 R Studio로 불러온다.

#5는 전체 문서에서 是의 출현빈도를 계산한다. strsplit(text, “”)는 빈 문자열을 기준으로 문장을 한 글자씩 분리한다. 토큰화하는 것과 같은 원리이다. sapply는 분리된 글자 중 是와 일치하는 경우를 찾는다. sum은 sapply의 일치하는 경우의 수를 더한다.

다음으로는 특정 단어가 포함된 문장을 추출하고, 그 문장의 수를 알 수 있는 코드를 알아보자.

<표 28> 특정 단어가 포함된 문장만 추출하기

```
#1 file <- “파일의 저장경로”
#2 text <- readLines(file)
#3 target <- “是”
#4 target_sentence <- grepl(target, text)
#5 extract <- text[target_sentence]
```

〈표 28〉은 특정 단어가 포함된 문장만 추출하는 코드이다. #1~#2는 텍스트 데이터를 R Studio로 불러온다.

#3은 타겟단어를 지정한다.

#4는 grepl함수를 사용하여 text의 각 문장에 是가 포함되어 있는지 논리값 TRUE 혹은 FALSE로 변환한다. 논리값은 변수 target_sentence에 저장한다.

#5는 벡터 text에서 target_sentence의 논리값이 TRUE인 요소만 추출하여 변수 extract에 저장한다. extract의 출력값은 아래와 같다.

```
> extract
[1] "(1) 因是中國通用語中不常用者" "(3) 實在是很多我是吃不了"
[3] "(5) 想必是好喫的"             "(6) 實在很多我是吃不了"
[5] "(7) 是\t是  是是"
```

<그림 7> 특정 단어 포함된 문장 추출 예시

마지막으로 위와 같이 grepl함수를 사용하여 특정 단어가 포함된 문장의 수를 알아볼 수 있는 코드를 알아보자.

<표 29> 특정 단어가 포함된 문장의 수 추출하기

```
#1 file 〈- "파일의 저장경로"
#2 text 〈- readLines(file)
#3 target 〈- "是"
#4 target_sentence 〈- grepl(target, text)
#5 total_sentence 〈- sum(target_sentence)
```

#1~#4는 〈표 28〉의 코드와 같다.

#5는 sum함수를 이용하여 논리값이 TRUE인 것의 합계를 변수 total_sentence에 저장한다. 최종 출력값은 아래 〈그림 8〉과 같다. 〈그림 7〉의 문장의 수와 같다는 것을 알 수 있다.

```
> total_sentence
[1] 5
```

<그림 8> 특정 단어가 포함된 문장의 수 추출 예시

지금까지 3장에서는 R Studio를 이용하여 중국어 텍스트 데이터를 전처리하는 다양한 패키지와 함수를 알아보았다. 정제되지 않은 원시 텍스트 데이터는 여러 형태를 가질 수 있고 불규칙하기 때문에 전처리 과정이 필수적이다. 따라서, 본장에서 제시한 불용어 제거, 토큰화 등의 과정을 통해 양질의 데이터로 만든 후, 문장과 빈도수를 추출하는 방법까지 다루었다. 이렇게 전처리 과정을 거친 데이터는 이후 분석 과정에서 더욱 효율적으로 사용되어 정확한 결과값은 도출해낼 수 있다. 또한, 여기에 그치지 않고 자연어 처리, 머신러닝 등의 분야에서 연구의 기반이 되어 광범위하게 활용될 수 있다.

4. 결론

본고는 R Studio를 활용하여 중국어 텍스트 데이터를 전처리 할 수 있는 다양한 패키지와 함수를 제시하였다. 그 첫 번째 방법으로 문자열 벡터를 생성하고 텍스트 파일을 R Studio로 불러오는 방법을 소개하였고, 일반 문자열로 이루어진 데이터 뿐만 아니라 CVS, TVS, 엑셀 등 다양한 데이터프레임 형태의 파일을 불러오는 방법까지 다루었다.

3장에서는 전처리 과정에서 가장 기본이 되는 문자열 패턴 교체와 불용어 목록 코드를 gsub함수와 stopwords패키지를 활용하였고, 일부 정제 과정을 거친 텍스트를 구조화하여 토큰화하고 불용어를 제거하는 방법까지 다루었다. 마지막으로 이러한 정제과정을 거쳐 토큰화된 텍스트 데이터를 가지고 특정 단어의 출현 빈도 수 추출, 특정 단어가 출현하는 문장 추출 등 몇 가지 관련 코드를 제시하였다. 전처리 과정을 거쳐 얻은 정제된 데이터는 원시데이터와 달리 그 품질이 향상되었기 때문에 이후 통계와 분석 작업에 긍정적인 영향을 미칠 것이라 생각된다.

서론에서 언급했듯이 본고는 중국어 텍스트 데이터를 연구에 활용하고자 하는 R Studio 초급사용자를 위한 것이며, 제시된 모든 코드들이 절대적인 것은 아니다. 따라서, 각자의 연구 목적과 데이터의 특성에 맞추어 적절히 수정하고 응용할 수 있다. R Studio와 다양한 패키지를 활용한 텍스트 데이터 전처리 과정은 데이터 분석의 기초가 되는 중요한 작업이며, 이를 통해 연구의 신뢰성과 정확성을 높일 수 있다.

〈參考文獻〉

R Core Team(2023), R: A Language and Environment for Statistical Computing, R Foundation for Statistical Computing, Vienna, Austria, https://www.R-project.org/.

고광호(2022), 〈딥러닝을 위한 텍스트 전처리에 따른 단어벡터 분석의 차이 연구〉, 『The Journal of the Convergence on Culture Technology』, Vol.8 No.5, 489-495.

왕인서·변석우·우균(2021), 〈텍스트 전처리를 위한 불용어 목록의 구축〉, 『2021년 한국컴퓨터종합학술대회 논문집』, 457-459.

이원조(2022), 〈비정형 텍스트 데이터 정제를 위한 불용어 코퍼스의 활용에 관한 연구〉, 『The Journal of the Convergence on Culture Technology』, Vol.8 No.6, 891-897.

詹卫东·郭锐·谌贻荣(2003), 北京大学中国语言学研究中心CCL语料库, http://ccl.pku.edu.cn:8080/ccl_corpus.

홍정하·유원호·강병규(2018), 『R을 이용한 코퍼스언어학 연구 －한국어, 영어, 중국어 시제와 상 연구를 중심으로－』, 서울: 도서출판 역락.

〈摘要〉

本研究提出了利用‘R Studio’進行中文文本數據預處理的方法論,系統性地說明了在分析與研究中文文本數據時所需的關鍵預處理步驟,包括建立字串向量、載入檔案、模式替換以及停用詞移除等。各步驟均配有具體實例說明,便於初學者理解與實際應用,從而提升中文文本數據分析的準確性與處理效率。此外,本文亦對多種文本正規化技術進行全面比較,說明不同技術對後續文本分析任務效能的影響。透過本研究所建構的處理流程,使用者可更有效地掌握中文文本的結構特徵,進一步促進自然語言處理與語料分析的品質與深度。

〈ABSTRACT〉

This paper presents methodologies for preprocessing Chinese text data using R Studio. It elaborately covers essential preprocessing steps necessary for analyzing and researching Chinese text data, including creating string vectors, loading files, pattern replacement, and removing stopwords. The processes are explained with examples to make them easily understandable and applicable for beginners, thereby enhancing the accuracy and efficiency of Chinese data analysis. Furthermore, it provides a comprehensive comparison of different text normalization techniques, illustrating their impact on the performance of subsequent text analysis tasks.

* 이 글은 2024년『中國語文學論集』제147호에 게재된 〈R Studio를 활용한 중국어 텍스트 데이터 전처리(Preprocessing) 방법 初探〉 논문을 토대로 하여 작성된 것임을 밝혀둔다.

텍스트 빅데이터 처리를 위한 정규표현식의 이해와 활용

강병규*·임수경**

1. 서론

본 연구는 빅데이터에 기반한 언어 연구를 대상으로, 한국어와 중국어 텍스트를 정규표현식(Regular Expression, rex 또는 regex)으로 어떻게 처리할 수 있는지 확인하고, 기존 연구 방법보다 더 효과적이고 적합한 방법을 제시하는 데 목적이 있다.[1] 현재 우리는 데이터가 경제의 기본 생산요소인 자본, 노동에 더해 새로운 생산요소가 된 빅데이터 시대에 살고 있다. 빅데이터는 데이터가 단순히 크다는 의미를 벗어나 본격적으로 데이터 시대가 도래했음을 알리는 용어이다. 빅데이터에는 나름의 숨겨진 패턴과 이야기가 있다. 데이터의 규모가 커지면 정확성 높고 세분화된 분석을 할 수 있다는 장점이 있다.[2] 이에 본 연구는 텍스트 데이터를 대상으로 전처리 및 분석 방법을 제안함으로써, 의미 있는

---

* 姜柄圭(KANG BYEONGKWU) : 西江大學校 中國文化學科 教授

** 林秀京(LIM SOOKYUNG) : 延世大學校 中国研究院 研究教授

1) 본 연구의 전반적인 설명과 예제는 '방송대 코퍼스 언어학 연구' 수업 자료와 EmEditor, Baro 외 7인(2024)을 참고하였다.

2) 이궁희 외 4인(2022:3-14) 참조.

정보를 도출하기 위한 첫 단계를 마련하고자 한다.

텍스트 데이터는 전통적으로 문헌 자료를 지칭하지만, 주기적으로 발간되는 신문, 잡지, 연구 자료, 보고서 등도 포함된다. 텍스트 데이터의 급증을 이룬 또 하나의 이유는 소셜 네트워크 서비스 사용의 확대이다. 소셜 데이터는 특히 빅데이터의 특징을 가장 뚜렷하게 보여준다. 이러한 방대한 데이터를 효과적으로 분석하려면, 프로그래밍 언어를 활용해 데이터를 빠르고 정확하게 수집하는 것이 필수적이다. 텍스트 데이터의 분석은 다양한 인접 학문의 종합적인 시각이 요구되며, 이를 위해서는 여러 분야의 기법을 조화롭게 적용하는 것이 중요하다.[3)]

텍스트 분석의 궁극적인 목표는 텍스트가 내포하고 있는 함의를 이해하는 데 있다. 특히 한국어와 중국어는 복잡한 문장 구조, 다의어의 빈번한 사용, 그리고 중국어의 경우 띄어쓰기가 없는 특성으로 인해 분석이 더욱 도전적인 과제가 된다. 이러한 언어적 특성을 체계적으로 연구하기 위해서는 코퍼스(Corpus)의 활용이 필수적이다. 코퍼스란 언어의 본질적인 모습을 총체적으로 보여주는 전자화된 텍스트 자료의 집합으로, 한국어와 중국어 각각의 코퍼스는 해당 언어의 고유한 특성을 반영한다.

현대 언어학 연구에서는 컴퓨터 기술의 발전으로 다양한 코퍼스가 디지털화되어 접근성이 향상되었다. 본 연구는 이러한 디지털 코퍼스를 기반으로 정규표현식이라는 효율적인 패턴 인식 도구를 활용하여 텍스트 내의 규칙성과 패턴을 체계적으로 파악함으로써, 한국어와 중국어 텍스트의 함의를 더 효과적으로 이해하고자 한다.

정규표현식은 원하는 문자열을 찾기 위해 특정 패턴으로 인코딩된 텍스트 문자열이다. 1940년대에 언어 설명의 한 방법으로 등장하였으며, 1970년대에는 프로그래밍 분야에도 적용되었다. 정규표현식을 처음 도입한 프로그램은 켄 톰슨이 개발한 QED 문서 편집기이다. 그는 정규표현식을 다음과 같이 정의하였다. “정규표현식이란 특정 문자열을 가리키는 패턴이다. 즉, 이 패턴으로 원하는 문자열을 찾는다.”[4)] 본 연구에서는 텍스트 에디터 중, EmEditor를 활용하여 특정 문자열을 찾고 텍스트 데이터를 전처리 및 가

---

3) 장영재 외 2인(2022:58-59) 참조.

4) 이수진(2013:19) 참조.

공하는 방법을 알아보고자 한다.

본 연구는 코퍼스 언어학과 정규표현식을 기반으로 한국어와 중국어 텍스트 데이터에서 특정 문자열을 추출하고, 문장을 재배치하거나 오류를 수정하여 효율적으로 의미 있는 정보를 도출하는 방법을 제안한다. 이를 통해 텍스트 데이터를 효과적으로 전처리하고 분석에 적합한 형태로 구성함으로써, 언어 연구와 텍스트 빅데이터 분석의 정확성을 높이고자 한다.

2. 정규표현식의 기본 개념과 주요 연산기호

2.1. 정규표현식의 기본 개념

정규표현식은 탐색할 패턴을 설명하기 위한 특수한 문자열을 말한다.[5] 정규표현식의 주요 장점은 작업의 효율성과 유연성, 그리고 자동화 가능성에 있다. 대용량 텍스트에서 특정 패턴을 찾아내거나 변환하는 작업을 굉장히 빠르게 수행할 수 있어 시간을 크게 절약할 수 있다. 또한, 정규표현식은 이메일 주소, 전화번호, URL, 숫자, 한자, 한글 등 다양한 형식의 데이터를 한 번에 빠르게 추출할 수 있다. 이를 통해 텍스트 데이터 분석, 웹 크롤링, 데이터 전처리 등 다양한 분야에서 정규표현식을 효과적으로 활용할 수 있다.

정규표현식을 활용할 수 있는 대표적인 텍스트 에디터(Text Editor)로는 메모장, Notepad++, EmEditor, UltraEdit 등이 있다. 메모장과 Notepad++는 무료로 제공되지만, 기능 면에서 다소 제한적이다. 반면, EmEditor, UltraEdit 같은 상용 프로그램은 매우 큰 파일(GB 단위)도 빠르게 처리할 수 있으며, 다중 탭 편집, 열 모드(컬럼 모드) 등 다양한 편

5) 안범기(2012:3) 참조.

리한 기능을 제공한다. 또한, 이들 프로그램은 코드 폴딩, 구문 강조 기능을 통해 여러 프로그래밍 언어를 지원하며, 강력한 검색 및 바꾸기 기능(정규표현식 지원)을 제공한다. 다국어 지원 기능 역시 뛰어나 텍스트 작업에서 높은 효율성을 발휘한다.

여러 텍스트 에디터 중 본 연구에서는 대용량 텍스트 데이터를 신속하게 처리할 수 있는 EmEditor[6]를 사용하고자 한다. EmEditor는 대용량 텍스트 파일 처리에 최적화된 텍스트 에디터로, 특히 정규표현식을 활용한 텍스트 처리에서 강력한 성능을 발휘한다. 주요 장점 중 하나는 대용량 파일 처리 능력으로, 수백 MB에서 수 GB에 이르는 파일도 빠르게 열고 편집할 수 있다. 이는 일반적인 무료 텍스트 에디터에서는 불가능하거나 처리 속도가 매우 느린 작업이다. EmEditor는 메모리 사용량을 최소화하면서 빠른 처리 속도를 제공하므로, 빅데이터 시대의 텍스트 분석 작업에서 필수적인 도구라 할 수 있다. 또한, 다양한 파일 인코딩 지원은 EmEditor의 또 다른 강점이다. EmEditor는 UTF-8, UTF-16, EUC-KR, Shift JIS 등 다양한 인코딩 형식을 지원하며, 중국어, 일본어, 한국어 등 다국어 문서 처리에 최적화되어 있다. 이러한 기능은 다국어 기반 텍스트 데이터를 다룰 때 매우 유용하다. EmEditor는 강력한 정규표현식 지원 기능도 제공한다. 복잡한 패턴 검색 및 교체 작업을 쉽게 수행할 수 있으며, 정규표현식 찾기 및 바꾸기 기능은 대규모 데이터에서 특정 패턴을 빠르게 찾아내거나 불필요한 부분을 제거하는 작업을 간단하게 처리할 수 있다. 또한, 매크로 기능을 통해 반복적인 작업을 자동화할 수 있으며, 정규표현식과 결합하면 복잡한 작업도 몇 번의 클릭만으로 해결할 수 있다. 멀티탭 편집 기능은 여러 파일을 동시에 열어 작업할 때 유용하며, 각 파일 간의 전환이 빠르고 효율적이다. 또한 열 모드(컬럼 모드)는 열 단위로 데이터를 처리해야 하는 작업에서 매우 편리한 기능으로, 특히 표 형식의 데이터를 다룰 때 효과적이다. 이처럼 EmEditor는 대용량 텍스트 데이터 처리, 다국어 지원, 정규표현식 활용, 매크로를 통한 작업 자동화 등 다양한 기능을 제공하여 텍스트 분석 및 데이터 전처리에 최적화된 도구로 손꼽힌다.

---

6) 보급형은 무료, 전문가용은 유료(30일 무료 이용) www.emurasoft.com

2.2. 정규표현식의 주요 연산기호

정규표현식의 기능을 소개하기에 앞서, 주요 연산기호의 범주를 분류하고자 한다. 이수진·이성희 역(2013)에서는 정규표현식의 구문을 7가지 범주(기본 패턴 찾기, 기본 패턴 찾기, 경계, 선택·그룹·역참조, 문자 클래스, 유니코드와 기타 문자, 수량자, 탐색, 후방 탐색)로 분류하고 있다. 김지원 역(2010)은 정규표현식의 구문을 더욱 세밀하게 분류하여, 리터럴 텍스트 일치, 비인쇄 문자와의 일치, 여러 문자 중 하나와의 일치, 유니코드와 속성, 다자택일, 캡처와 역참조, 반복, 탐색으로 나누었다. 김완섭 역(2016)은 주요 연산자를 4가지(룩핑·캡처·탐색, 수량자, 점·문자 클래스·이스케이프, 유니코드 속성)로 분류하였다. EmEditor에서는 정규표현식의 연산기호를 6가지 범주(리터럴, 메타문자, 문자 클래스, 단일 문자 이스케이프 시퀀스, 단어 경계, 단어 클래스 이스케이프 시퀀스)로 분류하고 있다. 본 연구에서는 다양한 선행 연구와 EmEditor의 분류 방법을 참고하여, 정규표현식의 연산기호를 기본 패턴(문자 클래스), 패턴 제어(앙커, 메타문자, 반복 연산자), 그룹과 탐색(고급 기능)의 3가지 범주로 재구성하였다.

정규표현식은 다양한 조합의 문자열이나 반복되는 문자열들을 미리 정의된 메타문자(연산자)를 사용하여 효율적으로 표현할 수 있는 장점을 가지고 있다.[7] 이러한 정규표현식은 문자열 검색, 추출, 삭제, 치환 처리에 사용된다.[8] 여기에서는 정규표현식에 사용되는 주요 연산기호를 설명하고, 그 기능을 한국어와 중국어 예시를 통해 구체적으로 살펴보고자 한다.

2.2.1. 기본 패턴(문자 클래스)

간단한 패턴부터 매우 복잡한 패턴에 이르기까지, 텍스트에서 패턴을 검색하고 찾아내는 것이 정규표현식의 핵심이다.[9] 알파벳이나 숫자 등 일련의 문자들을 패턴 안에 나타내고 싶은 경우가 있다. 이런 상황에서 빛을 발하는 것이 문자 클래스(charactor class)이

---

7) 김택균(2010:7) 참조.

8) 김완섭(2016:2) 참조.

9) 이수진·이성희 역(2013:35) 참조.

다.[10] 본 연구에서는 문자 클래스를 정규표현식의 기본 패턴으로 설정하고, 문자를 나타낼 수 있는 모든 연산자를 포함하여 다루고자 한다. 문자 클래스는 특수문자를 찾거나 특수문자로 이루어진 문자열을 찾는 데 유용하다.[11] 이를 통해 사용자는 다양한 유형의 텍스트 데이터를 효율적으로 탐색할 수 있다. 아래는 정규표현식에서 문자를 검색할 때 주로 사용하는 주요 연산기호와 그 의미를 정리한 내용이다.

<표 1> 문자를 나타내는 연산기호

기호	설명
[ ]	집합 내 모든 단일 문자
[^]	집합 외 모든 단일 문자
[A-Za-z]	알파벳 대소문자
[0-9]	0부터 9까지의 숫자
[ㄱ-ㅎㅏ-ㅣ가-힣]	한글 자음, 모음, 완성형 한글
[가-힣]	한글 문자 전체
[一-龥]	모든 한자 범위
\d	숫자만 매치, 문자 특수문자 제외[12]
\D	숫자를 제외한 모든 문자
\w	알파벳, 숫자 문자나 밑줄과 일치(특수문자 제외)
\s	공백문자(띄어쓰기, 탭, 줄바꿈)
\S	공백이 아닌 문자(나머지 문자)

10) 김완섭(2016:28) 참조.

11) 이수진·이성희 역(2013:87) 참조.

12) 본 논문에서 사용된 '\'기호는 역슬래시(backslash)를 의미한다. 글꼴에 따라 '\'기호또는 '\'로 표시될 수 있으나 모두 동일한 역슬래시 문자이다.

㉠ [ ] (character class, 집합 내 모든 단일 문자)

'[]'는 범위와 집합의 개념으로, 대괄호 안에 나열된 문자 중 하나와 일치한다. '[0-9]'는 0부터 9까지의 숫자 중 하나와 일치한다. '[A-Za-z]'는 대소문자 알파벳 중 하나와 일치한다. '[가나다]'는 '가', '나', '다' 중 하나의 문자와 일치되며, '[不没]来'는 '不来', '没来'와 일치한다.

㉡ [^] (집합 외 모든 단일 문자)

'^' 기호를 맨 앞에 사용하면 문자열의 시작을 나타낸다. 하지만 대괄호 '[]'에 넣으면 일치하길 원치 않는 문자 집합을 표현할 수 있다.[13] 예를 들어, '[^0-9]'는 숫자를 제외한 모든 문자와 일치한다. '[^가나다]'는 '가', '나', '다'를 제외한 모든 문자와 일치하며, '[^不没]来'는 '不', '没'를 제외하고 '来' 앞에 오는 나머지 문자가 검색된다.

㉢ [A-Za-z] (모든 영문자)

'[A-Za-z]'는 영문 대문자와 소문자를 포함한다. 만약 대문자만 검색하려면 '[A-Z]'이다. 소문자 검색식은 '[a-z]'이다.

㉣ [0-9] (모든 숫자)

'[0-9]'는 숫자 0부터 9까지를 나타낸다. 만약에 1개 이상의 숫자를 검색하려면 반복 연산자로 1번 이상 반복을 나타내는 '+'를 활용하여, '[0-9]+'로 쓰면 된다.

㉤ [ㄱ-ㅎㅏ-ㅣ가-힣] (한글 자음, 모음, 완성형 문자)

'[ㄱ-ㅎㅏ-ㅣ가-힣]'는 한글 자음, 모음, 한글을 나타내는 문자이다. 즉, 'ㄱ'부터 'ㅎ'까지, 'ㅏ'부터 'ㅣ'까지, '가'부터 '힣'까지이다. 이는 한국어 텍스트에서 자음과 모음을 포함한 복잡한 패턴을 처리할 때 매우 유용하다.

---

13) 김완섭(2016:13) 참조.

ⓑ **[가-힣]** (한글 문자 범위)

'[가-힣]'는 완성형 한글 문자를 나타낸다. 예를 들어, '나', '는', '한국어, '중국어' 등 모든 한글 문자를 찾을 수 있다.

ⓢ **[一-龥]** (모든 한자 범위)

'[一-龥]'는 모든 한자와 일치한다. 중국어나 일본어 텍스트와 같이 한자로 이루어진 텍스트를 확인할 때 사용하거나, 한자가 포함된 텍스트에서 한자를 추출할 때 활용할 수 있다.

ⓞ \d (숫자와 매치)

'\d'는 숫자와 일치되는 패턴으로, '[0-9]'와 같다.

ⓙ \D (숫자가 아닌 문자와 매치)

'\D'는 숫자가 아닌 모든 문자와 일치한다. '\D'는 '\d'와 반대 개념으로 '[^0-9]'와 같다.

ⓒ \s (공백 문자와 매치)

'\s'는 공백 문자(띄어쓰기, 탭 등)와 일치한다. 공백을 처리하거나 제거하고자 할 때 사용된다.

ⓚ \S (공백이 아닌 문자와 매치)

'\S'는 공백이 아닌 모든 문자와 일치한다. 이는 공백을 제외한 문자를 추출하거나 처리하고자 할 때 사용한다.

2.2.2. 패턴 제어(앙커, 메타문자, 반복 연산자)

정규표현식은 각종 애플리케이션과 프로그래밍 언어에 활용되는 특수한 텍스트 패턴으로, 입력된 내용이 그 텍스트 패턴에 일치하는지 여부를 검사하거나, 더 큰 범위의 텍스트

내에서 특정 패턴과 일치하는 텍스트를 찾아내거나, 해당 패턴과 일치하는 텍스트를 다른 텍스트로 치환하거나, 여러 가지 방법을 사용하다가 오히려 더 꼬일 경우에 정규표현식을 사용하면 된다.[14] 이에 여기에서는 패턴 제어를 위한 연산기호를 살펴본다. 문자열이 아닌 위치에 일치하는 앵커(Anchor, ^, $), 일반 문자가 아닌 메타문자(., |, ( )), 반복을 나타내는 연산자(*, +, {n})를 하나의 범주로 설명하고자 한다. 메타문자(Meta character)는 문자 그 자체로서의 정보, 즉 생긴 그대로를 뜻하는 것이 아니고, 다른 문자열을 표시하기 위한 기능을 표시해 주는 문자이다.[15] 이러한 메타문자들의 기능을 중심으로, 각각 어떠한 의미를 가지고, 어떤 방법으로 패턴 제어를 가능하게 하는지 한국어와 중국어 예시와 함께 살펴본다.

<표 2> 패턴 제어를 나타내는 연산기호

기호	설명
|	OR (또는) 조건
.	모든 단일 문자(공백 포함)
?	0 또는 1회 반복
*	0번 이상 반복
+	1번 이상 반복
{m,n}	최소 m번, 최대 n번 반복
{m,}	최소 m번 이상 반복
{m}	정확히 m번 반복
^	문자열의 시작
$	문자열의 끝

㉠ | (Alternation, OR)

'|'은 OR 연산자로, 특정 패턴 중 하나와 일치하는 경우를 찾을 때 사용된다. 예를 들

14) 김지원(2010:17-18) 참조.

15) 이진병(2020:107) 참조.

면, '나의|너의' 정규식으로 '나의' 또는 '너의'를 찾을 수 있으며, 정규식 '北京|上海|廣州'는 '北京' 또는 '上海' 또는 '廣州'와 일치한다.

ⓛ . (dot, 임의의 한 문자)

'.'는 임의의 한 문자와 일치하며, 공백도 포함된다. 예를 들어, '인생. 기억한다'를 사용하면 '인생을 기억한다', '인생이 기억한다'와 일치되며, '看.了'를 사용하면, '看见了', '看到了'와 같이 '看'과 '了'사이에 위치하는 하나의 문자를 포함하여 일치한다.

ⓒ ? (0번 또는 1번 나타남)

'?'는 패턴이 0번 또는 1번 나타나는 경우를 의미한다. 이는 해당 패턴이 있어도 되고 없어도 되는 선택적 패턴을 표현한다.[16] 예를 들어, '.'와 '?'를 함께 써 '인생.? 기억한다'를 찾아보면, '인생을 기억한다'와 '인생 기억한다'를 찾을 수 있다. '学.?中文'은 '学习中文'과 '学中文'이 검색된다.

ⓔ * (0번 이상 반복)

'*'는 앞에 오는 문자가 0번 이상 반복되는 경우를 표현한다. 이는 패턴이 없거나 여러 번 나타날 수 있음을 의미한다. 예를 들어, '인생.* 기억한다'를 찾으면, '인생을 기억한다', '인생 첫 순간을 생생하게 기억한다', '인생 기억한다'가 검색된다. '看.*见'은 '看见', '看不见', '看不见', '听不见' 등을 확인할 수 있다.

ⓜ + (1번 이상 반복)

'+'는 패턴의 1회 이상 반복을 표현하는 연산자이다. 예를 들어, '인생.+ 기억한다'는 '인생을 기억한다', '인생 첫 순간을 생생하게 기억한다'가 검색된다. '*'와 '+'는 패턴을 최소한으로 찾아주는 것이 아니므로, '好.+吃'로 검색하면 '好看好闻好吃', '好了够三

---

16) 김완섭(2016:26) 참조.

桌人吃’와 같은 결과가 나온다. ‘好+吃’를 사용하면 ‘好吃’, ‘好好吃’가 검색된다.

ⓑ {m,n} (최소 m번, 최대 n번 반복)

‘{m,n}’는 패턴을 최소 m번부터 n번까지 반복해서 표현하는 연산자이다. 반복 범위를 기술하므로 범위 지정 반복 제어라고도 불린다.[17] 예를 들어, ‘나{1,3}’는 ‘나’, ‘나나’, ‘나나나’, ‘我{1,3}’는 ‘我’, ‘我我’, ‘我我我’와 일치한다.

ⓢ {m,} (최소 m번 이상 반복)

‘{m,}’는 앞에 문자가 최소 ‘m’번 이상 반복될 때 사용된다. 예를 들어, ‘나{2,}’는 ‘나나’, ‘나나나’…, ‘我{2,}’는 ‘我我’, ‘我我我’…가 검색된다.

ⓞ {m} (정확히 지정된 횟수 반복)

‘{m}’는 패턴이 정확히 m번 반복되는 경우와 일치한다. 예를 들어, ‘나{2}’는 ‘나나’, ‘我{2}’는 ‘我我’로 정확히 2번 반복된 횟수만큼 결과가 찾아진다.

ⓙ ^ (문자열의 시작)

‘^’는 문자열 또는 행의 시작을 나타낸다. 예를 들어, ‘^인생’은 ‘인생은 아름답다’에서 ‘인생’으로 시작하는 문장과 일치되며, ‘^他’는 ‘他’로 시작하는 문장을 찾아준다. ‘[^]’는 부정을 의미하며, 특정 문자 집합을 제외한 모든 문자와 일치한다.

ⓒ $ (문자열의 끝)

‘$’는 문자열 또는 행의 끝을 의미한다. 예를 들어, ‘기억한다$’는 ‘인생이 기억한다’와 같이 ‘기억한다’로 끝나는 문장과 일치되며, 중국어에서 ‘了$’를 찾으면 ‘了’로 끝나는 부분을 확인할 수 있다.

---

17) 김완섭(2016:26) 참조.

이와 같이, 패턴 제어 연산기호는 텍스트 데이터에서 특정 위치, 조건, 반복 횟수를 설정하여 복잡한 검색 작업을 간단히 수행할 수 있도록 돕는다.

2.2.3. 그룹과 탐색(고급 기능)

여기에서는 그룹, 캡처 및 전방/후방 탐색에 대해 다룬다. 그룹은 정규표현식에서 괄호로 특정 패턴을 묶는 기능을 말한다. 두 가지 이상의 패턴 중 하나를 선택할 때, 서브패턴을 정의할 때, 나중에 역참조하기 위해 참조 그룹을 지정할 때, 특정 수량자를 그룹 전체에 적용하기 위해 사용할 때, 비참조 그룹을 사용할 때 등과 같은 기능을 구현할 때 유용하다. 찾고자 하는 패턴의 전체 또는 일부분을 괄호를 사용해서 그룹으로 묶어 놓으면 그 내용이 임시로 메모리에 저장된다. 그리고 역참조를 사용해서 저장한 내용을 다시 불러올 수 있다.[18] 탐색은 정규표현식에서 특정 패턴을 기준으로 앞이나 뒤의 문맥을 확인하여 조건을 만족하는 텍스트를 찾는 데 사용된다. 탐색 연산자는 데이터를 직접 매치하지 않고 조건부 필터링의 역할을 한다. 아래는 그룹과 탐색을 나타내는 연산기호들이다.

<표 3> 그룹과 탐색을 나타내는 연산기호

기호	설명
()	그룹핑 및 캡처
\	이스케이프(Escape) 문자
\t	탭(Tab)
\n \r	라인 피드(LF) 또는 줄바꿈, 캐리지 리턴(CR)
\b	단어의 경계
(?=pattern)	긍정형 전방 탐색
(?!pattern)	부정형 전방 탐색
(?〈=pattern)	긍정형 후방 탐색
(?〈!pattern)	부정형 후방 탐색

18) 이수진·이성희 역(2013:23-79) 참조.

㉠ ( ) (Grouping, 그룹핑)

'( )'는 패턴을 그룹으로 묶어 하나의 군집으로 처리하는 기능을 제공한다. 예를 들어, '(나|너|그)'를 찾으면 '나', '너', '그'가 찾아진다. 중국어의 경우, '(我|你|他)是'를 사용하면 '我是', '你是', '他是'와 일치한다.

㉡ \ (Escape 이스케이프 문자)

'\'는 메타문자(특별한 의미를 지닌 문자)를 문자 그대로 처리할 때 사용하는 문자다. 예를 들어, '.'(마침표 문자)를 사용하면 와일드카드(wild-card, 아무개 문자)이고 '\.'는 마침표를 뜻한다.[19] '.txt' 파일을 찾고자 할 때, '\.txt'로 검색하면 된다. 또한 13-17에서 범위를 나타내는 '-'를 일반 문자로 처리하려면 '[0-9]+\-[0-9]+'를 사용하면 된다.

㉢ \t (탭 문자)

'\t'는 탭(Tab)을 의미한다. 데이터 정렬 후 엑셀로 가져가면 각 탭 기준으로 데이터가 셀에 나뉘어 입력되므로 구문을 분석할 때 유용하다. 예를 들어, '나는\t학생이다', '我是\t学生'은 '나는'과 '학생이다', '我是'와 '学生' 사이에 탭으로 구분해 달라는 것을 의미한다.

㉣ \n (줄바꿈 문자), \r

'\n'은 줄바꿈(Line Feed, LF), '\r'은 줄의 시작으로 커서를 이동(Carriage Return, CR)하는 것을 뜻한다. 한국어의 경우, '나는 학생이다\n나는 대학생이다'에서 '나는 학생이다'와 '나는 대학생이다' 사이에 줄바꿈이 있는 경우를 나타낸다. 중국어의 경우, '我是学生\n我是大学生'은 '我是学生'과 '我是大学生' 사이에 줄바꿈이 있는 경우와 일치한다.

㉤ \b (단어의 경계)

'\b'는 단어의 시작과 끝을 나타낸다. 예를 들어, '\b학생\b'은 '학생'이라는 단어를 찾

---

19) 이진병(2020:107) 참조.

을 때, '학생'이 다른 단어 일부에 포함되지 않도록 경계를 만들어준다. '\b学生\b'은 '我是学生。'에서 '学生'이라는 단어를 찾아준다.

ⓑ (?=pattern) (긍정형 전방 탐색)

전방 탐색은 '지정한 탐색 문자 앞에 문자를 대상으로 일치 여부를 판단'하게 하는 기능이다. 즉, 일치 문자의 검색 대상 위치를 지정한다. 전방 탐색은 잘만 사용하면 정규표현식을 매우 간단하게 작성할 수 있는 편리한 기능이다.[20] 예를 들어, '한(?=국어)'은 '한국어'에서 '한'과 일치한다. '我(?=是学生)'는 '我是学生'에서 '我'와 일치한다.

ⓢ (?!pattern) (부정형 전방 탐색)

긍정형 전방 탐색의 반대는 부정형 전방 탐색이다. 즉, 찾고자 하는 패턴 오른쪽에 지정한 전방 탐색 패턴이 나오지 않는 경우를 찾는다.[21] 예를 들어, '한(?!국어)'은 '한국어'를 제외한

'한글', '한마음'의 '한'과 일치한다. 검색식 '我(?!是学生)'는 '我是学生'을 제외한 '我不是学生', '我很好' 등과 일치한다.

ⓞ (?<=pattern) (긍정형 후방 탐색)

긍정형 후방 탐색은 특정 패턴이 앞에 있을 때 해당 부분을 매치한다. 예를 들어, '(?<=중)국어'는 '중국어'에서 '국어'와 일치한다. 중국어의 경우, '(?<=我)爱你'는 '我爱你'에서 '爱你'와 일치한다.

ⓙ ?<!pattern) (부정형 후방 탐색)

부정형 후방 탐색은 특정 패턴이 앞에 없을 때 해당 부분을 매치한다. 검색식 '(?<!한)국어'는 '한국어'를 제외하고 예를 들어 '중국어'에서 '국어'와 같은 부분과 일치한다.

---

20) 김완섭(2016:55-56) 참조.

21) 김지원(2010:127) 참조.

'(?<!你)是'는 '你是'를 제외하고 예를 들어, '他是我的朋友'(그는 내 친구야)에서 '是'와 일치한다.

정규표현식은 말 그대로 하나의 식(expression)이라고 할 수 있다. 수식이 숫자를, 화학식이 화학 물질을 표현하듯, 정규표현식은 '문자열의 패턴'을 표현하는 데 사용된다. 정규표현식에는 특별한 의미를 지닌 문자인 메타문자와 문자 그대로 일치하는 리터럴이 있다. 리터럴은 문자 그대로 일치하는 값을 의미한다. 이처럼 정규표현식은 단순한 것이 장점이고, 기본 연산기호는 쉬운 구조도 되어 있다. 하지만 그 기능은 강력하다.[22] 지금까지 정규표현식의 정의와 주요 연산기호의 의미, 그리고 그 기능에 대해 살펴보았다. 이제 이를 바탕으로 정규표현식을 활용한 확장된 패턴과 고급 기능에 대해 알아보고자 한다.

3. 정규표현식을 사용한 텍스트 정보 추출

3장에서는 정규표현식을 사용하여 한국어와 중국어 텍스트에서 원하는 정보를 찾는 다양한 방법을 소개한다. 이를 위해 EmEditor의 주요 기능인 문자열 검색과 파일 내 검색을 활용하여, 대용량 텍스트 데이터에서 필요한 정보를 효율적으로 추출하는 방법을 탐구한다. 본 연구에서 사용된 텍스트 데이터는 한국과 중국의 근·현대 소설 작품들로 구성되어 있다.[23] 한국 작품은 이상의 『날개』, 염상섭의 『만세전』·『삼대』, 현진건의 『운수 좋은 날』, 이광수의 『일설 춘향전』·『무정』, 이태준의 『달밤』, 채만식의 『태평천하』이고, 중국 작품은 루쉰(鲁迅)의 『呐喊』·『彷徨』, 라오서(老舍)의 『骆驼祥子』·『四世同堂』,

22) 김완섭(2016:2-6) 참조.

23) 한국 소설 원문은 http://www.davincimap.co.kr/index.jsp와 위키문헌을 사용하였다.

빠진(巴金)의 『激流三部曲-家·春·秋』 등이다.

3.1. 찾기

EmEditor에서 문자열을 찾는 방법을 소개하기에 앞서, 문자코드에 대한 이해를 우선적으로 다룬다. 중국어 문자코드에 대한 이해 없이는 프로그램을 쉽게 사용할 수 없다. 일부 프로그램은 문자코드 호환성 문제가 있기 때문이다. 예를 들어, 코퍼스 검색 프로그램인 'AntConc', 'WordSmith Tools'는 중국어 문자(GB 코드) 처리를 하지 못하므로 이는 유니코드로 변환해 줘야 한다. 즉, 중국어 문자코드 호환을 위해 워드프로세서나 텍스트 에디터 등을 활용하여 유니코드 등으로 바꿔주는 것이 필요하다.[24] 또한 한국어와 달리 중국어는 띄어쓰기를 하지 않는다는 점이 문제가 된다. 대부분의 코퍼스 검색 프로그램은 띄어쓰기를 전제로 처리하기 때문에, 단어별로 띄어쓰기를 추가하는 작업이 필요하다. 이를 위해 단어 분리 프로그램 등을 적극 활용하면 편리하다.[25] 특히, 중국어 품

---

24) 언어별 문자코드

- 영어: ASCII(American Standard Code for Information Interchange) 코드
  ASCII 코드는 미국 국가 표준 기구(ANSI)에서 제정한 것으로 영문자와 숫자 등을 포함한 128개 내외의 문자를 표현하기 위해 만들어진 1byte 문자코드이다.
- 중국어: GB(国标)코드
  중국 대륙에서 한자(간체자)를 컴퓨터 상에 표현하기 위해 만든 문자코드 체계를 통칭하는 용어로서 GB(国标) 코드로는 GB-2312, GBK 등이 있다.
- 다국어를 사용하기 위한 문자코드: MS Word'나 '한글과컴퓨터(한컴)'처럼 다국어를 사용하기 위해서는 유니코드(Unicode)를 사용해야 한다.
- 유니코드(Unicode): 국가간 코드 영역의 중복 문제를 해소하기 위해 각국 대표들이 자국어 문자를 동시에 한 화면에 표시하기 위해 만든 방안이다. 유니코드는 2byte를 기본으로 하고 있어 65,536개 이상의 문자를 동시에 표현할 수 있다. 유니코드의 인코딩 방식으로는 UTF-8, UTF-16이 선호된다.

25) 강병규(2013:132) 참조.

사 분석과 단어 띄어쓰기를 지원하는 사이트[26]를 사용하여 진행하면 작업이 훨씬 수월하다. 본 연구에서는 한국어 텍스트 데이터와 중국어 텍스트 데이터를 UTF-8로 인코딩하여 사용하였다. 중국어 텍스트 데이터의 경우, '语料库在线'의 '품사 분석기'를 사용하여 품사 분석 및 띄어쓰기를 진행하였다. 반면, 한국어는 교착어라는 특징을 가지므로, 형태소 분석을 통해 토큰화를 진행해야 한다. 한국어 텍스트 데이터의 형태소 분석은 Konlpy[27]에서 제공하는 다양한 형태소 분석기(Mecab, Komoran, Kkma, Hannanum, Okt) 중 Komoran과 Kkma를 활용하였다. 이 두 분석기는 다른 도구에 비해 정확도가 뛰어나 본 연구에 적합하다고 판단하였다.

3.1.1. 문자열 검색

텍스트 데이터 내에서 특정 문자열을 찾는 작업은 데이터 분석과 정보 추출의 중요한 단계 중 하나이다. 특히, 정규표현식을 활용하면 대용량 텍스트에서 원하는 결과를 신속하게 얻을 수 있어, 분석의 정밀도를 크게 향상시킬 수 있다. EmEditor를 활용할 때는 '검색'-'찾기' 대화 상자에서 정규식 옵션을 반드시 활성화해야 한다. 기본적으로 '없음'이 선택되어 있으므로, 정규표현식을 사용하려면 이를 '정규식'으로 변경해야 정확한 검색이 가능하다.

---

26) 중국어 품사 분석과 띄어쓰기를 제공하는 사이트는 다음과 같다.
PHP简易中文分词(SCWS, http://www.xunsearch.com/scws/demo/v48.php)
语料库在线의 分词和词性标注(https://www.zhonghuayuwen.org/#/ylkzx/fchcxbz)를 사용하거나, 分词和词性标注工具를 다운받아서 사용하면 된다. 分词和词性标注도 100,000자까지 가능하지만, 分词和词性标注工具를 사용하면 여러 파일을 동시에 분석할 수 있어 매우 편리하며, 연구 방향에 따라 품사 태깅 분석과 띄어쓰기 분석을 진행할 수 있다.

27) https://konlpy.org/ko/latest/morph/

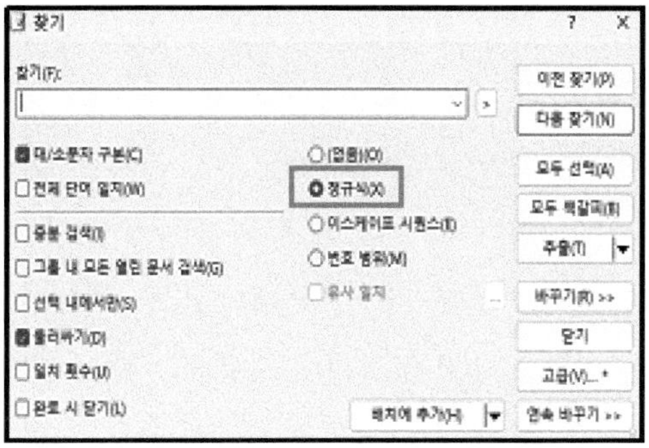

<그림 1> 정규식 옵션 선택 대화 상자

다음은 한국어와 중국어 텍스트에서 연산기호를 사용한 검색 예시이다.

가. 임의의 한 문자(.)가 포함된 문자열 검색

정규표현식에서 '.'(dot)는 공백을 포함한 임의의 한 문자를 의미한다. 예를 들어, '그.' 라고 입력하면, '그' 뒤에 하나의 문자가 추가된 '그들', '그것', '그저'와 같은 문자열이 검색된다. 또한, 공백도 하나의 문자로 인식되기 때문에 '그 '와 같이 띄어쓰기가 포함된 문자열도 검색된다. 중국어에서는 '又.了'를 검색하면 '又'와 '了' 사이에 오는 한 문자가 포함된 결과를 찾을 수 있다. 예를 들어 '又坐了', '又打了'와 같은 결과가 검색된다. EmEditor에서 이 작업을 수행하면, 〈표 4〉와 같이 초록색으로 하이라이트 표시된다.

<표 4> 임의의 한 문자(.)가 포함된 검색식

그.	又.了
깨달았다. 아내가 쓰는 그 돈은 내게는 다만 실없 그러나 왜 그들 내객은 돈을 놓고 가나? 왜 내 아 그것은 그저 예의에 지나지 않는 것일까? 그렇지	从 四面八方 袭来 。 黑暗 中 隐 遮住 眼睛 ， 又 坐 了 下去 。 上 糊 的 纸 吹打 得 凄惨 地 叫 。 她 又 打 了 一个 冷 噤 ，

중국어 데이터 처리 시 주의할 점은 중국어 텍스트의 띄어쓰기 여부이다. 띄어쓰기가 있는 텍스트에서 검색할 경우, 반드시 띄어쓰기를 포함한 정규표현식을 사용해야 한다. 이를 무시하면 검색이 제대로 이루어지지 않는다. 예를 들어, 〈표 4〉와 같이 띄어쓰기가 적용된 텍스트 데이터에서는 '又 . 了'와 같이 공백을 포함한 정규표현식을 사용해야 EmEditor에서 원하는 결과를 얻을 수 있다. 따라서, 중국어 데이터를 분석할 때는 해당 데이터의 띄어쓰기(공백)를 그대로 복사하여 사용하는 것이 중요하다. 이렇게 하면 불필요한 검색 오류를 줄일 수 있다.

나. 임의의 한 문자(.), 0개 이상(*), 0개 혹은 1개(?)가 포함된 검색식

앞서 언급했듯이, 아무개 문자 '.'는 텍스트에서 공백을 포함한 모든 문자를 나타내며, 해당 위치에 어떤 문자가 와도 상관없음을 의미한다. 또한, '*'는 해당 문자가 0개 이상일 수 있음을 나타내고, '?'는 0개 또는 1개가 포함될 수 있음을 의미한다. 여기에 '[]'는 집합 내 모든 단일 문자를 뜻한다. 이러한 연산기호를 조합하면 더욱 복잡한 패턴을 검색할 수 있다. 예를 들어, 정규표현식 '그러나.*?[.,]'는 '그러나'로 시작하고, 마침표 '.' 혹은 쉼표 ','로 끝나는 모든 문장을 검색한다. '.*?'는 '그러나'와 '.,' 사이에 임의의 문자가 0개 이상 있을 수 있음을 의미하고, '?'는 탐색 범위를 최소화한다. 또한, 정규표현식 '已经.*?了'는 '已经'과 '了' 사이에 글자가 0개 이상 있을 수 있음을 나타내고, '?'를 사용하여 다음과 같은 결과를 얻을 수 있다.

<표 5> 임의의 한 문자(.), 0개 이상(*), 0개 혹은 1개(?)가 포함된 검색식

그러나.*?[.,]	已经.*?了
이것이 몸을 일으키면서 청지기에게 내린 흥선의 호령이었다. 청지 그러나 나간 청지기가 명령대로 호준에게 전하려 할 때에, 흥선은 "일껏 왔는데 잠깐만 만나 볼테니 이리로 모셔라." 그러나 호준의 얼굴에는 별다른 아무 표정도 나타나 있지 않았다.	哭 了 ， 她 已经 忍住 了 眼泪 。 开 了 头 ， 不敢 看 瑞 珏 的 满是 不 往下 说 了 ， 只是 把头 俯 在 梅 ， 你 误会 了 ，" 梅 说 着 又 马上 我 跟 他 的 缘分 竟是 这样 浅 。 .. 上 已经 衰老 了 。 …… 你 不 看

다. 글자 사이의 거리를 지정해 주는 문자열 검색({m,n})

범위 수량자로 표현되는 반복 패턴 '{m,n}'는 특정 패턴을 최소 m번에서 최대 n번까지 반복하도록 지정하는 연산자이다.[28)] 예를 들어, '정말.{2,8}다'에서 '{2,8}'는 '정말'과 '다' 사이에 2개에서 8개의 문자가 들어간 문장을 찾는 것을 의미한다. 중국어 정규표현식 '在.{1,10}[上里]'는 '在'와 '上' 혹은 '里' 사이에 1개에서 10개의 문자가 포함된 문장을 검색한다.

<표 6> 글자 사이의 거리를 지정해 주는 검색식

정말.{2,8}다	在.{1,10}[上里]
ㅏ였나? 정말이지 아니다.↓ ㄹ하면 정말 좀이 쑤십니다.↓ ㅓ떻게 생각하면 정말 같기도 합니다. 또 어떻ㄱ	只 在 面 上 蒙 着 一 层 一点 东西 在 真心 上 不要 走 ， 在 我们 家里 仍旧 在 那里 皱 鼻子 ↓

〈표 6〉에 나타난 결과를 보면, '정말.{2,8}다'의 검색 결과로 '정말이지 아니다', '정말 좀이 쑤십니다', '정말 같기도 합니다'를 확인할 수 있다. 중국어는 '在面上', '在真心上', '在我们家里', '在那里'와 같은 검색 결과를 볼 수 있다. 이때, '里'와 '上' 뒤에 공백을 포함하여 검색하면 더 정확한 결과를 얻을 수 있다. 공백을 포함하지 않으면 '在竹林里面'과 같은 구문도 검색 결과에 포함될 수 있다. 이처럼 문자 간 거리를 지정할 수 있는 '{m,n}'는 특정 패턴 사이의 문자의 수를 제어하고, 보다 정밀한 검색을 가능하게 해준다. 또한 EmEditor는 〈표 6〉에서 보이는 바와 같이 검색 결과를 초록색으로 하이라이트 표시하여 사용자가 쉽게 결과를 확인할 수 있도록 돕는다.

28) 일부 도서나 학술논문에서는 {n,m}로 표시하는데, 의미가 달라지는 것은 아니다.

라. 역참조를 사용한 문자열 검색(/)

역참조(Escape)는 메타문자가 아닌 일반 문자를 검색할 때도 사용할 수 있는 방법이다. 예를 들어, 정규표현식에서 '.'는 기본적으로 임의의 한 문자를 나타낸다. 하지만, 이 기호를 문자 그대로 검색하고 싶을 때는 역참조 '\'를 활용하여 해당 메타문자를 일반 문자로 처리할 수 있다. 이렇게 하면 마침표 '.'로 찾을 수 있다. 마찬가지로, '['는 기본적으로 메타문자로서 문자 클래스의 집합을 의미한다. 하지만 '\['를 사용하면, 문자 그대로의 대괄호 '['를 검색할 수 있다.

<표 7> 역참조를 활용한 검색식

\.	\[
만났다가는 기절하겠다고 하겠지요.↓ 더 꺼냅니다. 이 오 전은 무단스레 더 ~~을 한 것입니다.↓	是 [脊 鸟] [令 鸟] ↓ 便 十分 安心 似的 沉静

〈표 7〉에 나타난 예시처럼, 특정 메타문자를 문자 그대로 검색하고자 할 때는 반드시 해당 문자 앞에 역참조(\)를 붙여야 한다. 참고로 역참조를 사용하지 않고, '[' 자체를 검색하려면, 정규식 옵션을 해제하고 '없음' 옵션을 활성화하면 된다.

3.1.2. 파일 내 검색

파일 내 찾기 기능은 정규식을 활용하여 지정된 파일 또는 폴더에서 특정 파일 유형에 포함된 문자열을 검색할 수 있는 유용한 도구이다.

가. 폴더 내에서 찾기

이 기능은 여러 파일 내에서 일치하는 문자열을 찾는 데 사용된다. 사용자는 검색할 문자열, 파일 유형, 검색할 폴더, 그리고 추가적인 옵션들을 지정하여, 특정 폴더 내의 여러 파일에서 원하는 문자열을 효율적으로 검색할 수 있다. 검색을 수행하기 위해서는 대상 파일을 검색할 폴더에 모아 저장해야 한다. 따라서, 검색하고자 하는 파일만 별도의 폴더에 배치한 뒤 해당 폴더를 지정해야 한다. 다음은 파일 내 찾기 대화 상자이다.

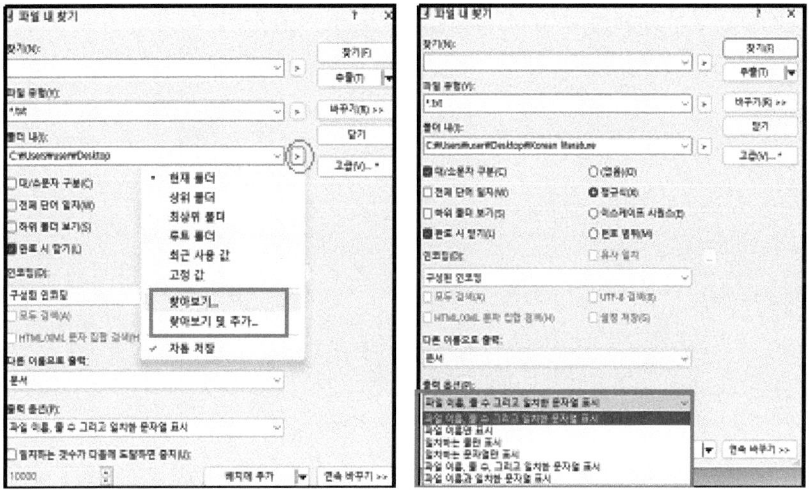

<그림 2> 파일 내 찾기

〈그림 2〉의 파일 내 찾기 대화 상자에서 폴더 지정은 '폴더 내' 필드 우측에 위치한 '〉' 버튼을 클릭하여 수행할 수 있다. 본 연구에서는 한국 문학작품이 있는 폴더를 지정하고 '나'로 시작하는 문장을 찾기 위해 정규표현식 '^나'를 입력하여 검색하였다. 한편, 중국 문학작품이 있는 폴더를 지정하고, '了。'로 끝나는 문장을 찾기 위해 정규표현식 '了。$'를 입력하여 검색하였다. 폴더 지정은 하나의 폴더 단위로 가능하며, 모든 대상 파일을 한 폴더에 넣거나 하위 폴더로 구성한 뒤, 〈그림 2〉의 대화 상자에서 '하위 폴더 보기' 옵션을 활성화하면 검색이 가능하다.

<표 8> 파일 내 찾기에서 파일 이름, 줄 번호, 일치하는 문자열 표시 출력 옵션 선택 결과

^나	C:\Users\user\Desktop\Korean literature\날개.txt(330): 나는 걷던 걸음을 멈추고 그리고 일어나 한 C:\Users\user\Desktop\Korean literature\달밤.txt(250): 나는 가까운 친구를 먼 곳에 보낸 것처럼, C:\Users\user\Desktop\Korean literature\달밤.txt(443): 나는 그날 그에게 돈 삼 원을 주었다. 그의 C:\Users\user\Desktop\Korean literature\달밤.txt(473): 나는 그 다섯 송이의 포도를 탁자 위에 얹 C:\Users\user\Desktop\Korean literature\만세전.txt(30): 나는 속으로 이렇게 생각을 하며, 그래도
了。$	C:\Users\user\Desktop\Chinese literature\呐喊.txt(242): "阿Q！"秀才只得直呼其名了。 C:\Users\user\Desktop\Chinese literature\呐喊.txt(247): "穷朋友？你总比我有钱。"阿Q说着自去了。 C:\Users\user\Desktop\Chinese literature\呐喊.txt(257): "荷荷！"阿Q忽而大叫起来，抬了头仓皇的四顾， C:\Users\user\Desktop\Chinese literature\呐喊.txt(265): "什么？……"阿Q诧异了。 C:\Users\user\Desktop\Chinese literature\呐喊.txt(267): "谁？……"阿Q更其诧异了。

〈표 8〉은 검색 결과를 보여주며, 출력 파일의 출처가 앞부분에 명확히 표시된 것을 확인할 수 있다. 이는 〈그림 2〉의 파일 내 찾기 출력 옵션에서 '파일 이름, 줄 번호, 일치하는 문자열 표시'를 선택한 결과이다. 이를 통해 검색된 텍스트가 어느 파일의 몇 번째 줄에 위치하는지와 일치하는 텍스트 내용을 직관적으로 확인할 수 있다. 이러한 기능은 추출된 문장의 출처가 필요한 경우 사용하면 된다.

나. 일치하는 줄 찾기

일치하는 줄 찾기는 파일 내 찾기 기능에서, 검색하려는 표현이 포함된 줄만 표시하는 기능이다. 이 기능은 다수의 파일에서 특정 줄만을 빠르게 확인하고자 할 때 유용하다. 〈그림 2〉의 출력 옵션에서 '일치하는 줄'을 선택하면 원하는 결과를 얻을 수 있다, 먼저 폴더 위치를 지정한 후, 출력 옵션에서 '일치하는 줄만 표시'를 체크하여 검색을 실행하면 다음과 같은 결과를 확인할 수 있다.

<표 9> 파일 내 찾기에서 일치하는 줄로 출력 옵션 선택 결과

만약.*?면	了 [。，]
만약 그들의 눈에 띄기만 했더라면 처음에는 만약 태식을 울려 놓고 보면 큰일입니다. 약간 만, 그 중에도 누구든지 태식을 울린다든가 하 "그렇지만, 만약 지나가 그 속이 되구 보면 재	" 不要 再 看 了 。 酸 的 ， 辣 的 ， 太 咸 的 ， 不 " 不要紧 的 ， … … 伤风 罢了 。 " 他 支 梧 着 回答 " 二十三 斤 半 ， … … " 他 觉得 劈柴 就要 向 床下 " " 于是 一 碗 龙虎斗 摆 在 桌子 中央 了 ， 他们 两 人 " 于是 他们 同时 伸 下 筷子 去 ， 同时 夹出 一块 蛇 " 什么 时 症 呢 ？ " 沛 君 吃惊 了 ， 赶忙 地 问 。

〈표 9〉에서 확인할 수 있듯이 폴더 내의 모든 파일에서 '만약.*?면' 구문과 '了 [。,]' 검색식이 포함된 줄만 표시되었다. 이는 개별 텍스트 내에서 검색했던 결과와는 달리, 폴더 내의 모든 파일에서 조건에 일치하는 줄만 추출한다는 점에서 차별적이다. 이처럼 폴더 내 찾기에서 출력 옵션을 적절히 선택하면, 다수의 파일에서 필요한 특정 문장만 효율적으로 추출할 수 있다. 이러한 기능은 특히 대규모 텍스트 데이터를 분석할 때 매우 유용하다.

3.2. 추출(Extraction)[29]

본 연구는 한국어와 중국어 텍스트를 전처리하여 특정 패턴을 추출하는 것이 주된 목적이다. 이에 따라, 대용량 텍스트 데이터에서 원하는 문자열을 특정 패턴으로 검색하는 방법과 다양한 추출 기법을 살펴보고자 한다.

3.2.1. 파일 혹은 폴더에서 정보 추출

텍스트 데이터는 대용량의 고차원 데이터로, 특징을 쉽게 포착하기 어려운 경우가 있다.[30] 그러나 추출 기능을 사용하여 패턴을 추출하고 이를 분석하면 의미 있는 결과를

---

29) 추출 기능은 전문가용 버전에서만 사용이 가능하다.

30) 장영재 외 2인(2022:122) 참조.

도출할 수 있다. 예를 들어, 하나의 파일에서 정보를 추출하려면 '검색'-'찾기' 대화 상자에서 '추출 및 옵션'을 선택한 후 작업을 진행하면 된다. 그리고 폴더 내에서 정보를 추출하려면 '파일 내 찾기' 대화 상자에서 폴더 위치를 지정한 후, '추출 및 옵션'을 클릭하면 된다. '추출 및 옵션'을 클릭하면 아래와 같이 대화 상자가 나타난다.

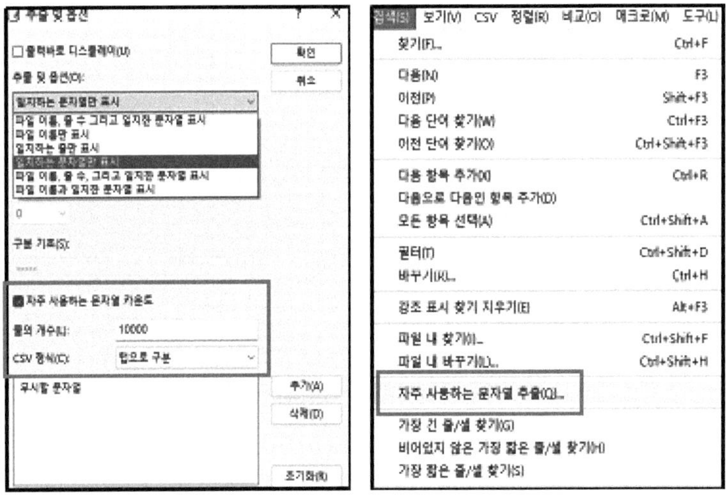

<그림 3> 추출 기능

〈그림 3〉의 좌측에서 원하는 옵션을 선택할 수 있으며, '자주 사용하는 문자열 카운트' 기능이 필요하다면 이를 활성화한 후 줄 개수를 10,000으로 설정하면 된다. 이 기능은 문자열의 빈도수를 계산할 수 있으며, 출력 형식은 CSV로 저장된다. CSV 형식은 탭이나 쉼표로 구분되며, 연구 목적에 따라 설정을 조정할 수 있다. 빈도수 계산은 '문자열 카운트' 옵션 또는 〈그림 3〉 좌측의 '자주 사용하는 문자열 추출' 기능을 활용할 수 있다. 다음은 한국어와 중국어 단어 빈도수를 추출한 결과이다.

<표 10> 한국어와 중국어 어휘 빈도 추출

[가-힣]+		[一-龥]+	
1	2	1	2
이	39657	的	68298
다	29939	了	36489
는	25574	他	33360
하	23843	她	18550
고	22947	我	16128
가	20272	在	16080
을	18729	你	13481
에	16638	地	12344

품사 태깅이 되어 있는 경우, 각 품사별 사용 빈도뿐만 아니라 명사, 동사, 형용사와 같은 세부 품사별 빈도도 추출할 수 있다. 이에 다음은 한국어와 중국어 문학작품의 품사 태깅된 텍스트를 활용하여 품사별 사용 빈도를 나타낸 결과이다.

<표 11> 품사별 빈도수 추출

[a-z]{1,3}\s		[가-힣]+/NNG\s		[一-龥]+/v\s		[一-龥]+/a\s	
1	2	1	2	1	2	1	2
nng	123741	사람/nng	1957	说/v	11043	新/a	4493
vv	66902	형식/nng	1927	觉/v	8598	便/a	3892
etd	27936	말/nng	1785	去/v	8497	好/a	2980
mag	22960	흥/nng	1481	看/v	6228	小/a	2960
jx	22912	영채/nng	1261	没有/v	5880	大/a	2878
ecd	22173	선/nng	1241	有/v	5502	对/a	2731
jkm	19855	생각/nng	1189	想/v	3523	多/a	1893

〈표 11〉에서 확인한 바와 같이 정규표현식 '[a-z]{1,3}\s'를 사용하여 품사별 빈도를 계산할 수 있다. 이는 품사 태깅이 영문자로 되어 있기에 가능한 것이며, 태깅된 문자가 1음절에서 3음절 사이이므로 '{1,3}'를 사용하였다. 마지막에 공백 문자를 의미하는 '\s'를 추가하여 빈도 계산을 진행하였다. 품사 태깅 앞에 '/'가 있는 경우, 그대로 포함하여

입력해야 한다. 중국 문학작품의 경우, 품사 표기가 최대 2음절로 되어 있으므로 '[a-z]{1,2}\s' 검색식을 사용하였다. 이처럼 대용량 파일에서 정보를 추출하는 기능은 연구나 데이터 분석에 매우 유용한 도구로 활용된다. 특히 문학작품의 빈도 분석과 같은 텍스트 기반 연구에서, EmEditor의 고급 기능을 활용하면 시간과 노력을 절대적으로 절약할 수 있다.

3.2.2. 특정 문자열 추출

특정 문자열 추출은 텍스트 파일에서 특정 단어나 구문을 정규표현식을 사용해서 찾아내는 작업이다. 먼저 원하는 구문을 정규표현식으로 정의한 뒤, 이를 기반으로 일치하는 모든 텍스트를 검색 및 추출할 수 있다. 이러한 특정 문자열 추출은 구문 패턴 분석과 같은 작업에서 활용될 수 있다.

먼저, 일치하는 문자열 추출의 경우, 추출 옵션에서 '일치하는 문자열만 표시'를 선택하고, '문자열 카운트' 옵션을 비활성화한 상태에서 어떤 결과가 나오는지 확인할 수 있다. 정규표현식 '[가-힣]{3,}다'와 '(已经|又).{1,10}了'로 검색한 결과를 살펴보자.

<표 12> 일치하는 문자열 추출

<table>
<tr><th>[가-힣]{3,}다</th><th>(已经|又).{1,10}了</th></tr>
<tr><td>따끈따끈해지다↓
재미있었다↓
실용품이다↓
비약한다↓
들여다본다↓
무엇보다↓</td><td>又 歇 了↓
又 除了↓
已经 出来 了↓
又 捡 了↓
已经 打定 了↓
又 传遍 了↓
已经 走过 了↓
又 告诉 了↓</td></tr>
</table>

〈표 12〉에서 확인할 수 있듯이, 한국어 검색식 '[가-힣]{3,}' 구조에서 '[가-힣]'는 한글을 의미하는 문자 클래스이고, '{3,}'는 한글이 세 글자 이상 반복된다는 것을 나타낸다. 결과적으로 '[가-힣]{3,}'는 한글 범위에서 세 글자 이상의 문자로 구성되며, '다'로

끝나는 패턴을 의미한다. 중국어 검색식 '(已经|又).{1,10}了' 구조는 '已经' 또는 '又'로 시작하고, 그 뒤에 1에서 10개의 임의의 문자를 포함하며, '了'로 끝나는 패턴을 나타낸다. 그룹핑 '()'은 특정 패턴을 묶어 하나의 단위로 군집화하는 것을 의미하며, 자세한 내용은 4장에서 다룬다.

품사 태깅된 파일에서 다음 정규표현식을 사용하여 특정 구문을 추출해 보자. '[^]+/VV (아서|어서)/ECD' 패턴은 공백이 아닌 문자 '[^]' 뒤에 품사가 동사 '/VV'로 태깅된 문자를 의미하며, 동사 뒤에 연결 어미 '아서' 또는 '어서'가 태깅된 구문을 나타낸다. 중국어 정규표현식 '[^]+/v 得/u.*?/w'에서 '得/u.*?/w'는 '得/u'와 문장 부호 '/w' 사이에 최소 단위로 찾아 달라는 것을 의미한다. 띄어쓰기는 중국어 공백을 그대로 가져와야 한다. 이때, 문자열 카운트 기능을 활성화하면, 결과는 다음과 같다.

<표 13> 문자열 카운트 사용 추출 결과

[^]+/VV (아서|어서)/ECD		[^]+/v 得/u.*?/w	
가/vv 아서/ecd	197↓	说/v 得/u 好/a ，/w	13↓
있/vv 어서/ecd	128↓	变/v 得/u 通红/a ，/w	8↓
어/vv 어서/ecd	124↓	说/v 得/u 不错/a ，/w	8↓
하/vv 어서/ecd	114↓	进行/v 得/u 很/d 顺利/a 。/w	8↓
오/vv 아서/ecd	102↓	心跳/v 得/u 很/d 厉害/a 。/w	7↓
앉/vv 아서/ecd	101↓	说/v 得/u 对/a ，/w	7↓
나/vv 아서/ecd	67↓	肿/v 得/u 像/v 胡桃/n 一般/a 。/w	6↓

〈표 13〉과 같이, '문자열 카운트' 옵션 활성화 시, 중복된 구문은 하나로 합산되어 빈도수가 함께 표시된다. 예를 들어, 동일한 구문이 텍스트에 197번, 13번 등장할 경우, 한 번만 출력되며 빈도수는 197, 13으로 표시된다. 반면, '문자열 카운트' 옵션 비활성화 시, 중복된 구문은 반복 출력된다. 예를 들어, 동일한 구문이 197번, 13번 등장하면 각 반복 구문이 모두 출력된다. 이 방식은 데이터 내 모든 출현 구문을 분석해야 할 때 적합하다. 따라서 문자열 카운트 옵션의 사용 여부는 분석의 목적에 따라 결정하면 된다.

중국어 구문 정규표현식을 좀 더 살펴보고자 한다. 동사 뒤에 오는 방향보어나 결과보어를 추출하고자 할 때에도 정규표현식을 사용할 수 있다. 예를 들어, 동사 뒤에 오는 '上', '下', '起'와 같은 방향보어나, 동사 뒤에 오는 '到', '好', '完', '掉'와 같은 결과보어를 정규표현식으로 추출할 수 있다. 이를 통해 동사와 보어 간의 관계를 분석할 데이터를 도출할 수 있다. 또한 '동사+的+명사' 구문과 같은 표현도 정규표현식 '[一-龥]+/n 的/u [一-龥]+/v'를 사용하여 추출할 수 있다. '[一-龥]+/n'과 '[一-龥]+/v'는 명사와 동사 앞에 모든 한자가 위치한다는 의미이다. 이들의 추출 결과는 다음과 같다.

<표 14> 중국어 구문 문자열 카운트 사용 추출 결과[31)]

[一-龥][到好完掉]/v		[一-龥][上下起]/v		[一-龥]+/n 的/u [一-龥]+/v	
不到/v	753	想起/v	443	低声/n 的/u 说/v	47
走到/v	728	抬起/v	392	低声/n 的/u 叫/v	17
想到/v	608	坐下/v	285	低声/n 的/u 问/v	17
感到/v	580	放下/v	239	儿/n 的/u 病/v	13
得到/v	508	埋下/v	171	来回/n 的/u 走/v	9
回到/v	358	不起/v	167	感情/n 的/u 爆发/v	7
听到/v	330	闭上/v	141	男/n 的/u 是/v	7

〈표 14〉는 다양한 문자열을 사용해 특정 구문 패턴을 추출한 결과이다. 이 기능은 대용량 텍스트 데이터에서 원하는 특정 구문만을 추출해 빈도수와 함께 확인할 수 있으므로, 구문 분석 연구에 있어서 매우 직관적이고 효율적인 자료로 활용될 수 있다.

정규표현식을 활용한 구문 추출은 대규모 텍스트 데이터를 분석하는 데 매우 강력한 도구이다. 하지만 정규표현식을 활용해 대량의 데이터를 자동으로 처리하면 구문이 잘못 추출되거나 오류가 포함될 가능성이 있다. 이는 정규표현식이 데이터의 모든 문맥을 이해하지 못하기 때문이다. 예를 들어, 품사가 잘못 태깅된 데이터나 특수한 문맥에서

31) '[一-龥][到好完掉]/v', '[一-龥][上下起]/v'의 '동사+결과보어', '동사+방향보어'가 동사 '/v'로 표기된 이유는 품사 분석기로 품사 태깅을 진행할 경우, 품사 분석기가 이들을 함께 동사로 인식해 태깅되기 때문이다.

의도와 다른 결과가 발생할 수 있다. 따라서, 텍스트 데이터를 정제하고 분석이 가능한 상태로 준비하기 위해서는 전처리 작업이 필수적이다. 이에 대한 구체적인 방법은 다음 장에서 살펴본다.

4. 정규표현식을 사용한 텍스트 전처리

빅데이터 시대에 접어들면서 소셜 데이터와 같은 비정형 데이터가 급증하고 있다. 비정형 데이터는 이미지, 영상, 텍스트 등으로 나타나는데 이중 텍스트 데이터는 가장 많은 비중을 차지하면서 빠르게 생성되는, 가치 있는 데이터라고 할 수 있다. 텍스트 데이터는 복잡하고 미묘한 문장 구조 속에서 표현되므로 분석을 위해서는 몇 가지 전제로 텍스트 데이터를 단순한 형태로 표현하기 위한 전처리 과정을 거치게 된다.[32] 빅데이터 분석 중 가장 많은 시간과 노력이 필요한 단계가 데이터 수집 및 데이터 전처리 과정이다. Forbes에서 인용된 설문 결과에 의하면 데이터 분석 업무의 약 80%를 데이터 수집 및 전처리 과정에 사용한다고 한다.[33] 이는 데이터의 품질이 분석 결과의 정확성과 직결되기 때문이다. 전처리는 데이터를 단순화하고 분석이 가능한 형태로 변환하는 과정이며, 이후 가공 과정을 통해 데이터를 분석 목적에 적합한 형태로 변환하게 된다. 전처리와 가공은 상호보완적인 관계로, 데이터 분석의 기반을 형성한다. 이 장에서는 텍스트 데이터를 효과적으로 처리하기 위해 필요한 전처리 및 가공 방법에 대해 살펴보고자 한다.

---

32) 장영재 외 2인(2022:53-85) 참조.

33) 김석균·이관우(2022-1531) 참조.

4.1. 바꾸기(Replace)

EmEditor에서 찾기와 바꾸기 작업은 가장 기본적이면서도 중요한 기능이다. 특히, 정규표현식을 활용한 찾기와 바꾸기는 텍스트 데이터에서 필요한 부분만 남기고 불필요한 부분을 삭제하거나, 오류를 수정할 수 있는 전처리 방식이다.

가. 숫자 찾아서 제거하기

수집된 자료에서 숫자나 특수문자를 제거하는 기능은 데이터 전처리에서 자주 활용된다. 이를 통해 불필요한 데이터를 삭제함으로써 분석 결과의 정확성을 높일 수 있다. 그러나, 이 작업은 모든 텍스트 데이터에서 반드시 필요하지는 않다. 분석의 방향과 연구 목적에 따라 연구자가 선택적으로 전처리를 진행하면 된다. EmEditor에서 숫자를 제거하려면 '검색' 영역에서 '바꾸기' 영역을 선택하거나, '찾기' 창에서 바로 '바꾸기' 옵션을 선택하여 작업할 수 있다.

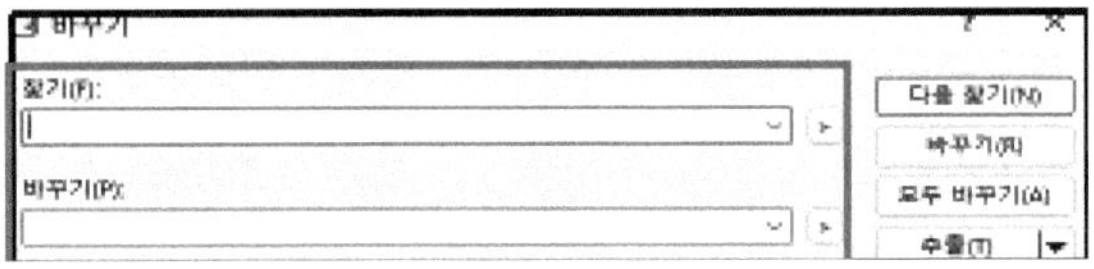

<그림 4> 바꾸기 대화 상자

예를 들어, 한국어나 중국어 텍스트에서 숫자를 제거하려면, 숫자를 나타내는 정규표현식 '[0-9]' 또는 '\d'를 사용하여 숫자를 검색한다. 여러 자리 숫자를 한 번에 제거하려면, '[0-9]+'를 사용하여 하나 이상(+)의 숫자를 검색한다. 텍스트의 시작 부분에 있는 숫자를 제거하려면, 문자열의 시작을 나타내는 '^'를 추가하여 '^[0-9]+'로 설정한다. 다음은 이러한 찾기-바꾸기 기능을 활용하여 숫자를 제거한 예시이다.

<표 15> 숫자 찾아서 제거하기

^[0-9]+로 찾기	빈칸으로 바꾸기
58 "지금 무얼 하세요?" 59 경애는 별안간 불쑥 묻는다. 60 "낮잠 자고 수립 가서 쌈이나 하고!"	 "지금 무얼 하세요?" 경애는 별안간 불쑥 묻는다. "낮잠 자고 수립 가서 쌈이나 하고!"

〈표 15〉와 같이 넘버링이 포함된 텍스트의 경우, 문자열 맨 앞에 위치한 숫자를 제거하는 작업은 가장 우선적으로 진행해야 할 전처리 방식이다. EmEditor의 '찾기' 필드에 '^[0-9]+'를 입력하고 검색을 실행하면, 〈표 15〉와 같이 숫자가 포함된 부분이 하이라이트되어 표시된다. 이후, '바꾸기' 입력 필드를 비워두고 '모두 바꾸기' 옵션을 선택하면, 해당 숫자가 일괄적으로 삭제된 것을 확인할 수 있다.

나. 영문자 찾아서 제거하기

텍스트 데이터에서 영문자만 선택적으로 검색하여 제거 또는 수정할 수 있다. 이 작업은 전처리 과정의 일환으로, 불필요한 정보를 제거하여 데이터의 품질을 향상시킬 수 있다. 데이터 정제를 통해 본래 분석 대상이 되는 텍스트 데이터를 더 효율적으로 처리할 수 있다. 다음은 한국어 품사 태깅된 파일에서 영문자만 찾아서 삭제한 예시이다.

<표 16> 영문자 찾아서 제거하기

[a-zA-Z]로 찾기	빈칸으로 바꾸기
해/NNG 가/JKS 들/VV ㄹ지/ECD 않/VXV 는/EPT 다/EFN ./SF 하/VV 어/ECS 가/J /EFN ./SF 턱살/NNG 밑/NNG 에다/JC 철/NNG 줄/NNG 을/JKO 매/VV 고/ECE 얼 /JKM 해/NNG 가/JKS 들/VV 는/ETD 것/NNB 을/JKO 막/VV 아/ECD 버리/VXV ㄴ /NP 들/XSN 은/JX 밤/NNG 에/JKM 는/JX 잠/NNG 을/JKO 자/VV 지/ECD 않/VX	해/ 가/ 들/ ㄹ지/ 않/ 는/ 다/ ./ 하/ 어/ 가/ 들/ 는/ 것/ 을/ 계/ 로/ 미닫이/ 에/ 해/ 가/ 들/ 는/ 것/ 을/ 막/ 아/ 버리/ ㄴ / 는/ 밤/ 이나/ 낮/ 이나/ 잠/ 만/ 자/ 느라고/ 그러/ ㄴ/ 것.

〈표 16〉에서 [A-Za-z]는 영문자 대문자와 소문자를 모두 검색한다는 의미를 가진다. 바'바꾸기' 입력 필드를 빈칸으로 두고 진행하면, 〈표 16〉에서 확인할 수 있듯이 영문자가 삭제된 결과를 얻을 수 있다. 이러한 처리 방식은 여러 언어가 혼합된 데이터에서 특정 언어만 선택적으로 정리하는 데 활용 가능하다. 예를 들어, 텍스트 데이터에서 한글만 남기고 한자가 불필요한 경우, 정규표현식 '[一-龥]'를 사용해 한자를 제거할 수 있다. 반대로, 한글이 불필요한 경우, [가-힣] 혹은 [ㄱ-ㅎㅏ-ㅣ가-힣]를 활용하여 한글을 제거할 수 있다. 또한 데이터 처리 목적에 따라 [A-Za-z0-9]와 같이 [0-9]를 추가하여 영문자와 숫자를 함께 제거하는 것도 가능하다.

다. 특수문자 찾아서 제거하기

특수문자를 제거하는 작업은 연구 방향에 따라 선택하면 된다. 특히, 필요한 정보는 유지하면서 불필요한 문장 부호만 선택적으로 제거할 수 있다. 이러한 과정은 데이터 분석의 정확성과 신뢰성을 높이는 데 기여한다.

<표 17> 특수문자 찾아서 제거하기

/	해/ 가/ 들/ ㄹ지/ 않/ 는/ 다/ ./ 하/ 어/ 가/ 들/ 는/ 것/ 을/ 그/ 들/ 이/ 모르/ ㄴ 계/ 로/ 미닫이/ 에/ 해/ 가/ 들/ 는/ 것/ 을/ 막/ 아/ 버리/ ㄴ다/ ./ 침침/ 하/ ㄴ/ / 는/ 밤/ 이나/ 낮/ 이나/ 잠/ 만/ 자/ 느라고/ 그러/ ㄴ/ 것/ 을/ 알/ ㄹ/ 길/ 이/
[/, 。…) 《》 – ” （ : 、 ; ?]	呢 ? … … " 这时 我 已 知道 自己 也 还是 完全 一个 愚人 , 什么 踌躇 话 来 , " 那是 , … … 实在 , 我 说 不清 … … 。 其实 , 究竟 有 没] , 迈开 步 便 走 , 匆 匆 的 逃回 四 叔 的 家中 , 心里 很 觉得 不 , 感到 自身 的 寂寞 了 , 然而 会 不会 含有 别的 什么 意思 的 呢 ? –

특수문자를 찾은 뒤 '바꾸기' 입력 필드를 빈칸으로 설정해 처리하면, 정제된 데이터를 얻을 수 있다. 특히, 품사 태깅된 텍스트의 경우, 문장 부호와 태깅 데이터를 활용하여 효율적으로 전처리를 수행할 수 있다. 대괄호 안에 한국어 ["?"…,.], 중국어 '[/, 。…)《》– "

(:、; ?]'와 같이 특수문자를 입력하여 한꺼번에 작업을 진행할 수 있다. 이때 주의할 점은, '[]' 안에 공백을 포함하지 않아야 한다는 것이다. 공백을 넣으면 텍스트의 띄어쓰기 부분도 모두 제거되므로, '[]' 안에 공백 없이 문장 부호만 넣어야 한다. 중국어 텍스트를 사용할 경우, 중국어 문장 부호를 반드시 입력해야 한다. 중국어 텍스트는 문장 부호 설정이 올바르지 않으면 검색 결과에서 해당 텍스트가 제외될 수 있다. 이러한 문제를 피하기 위해, 품사 태깅된 텍스트에서 데이터를 '복사 및 붙여넣기'하는 방식을 권장한다. 한국어 텍스트에서 숫자와 특수문자를 제거하고 한글만 남기고자 할 경우, 한글 자음과 모음까지 포함하는 '[ㄱ-ㅎㅏ-ㅣ가-힣]'를 기준으로 설정해야 한다. 한글 외의 문자를 제거하기 위해, '[]' 안에 부정을 나타내는 '^'를 추가하여 정규표현식 '[^ㄱ-ㅎㅏ-ㅣ가-힣]'를 사용한다. 중국어 외의 문자를 제거하려면 '[^一-龥]'를 사용한다. 이처럼 설정하여 불필요한 문자와 특수기호를 제거하면, 특정 언어(한글 또는 중국어)만 남은 텍스트를 확보할 수 있다.

정규표현식을 활용한 찾기와 바꾸기 작업은 대용량 텍스트 데이터에서 반복적으로 나타나는 패턴을 효율적으로 처리하고, 불필요한 문자를 빠르게 제거하는 데 매우 유용하다. 텍스트 분석을 수행하기 전에, 이러한 전처리 작업은 반드시 선행되어야 하며, 가장 중요하고 필수적인 부분이다.

라. 폴더에서 바꾸기와 연속 바꾸기(묶음(배치) 처리)

앞서 살펴본 것처럼, EmEditor는 단일 파일뿐만 아니라 폴더 내 여러 파일에서 동시에 바꾸기 작업을 수행할 수 있는 기능을 제공한다. 지금부터 살펴볼 기능은 대용량 파일 작업 시에 필요한 방법이다. 자주 쓰는 문자열을 저장해 놓으면 매번 재입력하지 않고 그 기능을 사용할 수 있는 매우 편리한 부분이다.

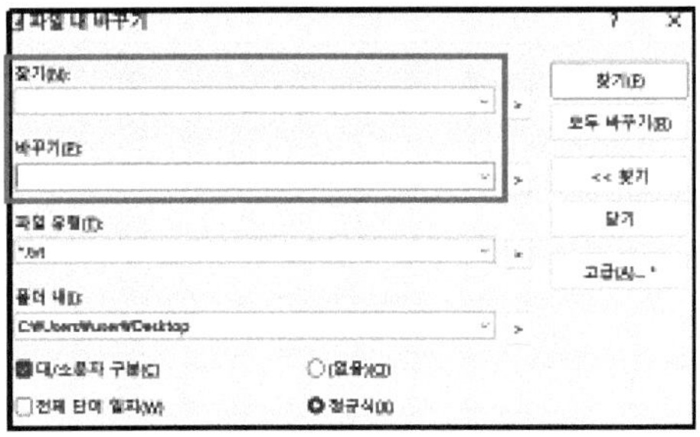

<그림 5> 파일 내 바꾸기 대화 상자

‘파일 내 바꾸기’ 창에서 폴더를 지정한 후, 폴더 단위로 바꾸기 작업을 진행하면 〈그림 5〉와 같이 대용량 데이터도 빠르게 전처리할 수 있다. 또한, EmEditor의 ‘배치에 추가’ 기능을 사용하면, 자주 사용하는 정규표현식을 저장해 두고 매번 재입력할 필요 없이 간편하게 활용할 수 있다. 이때, 바꾸기 패턴도 함께 저장하면 연속 바꾸기 작업을 실행할 때 더욱 편리하다. 예를 들어, 숫자 제거, 특수문자 제거, 텍스트 바꾸기, 특정 패턴 바꾸기와 같은 작업을 각각 배치에 추가해 두면, 이후 연속 바꾸기 기능을 통해 다수의 작업을 차례대로 실행할 수 있다.

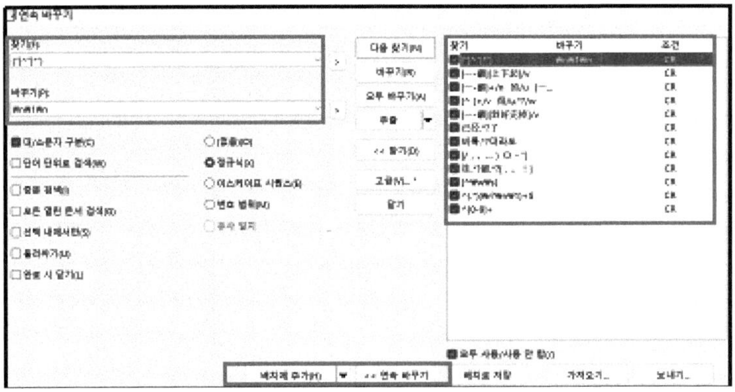

<그림 6> 폴더에서 바꾸기와 연속 바꾸기(묶음(배치) 처리)

〈그림 6〉의 배치에 저장된 정규표현식을 사용하여 바꾸기 작업을 실시하고, 동시에 연속 바꾸기 기능을 진행하면 작업의 속도와 효율성이 높아진다. 이 과정은 단순한 바꾸기 작업뿐만 아니라, 텍스트 데이터의 정량분석 또한 가능하게 되므로, 이 기능은 전처리에 있어 많은 도움을 줄 수 있는 방법이다.

4.2. 데이터 분리 및 구조화

텍스트 데이터를 정량분석 하고자 한다면, 데이터를 분리하고 체계적으로 구조화하는 작업이 필수적이다. 대용량 텍스트 데이터를 정리하여 분석에 적합한 형태로 만드는 것 또한 데이터 전처리 단계에서 필요한 부분이다. 이에 본 절에서는 문장을 정렬하고 배치하며, 파일을 분할 및 병합하여 데이터를 구조화하는 방법을 소개하고자 한다.

가. 문장 단위 정렬

가장 폭넓게 본다면 정규표현식은 분량이 큰 텍스트에서 제대로 매치되는지 여부를 판별하기 위한 것이다. 정규표현식을 다룰 때는 원하는 부분과 원치 않는 부분을 매치시키지 않는 것 사이에 균형을 잘 잡아야 한다.[34] 데이터를 문장 단위로 정렬해 주면, 문장별 분석에 효과적이다. 예를 들어, 한국어 텍스트에서는 '[.?!]'와 같은 정규표현식을 사용하여 문장 끝의 문장 부호를 찾아낼 수 있다. '$0\n'에서 '$0'은 '찾기'에서 일치한 전체 문자열을 그대로 두는 것을 의미한다. '\n'은 줄바꿈을 나타내며, 문장 부호 뒤에 줄바꿈을 추가하라는 뜻이다. 이를 통해 아래와 같이 분리된 문장을 확인할 수 있다.

34) 서환수 역(2003:51) 참조.

<표 18> 문장 단위 정렬

[.?!]로 찾기
한 번지에 18가구가 죽 어깨를 맞대고 늘어서서 창호가 똑같고 아궁이 모양이 똑같다. 게다가 각 가구에 사는 사람 해가 들지 않는다. 해가 드는 것을 그들이 모른 체하는 까닭이다. 턱살밑에다 철줄을 매고 얼룩 진 이부자리를 널어 들을 잔다. 그들은 밤에는 잠을 자지 않나? 알 수 없다. 나는 밤이나 낮이나 잠만 자느라고 그런 것을 알 길이 없다. 조용한 것은 낮뿐이다. 어둑어둑하면 그들은 이부자리를 걷어 들인다. 전등불이 켜진 뒤의 18가구는 낮보다 훨씬 화 기 시작한다. 비웃 굽는 내, 탕고도오랑내, 뜨물내, 비눗내.
$0\n로 바꾸기
한 번지에 18가구가 죽 어깨를 맞대고 늘어서서 창호가 똑같고 아궁이 모양이 똑같다. 게다가 각 가구에 사는 사람들이 송이송이 꽃과 같이 젊다. 해가 들지 않는다. 해가 드는 것을 그들이 모른 체하는 까닭이다. 턱살밑에다 철줄을 매고 얼룩 진 이부자리를 널어 말린다는 핑계로 미닫이에 해가 드는 것을

〈표 18〉에서 한국어 문장 배열을 실시한 것과 같이 중국어 텍스트의 경우도 동일하게 문장을 분리할 수 있으나, 중국어 문장 부호를 사용한 정규표현식을 적용해야 한다. 중국어 문장 부호는 정확성을 위해 중국어 글자판을 사용하거나, 분석할 데이터에서 직접 복사해서 가져오는 것이 가장 정확하다.

<표 19> 문장 단위 정렬

[。？！]로 찾기
' 我 真 傻 ， 真的 ， " 她 说 ， " 我 单 知道 雪天 是 野兽 在 深山 里 没有 食 ， 拿 小 篮 盛 了 一 篮 豆 ， 叫 我们 的 阿 毛 坐 在 门槛 上 剥 豆 去 。 他 柴 ， 淘米 ， 米 下 了 锅 ， 打算 蒸 豆 。 我 叫 ， 阿 毛 ！ 没有 应 。 出去 有 。 我 急 了 ， 央人 去 寻去 。 直到 下半天 ， 几个 人 寻到 山坳 里 ， 看见
$0\n로 바꾸기
" 我 真 傻 ， 真的 ， " 她 说 ， " 我 单 知道 雪天 是 野兽 在 深山 里 没有 食 吃 ， 会 到 村里 来 ； 我 不 知道 春天 也 会 有 。 我 一大早 起来 就 开 了 门 ， 拿 小 篮 盛 了 一 篮 豆 ， 叫 我们 的 阿 毛 坐 在 门槛 上 剥 豆 去 。 他 是 很 听话 的 孩子 ， 我 的话 句 句 听 ； 他 就 出去 了 。 我 就 在 屋 后 劈柴 ， 淘米 ， 米 下 了 锅 ， 打算 蒸 豆 。 " 我

〈표 18〉, 〈표 19〉와 같이 문장을 기준으로 텍스트 데이터를 나누면, 긴 텍스트를 여러 문장 단위로 분리하여 처리할 수 있어 분석 작업이 훨씬 수월해진다. 이를 통해 연구자는 대용량 데이터를 작은 단위로 쪼개어 필요한 부분에 집중할 수 있고, 더 나아가 각 문장을 개별적으로 분석하여 더욱 세밀한 연구를 진행할 수 있다.

나. 파일 분할 및 병합

텍스트 데이터가 지나치게 방대할 경우, 텍스트를 분리하여 처리하는 것이 효과적인 방법이 될 수 있다. 특히, 긴 텍스트를 단락별로 나누면 전체 문서의 흐름을 쉽게 파악할 수 있을 뿐만 아니라, 분석 과정에서도 효율성을 크게 높일 수 있다. EmEditor와 같은 텍스트 편집기에서는 일정한 줄 수마다 텍스트를 자동으로 분할하여 여러 개의 파일로 나누는 기능을 제공한다. 동시에, 여러 파일을 하나로 병합하는 기능도 함께 지원한다. 아래와 같이 도구 영역에서 파일 분리와 파일 병합을 선택하며 된다.

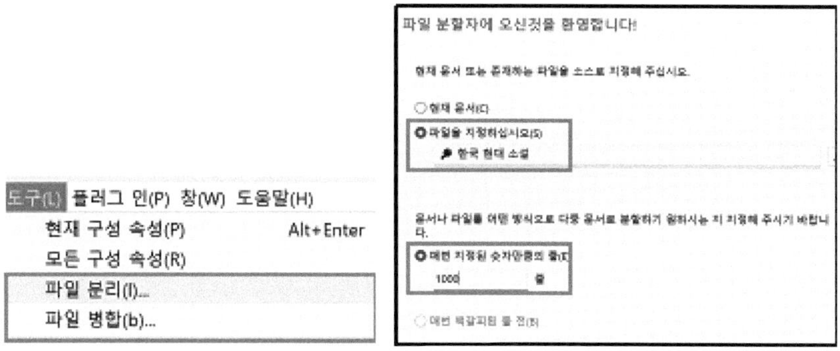

<그림 7> 파일 분할 및 병합 대화 상자와 분할 옵션

〈그림 7〉과 같이 EmEditor는 문장 단위로 파일을 자동으로 분할할 수 있는데, 분할 기준인 줄 수를 사용자가 직접 지정할 수 있다. 이렇게 분할된 파일들은 각각 개별 파일로 저장된다. 예를 들어, 본 연구에서는 텍스트 자료인 '한국 현대 소설' 파일을 1,000줄씩 나누어 여러 개의 파일로 분할하였다.

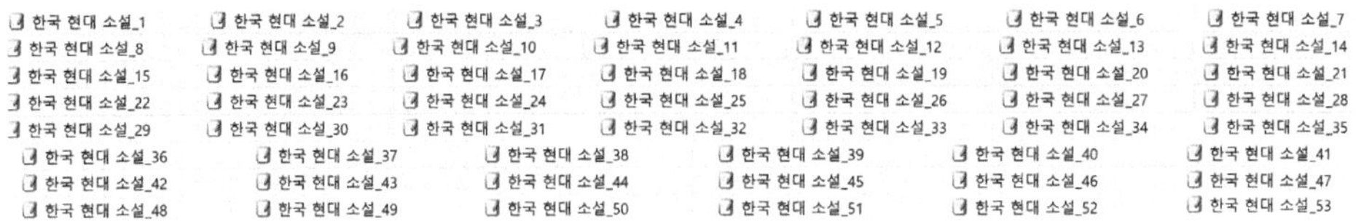

<그림 8> 파일 분할 결과

〈그림 8〉과 같이 원래 하나의 파일이었던 '한국 현대 소설'이 53개의 다중 파일로 저장된 것을 확인할 수 있다. 또한 이렇게 분할된 파일은 연구의 필요에 따라 다시 병합하는 것도 가능하다. 마찬가지로 '도구-파일 병합' 대화 상자를 사용하여 여러 개의 파일을 빠르게 하나의 파일로 병합할 수 있다.

이와 같이 문장 배열 및 파일 분리, 파일 병합 기능으로 대용량 텍스트 데이터를 편의에 맞게 정리 및 배치할 수 있고, 분석에 적합한 형태로 재구성하는 방법을 알아보았다.

4.3. 그룹핑(Grouping)

둥근 괄호를 사용하면 정규표현식의 우선순위를 명시적으로 지정할 수 있다. 이러한 기능을 그룹핑(Grouping, 그룹화)이라고 한다. 둥근 괄호를 사용해서 정규표현식을 부분적으로 감싸면 연산의 결합 순위를 명시적으로 지정할 수 있다.[35]

가. 그룹핑을 활용한 문장 정렬 및 배치

정규표현식의 그룹핑 기능을 활용하면 문장에서 화자의 대사와 이름을 분리하거나, 대사와 이름의 위치를 재배치하는 작업을 수행할 수 있다. 이러한 재배치는 텍스트 데이터를 보다 구조적으로 정리하거나, 분석에 적합한 형태로 변환할 수 있다. 다음은 그룹

35) 김완섭(2016:24-38) 참조.

핑을 활용한 예시이다.

<표 20> 그룹핑을 활용한 문장 배치

^(\(.*?\))(『.*?』)로 찾기
(몽룡)『어디 배가 불러 공부가 되나, 밥이나 내릴 겸 우리 수수 께끼 하나 하자.』 (춘향)『수수께끼라니 저 먼산 보고 절하는 것 그런 것 말이 요?』 (몽룡)『그까짓 게 무슨 수수께끼냐. 내 하나 할께 알아 보아라. 홍두깨 알 낳는 게 무에냐?』 (춘향)『그게 무에요. 모르겠소.』 (몽룡)『총 놓는 것이니라.』
\2\t\1 바꾸기
『어디 배가 불러 공부가 되나, 밥이나 내릴 겸 우리 수수 께끼 하나 하자.』 (몽룡) 『수수께끼라니 저 먼산 보고 절하는 것 그런 것 말이 요?』 (춘향) 『그까짓 게 무슨 수수께끼냐. 내 하나 할께 알아 보아라. 홍두깨 알 낳는 게 무에냐?』 (몽룡) 『그게 무에요. 모르겠소.』 (춘향) 『총 놓는 것이니라.』 (몽룡)

EmEditor 파일 내 찾기 대화 상자에서 '찾기' 입력 필드에 '^(\(.*?\))(『.*?』)'를 입력하고, '바꾸기' 입력 필드에 '\2\t\1'을 입력하면, 〈표 20〉과 같이 대사와 이름의 위치가 재배치된다. '^\((.*?)\)s'에서 '^'는 문자열의 시작을 의미하며, '\('와 '\)'는 소괄호 자체를 검색하기 위한 문자를 뜻한다. '(.*?)'는 괄호 안의 모든 내용을 최소 단위로 검색해 주는 것으로, '(몽룡)'에서 '몽룡'을 추출해 준다. 두 번째 그룹핑인 '(『.*?』)'에서 '「'와 '」'는 대사의 시작과 끝을 나타내는 특수 기호이고, '.*?'는 대사 내용 전체를 최소 단위로 검색해 주는 것을 나타낸다. 즉, 그룹1은 화자 이름이고, 그룹2는 대사 내용이다. 재배치 정규표현식인 '\2\t\1'은 두 번째 그룹(대사)을 출력해(\2), 탭 문자로 대사와 이름 사이에 간격을 추가하고(\t), 첫 번째 그룹(화자 이름)을 출력(\1)한다. 재배치 결과, 〈표 20〉와 같이 대사와 화자의 이름을 분리 및 재배치하여 구조화된 데이터가 생성된다.

다음은 그룹핑 기능을 활용하여 텍스트 데이터를 특정 패턴에 따라 나누고, 재정렬하거나 일부만 추출하여 배치하는 과정을 보여주는 예시이다. 이 과정은 대규모 텍스트에서 특정 문장이나 구문을 분리하고 정리하는 데 매우 유용하다.

<표 21> 그룹핑을 활용한 문장 정렬 및 배치

(.*?)(“.*?”)(.*?)(“.*?”)(.*?)(“.*?”)(.*?\.)로 찾기
간수는 달래다 못하여, “울지 말고 어서 집에 가거라” 하고는 자기 갈 데로 가고 말았다. 그때에 곁 찾느냐?” 하고 아주 친절하게 묻는다. 영채는 그 아버지와 두 오라비가 이 감옥에 와 있는 말과 또 찾아왔다는 뜻을 고하였다. 영채 생각에, 이런 말을 하면 혹 자기를 불쌍히 여겨서 아버지도 자주 럽고 다정한 말로 영채를 위로한다. “참 가엾고나. 아직 내 집에 있어서 다음 번 면회일을 기다려라 버지를 만나 보고 집에 가거라” 한다.
\1\n\2\n\3\n\4\n\5\n\6\n\7\n로 정렬하기
간수는 달래다 못하여, ↓ “울지 말고 어서 집에 가거라”↓ 하고는 자기 갈 데로 가고 말았다. 그때에 곁에 앉았던 어떤 머리 깎고 모직 두루마기 입은 사람이 영채더러, “너 왜 우느냐. 여기 누가 와서 찾느냐?”↓ 하고 아주 친절하게 묻는다. 영채는 그 아버지와 두 오라비가 이 감옥에 와 있는 말과 또 아버지와 오라비는
\2\n\4\n\6\n만 배치하기
“울지 말고 어서 집에 가거라”↓ “너 왜 우느냐. 여기 누가 와서 찾느냐?”↓ “참 가엾고나. 아직 내 집에 있어서 다음 번 면회일을 기다려라. 한 달에 한 번씩밖에 면회를 아니 시켜 주는 것이니,

〈표 21〉의 정규표현식 ‘(.*?)(“.*?”)(.*?)(“.*?”)(.*?)(“.*?”)(.*?\.)’에서 ‘(.*?)’는 텍스트에서 최소 단위의 모든 문자를 의미하며, ‘“.*?”’는 인용부호(“와 ”) 안에 있는 모든 텍스트를 최소 단위 검색하는 것을 나타낸다. 즉, 텍스트의 대사 부분을 추출해 준다. ‘(.*?\.)’에서 ‘\.’는 문장이 마침표(.)로 끝나는 부분을 의미한다. 이 정규표현식은 일반 텍스트와 인용부호 안의 대사를 그룹별로 나누는 작업을 수행한다. 그룹1은 대사 이전의 문장 내용이고, 그룹2는 첫 번째 대사, 그룹3은 대사 이후의 텍스트, 그룹4는 두 번째 대사, 그룹5는 대사 이후의 텍스트, 그룹6은 세 번째 대사, 그룹7은 문장의 마침 내용을 뜻한다. 재배치 정규표현식 ‘\1\n\2\n\3\n\4\n\5\n\6\n\7\n’은 각 그룹을 줄바꿈(\n)으로 개별적으로 분리하

고, 원문을 재구성하여 텍스트를 정리된 형태로 표시해 준다. 대사 그룹만 추출해 주는 정규표현식 '\2\n\4\n\6\n'은 대사 그룹(그룹2, 그룹4, 그룹6)만 추출하여 나열해 주는 것으로, 나머지 일반 텍스트는 제외하고 대사 부분만 정리해 준다. 〈표 21〉은 그룹핑과 재정렬을 통해 텍스트 데이터를 구조화하고 필요한 정보를 정리하는 효과적인 방법을 보여준다. 이 작업은 대화문 추출, 문장 정렬 및 재구성, 데이터 전처리 등에 유용하며, 특히 대규모 텍스트 데이터에서 일관된 분석 결과를 얻는 데 큰 도움을 준다. 추가적인 패턴 확장이나 정규표현식 조정으로 다양한 데이터 처리에 활용할 수 있다.

나. 그룹핑을 활용한 중복된 줄 삭제하기

텍스트 데이터에서 중복된 줄을 제거하는 작업은 데이터를 정리하고 분석의 정확성을 높이는 데 중요한 과정이다. 특히, 대용량 데이터에서 동일한 문장이 반복되는 경우나 공백 줄이 있는 경우, 중복된 줄을 자동으로 삭제하는 방법이 필요하다.[36] 정규표현식의 그룹핑 기능을 활용하면 중복된 줄을 찾아내어 제거할 수 있다. 예를 들어, 중복된 줄을 제거하려면 '^(.*)(\r?\n\1)+$'와 같은 정규표현식을 활용할 수 있다.

<그림 9> 그룹핑을 활용한 중복된 줄 삭제하기

정규표현식 '^(.*)(\r?\n\1)+$'에서 '^'는 문자열의 시작을 나타내며, '(.*)'는 임의의 문자를 포함한 전체 줄을 첫 번째 그룹으로 캡처한다. '(\r?\n\1)+'는 첫 번째 그룹과 동일한 줄이 줄바꿈과 함께 한 번 이상 반복되는 경우를 찾는다. 이때, '\r?'는 선택적인 캐리지 리

36) EmEditor에는 중복된 줄 삭제 기능이 있다. '정렬' 영역의 '중복된 줄 삭제'를 사용하면 되는데, 중복된 줄 삭제 아래에 있는 '중복된 줄 북마크'를 사용해 확인해 볼 수도 있다.

턴을 의미하고, '\n'은 줄바꿈을 나타낸다. 따라서 '\1'은 첫 번째 그룹에서 캡처된 내용과 일치하는 줄이다. '+'는 이 패턴이 한 번 이상 반복됨을 나타내며, '$'는 문자열의 끝을 나타내어 각 줄의 끝에서 중복 여부를 확인한다. 그다음 바꾸기 입력 필드에 '(\r?\n\1)+'를 넣어 모두 바꾸기를 실시하면, 동일한 줄이 반복될 경우, 첫 번째 줄만 남기고 나머지 중복된 줄이 삭제된다. 중복된 줄 삭제는 데이터 내 불필요한 부분을 삭제하여 분석의 정확성을 높여줄 수 있다. 이에 중복된 줄 삭제는 전처리 과정에서 초기 단계에 진행하는 것을 추천한다.

다. 특정 구문 추출과 재구성

EmEditor의 추출 기능은 대용량 텍스트 데이터에서 언어 연구를 분석할 때, 특정 구문을 선택해 추출할 수 있고, 그룹핑을 활용해서 구문의 재구성 또한 가능하여, 특정 구문 패턴이 함의하고 있는 의미를 도출해 내는 데 적합한 방법이다. 예를 들어, '비록…지만/일지라도'와 같은 한국어 표현이나 '虽然…但是'와 같은 중국어 구문은 특정한 의미를 전달하는 데 사용된다. 먼저, 한국어에서 흔히 사용되는 '비록…지만/일지라도' 구문을 살펴보자. 정규표현식 '(비록)(.{1,20})(지만|일지라도)'를 사용하여 '비록'과 '지만' 또는 '일지라도' 사이의 내용을 캡처하고, 각 부분을 분리할 수 있다.

<표 22> 특정 구문 추출 및 분리

(비록)(.{1,20})(지만|일지라도) 찾기	\1\t\2\t\3로 바꾸기
비록 상놈일지라도 비록 친히 당신의 소생은 아니지만 비록 모자지간의 정애는 죽일 수 없다 하지만	비록 상놈 일지라도 비록 친히 당신의 소생은 아니 지만 비록 모자지간의 정애는 죽일 수 없다 하 지만

〈표 22〉와 같이 한국어의 경우, '(비록)'은 '비록'이라는 단어를 첫 번째 그룹으로 저장하고, '(.{1,20})'는 '비록'과 '지만' 사이의 1~20자 길이의 절을 두 번째 그룹으로 저장하며, '(지만|일지라도)'는 '지만' 또는 '일지라도'를 세 번째 그룹으로 저장한다. 이를 통해 '비

록…지만|일지라도' 구문을 개별적으로 추출하여 분석할 수 있다. EmEditor에서는 이 정규표현식을 '찾기' 필드에 입력하고, '바꾸기' 필드에 '\1\t\2\t\3'을 입력하여, 각 그룹이 '탭(\t)'으로 구분되도록 설정한다. 이렇게 설정하면 엑셀로 데이터를 가져갔을 때, 각 구문이 개별 셀에 정리되어 구문 구조를 쉽게 분석할 수 있다. 중국어의 경우, 정규식 '(虽然)(.*?)(但是|但)(.*?)([,。！？:])'를 사용하면, 다음과 같이 문장 내 구문 구조를 분리하여 분석할 수 있다.

<표 23> 특정 구문 추출 및 분리

(虽然)(.*?)(但是|但)(.*?)([, 。！？：])	\1\t\2\t\3\t\4\t\5
虽然 照例 皱 过 眉 ， 但 鉴于 向来 雇用 女工 之 难 ， 虽然 似乎 很 可怜 ， 但是 败坏 风俗 的 ， 虽然 颇 有些 改变 ， 但 一 见 也 就 认识 ，	虽然 照例 皱 过 眉 ， 但 鉴于 向来 雇用 女工 之 难 ， 虽然 似乎 很 可怜 ， 但是 败坏 风俗 的 ， 虽然 颇 有些 改变 ， 但 一 见 也 就 认识 ，

〈표 23〉의 정규표현식을 단계별로 설명하면 '(虽然)'은 '虽然'이라는 구문을 첫 번째 그룹으로 저장한다 '(.*?)'는 '虽然' 다음 절을 최소 일치 '(*?)'로, 두 번째 그룹으로 저장한다. ('但是|但)'는 '但是' 또는 '但'을 세 번째 그룹으로 저장한다. '但'만 사용하는 경우도 있으므로, 두 형태를 모두 포함해 검색 범위를 확장한다. '(.*?)'는 '但是' 또는 '但' 뒤의 절을 최소 일치로 네 번째 그룹으로 저장한다. '[,。！？:]'는 문장의 끝을 의미하는 문장 부호를 다섯 번째 그룹으로 저장한다. '(虽然)(.*?)(但是|但)(.*?)([,。！？:])'를 EmEditor에서 '찾기' 필드에 입력하고, '바꾸기' 필드에 '\1\t\2\t\3\t\4\t\5'로 입력하면, 각 구문이 '탭(\t)'으로 분리되어 엑셀로 데이터를 옮길 때 각 부분이 개별 셀에 저장된다. 결과는 다음과 같다.

A	B	C	D	E	F	G	H
비록	상놈	일지라도	虽然	照例 皱 过 眉 ，	但	鉴于 向来 雇用 女工 之 难	,
비록	친히 당신의 소생은 아니	지만	虽然	似乎 很 可怜 ，	但是	败坏 风俗 的	,
비록	모자지간의 정애는 죽일 수 없다 하	지만	虽然	颇 有些 改变 ，	但	一 见 也 就 认识	,

<그림 10> 특정 구문 추출 및 재구성

이처럼 중국어에서 그룹핑을 활용해 특정 구문을 추출하고 변환하는 작업은 구문적 특징이 뚜렷한 한국어와 중국어 같은 언어의 의미 해석과 구문 구조 이해에 있어 중요한 도구가 된다.

5. 결론

본 연구는 빅데이터 시대에 텍스트 데이터를 대상으로, 의미 있는 정보를 찾기 위한 전처리 방법 및 분석 방법을 알아보는 것이 목적이었다. 이에 본 연구에서는 대용량 텍스트 데이터를 처리하는 데 최적화되고, 정규표현식을 활용한 텍스트 처리에 매우 강점을 가지고 있는 EmEditor를 사용하였다. EmEditor에서 정규표현식을 사용하여 텍스트 데이터를 연구 분석에 어떻게 활용할 수 있는지 확인하였고, 보다 생산적인 텍스트 처리 방법을 제시하였다. 결과를 정리하면 다음과 같다.

첫째, 정규표현식의 주요 연산기호를 기본 패턴(문자 클래스), 패턴 제어(앙커, 메타문자, 반복 연산자), 그룹과 탐색(고급 기능)의 세 가지 범주로 나누어 그 의미와 기능에 대해 알아보았다. 아울러 각 연산기호가 한국어와 중국어 텍스트 분석에 정규표현식으로 어떻게 활용되는지 소개하였다.

둘째, 정규표현식을 사용해 한국어와 중국어 텍스트에서 원하는 정보를 추출하는 방법을 알아보았다. EmEditor의 기능인 문자열 검색, 파일 내 검색을 통해 대용량 텍스트 데이터에서 필요한 정보를 어떻게 추출하는지 확인하였다. 문자열 검색에서는 임의의 한 문자를 나타내는 '.'(dot), 0개 이상을 나타내는 '*', 최소한으로 검색해 주는 '?', 문자 사이에 거리를 지정해 주는 '{m,n}', 메타문자가 아닌 일반 문자로 바꿔주는 '/'를 적용한 예시를 소개하였다. 또한 본 연구는 한국어와 중국어 텍스트에서 특정 패턴을 추출하는 것이 최종 목적이었으므로, 추출 기능을 사용한 정보 추출과 다양한 정규표현식을 활용해서 특정 문자열을 추출하는 방법을 알아보았다. 이들은 대용량 텍스트 데이터에서 그 결과를 신속하고, 정확하게 찾을 수 있는 방법이다.

셋째, 전처리 과정은 대용량 텍스트 데이터 분석의 첫 단계로 반드시 거쳐야 하는 과정이다. 본 연구에서는 전처리 과정에서 사용할 수 있는 다양한 바꾸기 기능을 다루었으며, 여기에는 특정 패턴 바꾸기, 폴더 내 일괄 바꾸기, 연속 바꾸기 등이 포함된다. 또한, 정량적 분석을 위한 텍스트 데이터 분리와 구조화 방법을 소개하였다. 마지막으로, 그룹핑 기능을 활용하여 문장을 정렬하고 배치·구조화하는 방식과 특정 구문을 추출하고 역참조를 통해 이를 재구성하는 방법을 제안하였다. 이러한 전처리 기법들은 대규모 텍스트 데이터의 분석을 더 빠르고 명확하게 도와 언어 연구의 생산성과 효율성을 높이는 데 기여할 수 있다.

〈參考文獻〉

강병규(2013), 〈중국어 코퍼스 분석을 위한 검색 프로그램 비교 고찰-WordSmith Tools 6.0과 AntConc 3.2.4를 중심으로〉, 『중국언어연구』제44집, 131-163.

김석균·이관우(2022), 〈정규표현식을 이용한 파일데이터의 품질진단 및 정제도구 개발〉, 『한국컴퓨터종합학술대회 논문집』, 1531-1533.

김택균(2010), 『정규표현식 패턴매칭을 수행하는 FPGA기반 침입탐지 시스템의 구현』, 연세대 전산학과 석사논문.

Baro(바로 把路)·Juhee·HH·윤종훈,·전가람·欣蓉·해인·이효림·김병준(2024), 『인문 데이터 분석-디지털인문학 시리즈』, 위키독스

벤 포터(Forta Ben), 김경수 역(2009), 『(손에 잡히는) 정규 표현식』, 서울:인사이트.

마이클 피츠제럴드(Fitzgerald, Michael), 이수진·이성희 역(2013), 『처음 시작하는 정규표현식=Regular expressions』, 서울:한빛미디어

신야 료마·스즈키 유스케·타카타 켄, 김완섭 역(2016), 『(다양한 언어로 배우는) 정규표현식 : 최신 엔진 구현과 이론적 배경을 배우다』, 파주:제이펍.

이긍희·함유근·김용대·이준화·원중호 공저(2022), 『빅데이터의 이해와 활용』, 서울: 방송통신대학교출판문화원.

장영재·손원·황희진 공저(2022), 『비정형 데이터 분석』, 서울: 방송통신대학교출판문화원.

잰 고이바에르츠, 스티븐 리바이선(Goyvaerts Jan, Levithan Steven), 김지원 역(2010), 『(한 권으로 끝내는) 정규표현식』, 서울:한빛미디어.

제프리 프리들(Friedl Jeffrey E. F.), 서환수 역(2003), 『정규 표현식 완전 해부와 실습』, 서울:한빛미디어

EmEditor https://ko.emeditor.com/

〈摘要〉

本研究旨在探討當代大數據研究領域中，從大規模文本資料中有效提取資訊並產生洞察的高階前處理與分析策略。研究以EmEditor為主要分析平台，該平台能穩定處理大量文本數據，並具有強大的正則表達式(regex)功能。透過充分運用EmEditor的正則表達式特性，本研究提出實用的方法，優化文本數據的前處理和分析流程，進而顯著提高資料處理的效率與清晰度。這些基於正則表達式的方法，不僅可增進語言相關研究的生產力和效能，也能促進更廣泛的數據導向研究的發展，凸顯其在大數據高效管理中的重要價值。

〈ABSTRACT〉

In the realm of contemporary big data research, this study investigates advanced preprocessing and analytical strategies for effective Information Extraction and insight generation from large-scale text data. EmEditor serves as the primary platform due to its robust handling of extensive textual datasets and its powerful Regular Expressions (regex) capabilities. By leveraging EmEditor's regex functionalities, the paper introduces practical methodologies for optimizing text data preprocessing and analysis, ultimately accelerating workflow efficiency and clarity. These regex-driven approaches foster greater productivity and efficacy in language-related studies as well as broader data-driven research endeavors, thereby underscoring their value in the efficient management of big data.

* 이 글은 2025년『中國語文學論集』제151호에 게재된 〈텍스트 빅데이터 처리를 위한 정규표현식의 이해와 활용〉 논문을 토대로 하여 작성된 것임을 밝혀둔다.

중국어 학습에서의 챗GPT 활용 가능성 탐색

- 기초중국어와 대학수학능력시험 평가지를 중심으로 -

조은경*·진화진**

1. 들어가기

본 연구는 중국어 교육에서 챗GPT 활용 가능성 여부와 활용 방안을 모색하는 데 목적이 있다. 최근 외국어 교육학에서 챗GPT와 인공지능(AI)은 가장 큰 화두로 떠오르고 있는 주제 중 하나이다. 썸트렌드(https://some.co.kr/)에 따르면 챗GPT와 인공지능에 대한 사람들의 긍정률은 각각 63%와 74%로 나타났으나 연관어 검색을 살펴보면 부정성을 나타내는 '우려'에 대한 부분도 적지 않게 나타나고 있어 이면성이 존재한다.[1)] 챗GPT는 2023년 5월경 아이폰(iOS)용 챗GPT 앱이 출시된 이래 2023년 7월경에는 미국, 인도, 방글라데시, 브라질 등 4개국에 한해 안드로이드용 앱으로도 출시되었으며 4개국 외 기타 국가로까지 확장 출시를 진행하고 있다. 오픈AI가 최근 공개한 생성형 AI 멀티모달(다

* 趙恩璟(Cho, EunKyung) : 長安大學校 航空觀光科 助教授 (交信著者)

** 秦華鎭(Jin, HwaJin) : 延世大學校 中國硏究院 專門硏究員(第一著者)

1) https://some.co.kr/analysis/compare 참조. 2023.04.16.-2023.05.15 분석결과

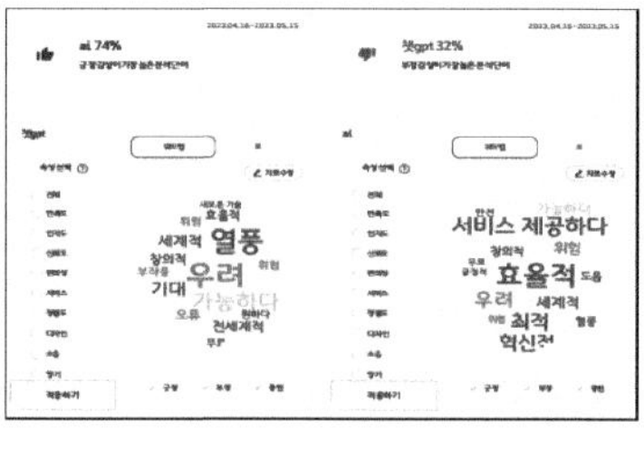

중모델) 'GPT4o'의 맥OS용 애플리케이션을 출시하면서 아이폰16 역시 이 모델이 탑재될 가능성이 예상된다.[2] 최근 우리나라에서도 니어팟, 구글솔루션, 챗GPT 등 에듀테크를 활용한 수업 활동이 증가하면서 이들을 활용한 수업 사례를 공유하고 학생주도의 수업 설계, 챗GPT를 이용한 교육 전략, 대화형 AI 활용 맞춤형 수업 설계 등에 대한 논의가 활발하게 이루어지고 있다. 우리나라 18-29세의 아이폰 사용률이 52%를 차지하고 30대까지도 40% 정도의 사용률을 유지하고 있는 상황에서[3] 챗GPT를 통한 중국어 교육 및 학습 방안과 그 효과를 연구하는 것은 매우 시의적절하다. 한편 챗GPT의 효능성과 함께 활용과정에서 나타나는 문제점들도 적지 않게 제기되고 있는데 특히 자연어 처리 과정에서 훈련 데이터의 편향성이나 오류로 인해 현실과 다른 결과물을 출력하는 '할루시네이션(hallucination)' 현상에 대한 처리나 판단 부분은 여전히 해결해야 될 큰 과제 중 하나이다. 이에 본고에서는 챗GPT가 주는 흥미로움을 넘어 실제 교육에서의 활용 가능성을 모색하기 위해 기초중국어 문답 테스트와 대학수학능력시험 중국어 영역 테스트 및 문제해결 능력 테스트를 시도해 보고자 한다.[4] 이를 통해 챗GPT를 적절하게 활용할 수 있는 중국어 학습 수준을 가늠해 보고 실제 교육 환경에서의 사용 가능성 여부 및 활용 방안을 모색하고자 한다.

---

2) 서울경제 "7월 'AI 갤폴드6' 출시…아이폰 16엔 'GPT4o' 탑재 가능성" 2024년 5월 16일 기사 참조 (https://v.daum.net/v/20240516174448537)

3) https://www.newsis.com/view/NISX20230719_0002382462 참조

4) 본 연구의 테스트는 2023년 4월부터 시작했다. 기초중국어 회화와 2022학년도 수능은 챗GPT3.5버전을 사용하여 응답 테스트를 진행했으며 챗GPT4.0버전의 출시 이후 2023학년도 수능과 2024학년도 수능은 챗GPT3.5버전(source제공)과 챗GPT4.0버전의 무료버전인 MS Bing을 사용했다. 이후 표기에서는 MS의 4.0은 챗GPT4.0-B로 표기하기로 한다. MS Bing Chat은 2023년 12월 1일에 공식적으로 Copilot으로 이름을 변경했다. 사용자의 접근성과 실용성을 위해 본 연구에서는 무료버전을 중심으로 수행 능력을 확인하였으며 추후 유료버전과의 비교를 통해 이들 간의 차이를 살펴볼 예정이다. 또한 이하에서는 챗GPT3.5의 버전 구분을 위해서 챗GPT3.5와 챗GPT3.5+(source제공)로 구분해 표기하기로 한다.

2. 외국어 교육과 챗GPT

2.1. 챗GPT 활용 관련 연구

인공지능 기술 기반 교육 방안은 최근 외국어 교육계에 급부상한 화두 중의 하나이다. 1996년 최초 챗봇인 Eliza의 개발 이후 외국어 교육에서 챗봇의 활용 가능성과 그 방안을 둘러싸고 많은 논의가 이어져 왔다. 2021년 AI 펭톡이 초등학생 대상 영어 말하기 공교육 서비스를 시작하면서 챗봇의 학습 효과 분석 연구가 활발하게 진행되었으며 영어 교육의 문법, 작문, 평가 등 각 방면에서 챗봇을 이용한 교수법과 프로그램 개발을 위한 연구가 등장하기 시작했다. 인공지능 기술을 기반한 중국어 교육과 관련한 연구는 아직 손에 꼽힐 정도이다. 먼저 챗봇 설계 프로그램인 CLOSER를 중심으로 한 연구로 고권태·이효영(2020), 고권태(2022)가 있으며 AIED(AI in Education) 중 챗봇, 인공지능스피커, ITS의 중국과 미국내 활용 사례 연구로 이서이·한용수(2023)가 있다. 조경연(2023)에서는 AI 챗봇을 활용한 고등학교 중국어1수업의 교수·학습 방안을 제안하기도 했다. 오픈AI가 개발한 챗GPT의 등장과 함께 중국어 교육 연구에서도 챗GPT가 언급되기 시작했다. RISS(학술연구정보서비스, https://www.riss.kr/index.do)와 CNKI(中國知網, http://www.cnki.net)에서 관련 연구를 검색해 본 결과 2022년 11월 말 챗GPT가 공개된 이래 2023년도에 대부분의 연구가 이루어진 것을 알 수 있다. 하두진(2023)은 챗GPT에 대한 소개와 교육 현장 적용을 위한 디지털 교재 구상 등을 통하여 AI와 중국어 교육 공존 가능성에 대한 탐색을 했다. 진준화(2023)에서는 중국어 문법 연구에 있어 챗GPT의 활용 방안을 모색하여 어휘분석, 언어학 이론, 문장 분석, 통/번역, 문장 생성 등의 영역에서의 효용 가치에 대해 밝히고자 했다. 이아형(2023)에서는 과학기술분야의 AI기반의 챗GPT 한중번역 오류 유형 분석을 기반으로 챗GPT를 활용한 포스트에디팅 방법을 고안하여 번역 수업에 어떻게 활용할 수 있는지에 대한 탐색을 했다. 한편 중국 내에서는 戚靈隆·那日松(2023)이 전형적인 중국어 문법 오류문장 20여 개를 챗GPT를 이용하여 교정작업을 진행함으로써 외국어로서의 중국어 교육의 보조 수단으로서 챗GPT의 활용 가능성을 탐색하고자 했다. 宋飛·郭佳慧·曲暢(2023)은 챗GPT가 중국어 교육에서 교실 수업의 보조 도구로써 활용 기대되는 부분과 중국어 교재 및 다매체 교육에서 교육 자원으로서의 역할 등에 대해 고찰했다. 이들 연구는 챗GPT가 중국어 교육 현장에 아직 상용화되지 않은 시점에서 그 개념에 대해 소개하고 교육과 학습을 위한 몇 가지 구상을 제안한 그 자체만으로 의의가 있다고 할 수 있다. 다만 제안된 몇 가지 방법들이 실제 중국어 교육 현장에서 어느 정도 활용 가능성이 있으며 어떻게 구체적으로 활용할 것인가에 대해서는 여전히 연구할 필요가 있다.

2.2. 자기 주도 학습과 디지털 리터러시

챗GPT를 교육 수단으로 활용할 때 자주 등장하는 키워드 중 하나는 '자기 주도 학습 능력'이다. 자기 주도적 학습(self-directed learning)[5]이란 학습자 스스로 학습의 방향을 결정하고 전반을 이끌어 나가는 학습 방법을 가리키는데 이때 학습 목표의 설정, 학습 실행, 학습 결과에 대한 평가 등에 있어 학습자 자신의 주체적 역량이 강조된다. 인공지능 기술을 활용한 문제해결 역량을 함양하기 위해서는 스스로 새로운 기술과 지식을 습득하는 능력과 의사소통 능력이 필수적이며 이러한 능력을 갖추기 위해서는 자기 주도적 학습이 중요하다. 즉 얼마나 많은 지식을 가지고 있느냐도 중요하지만 습득한 지

5) 자기 주도적 학습에 대한 논의(Houle, 1961; Tough, A. 1979; Knowles, 1975)는 Houle이 자신의 저서 『The Inquiring Mind』에서 성인 교육학을 설명하기 위하여 'self-education', 'auto-didactics'라는 용어를 설명하면서 태동했다. 초창기 자기 주도적 학습은 '개인의 학습'을 중심으로 전개되어 성인교육에서 다루어졌으나 이후 교수자와 학습자가 함께 교육과정을 실행하는 학교 현장에서도 적극적으로 활용되기 시작했다. 이러한 차원에서 Knowles(1975)는 자기 주도적 학습(self-directed learning)을 "개별학습자가 타인의 조력 여부와는 상관없이 학습자 스스로 학습에 있어서 주도권을 가지고 자신의 학습 요구를 진단하고 학습 목표를 설정하며 학습에 필요한 인적, 물적 자원을 확보하고 적합한 학습전략을 선택, 실행하여 성취한 학습 결과를 스스로 평가하는 과정과 활동(홍기칠, 2004 재인용)"으로 정의했다.

식을 기반으로 학습자 스스로 새로운 것을 창조하는 능력과 자기 주도적 문제해결 능력이 매우 중요하다고 볼 수 있다.[6] Marcin Frackiewicz(2023)는 챗GPT가 개인의 필요 및 선호도에 맞게 교육의 스타일과 내용을 조정하여 학습자 개별의 요구에 맞는 교육과 정보를 제공하는 것이 가능하므로 전통적 교실 기반 학습의 한계를 넘어 좀 더 효과적으로 자기 주도 학습에 긍정적 영향을 미칠 수 있다고 했다.[7] 교수자는 큰 틀에서의 가이드를 제공할 뿐 챗GPT를 활용하여 필요한 정보를 검색하고 선별하여 해당 정보의 진위 여부와 중요도를 평가하는 것은 학습자의 몫이다. 이와 관련하여 김보은(2023)은 챗GPT는 '자원기반학습을 지원하는 최신도구'로서 챗GPT의 효과적 실행을 위해서는 독립적인 하나의 교수법보다는 다양한 교수법이 결합된 '블렌디드러닝'이 적용되어야 한다고 주장했다. 블랜디드 러닝 전략으로 검색(Search)-선별(Selelct)-평가(aSsessment)로 이어지는 3S전략을 제안했다.[8] 김보은(2023)은 또한 학습자원에 대한 검증과 지원을 위해서는 과제 중심의 설계에서 벗어나 챗GPT가 제시하는 정보를 미리 모색하거나 제공된 정보를 선순환적으로 활용하여 최종적으로는 교수자와 챗GPT가 제시하는 자원을 각각 구분하여 결정할 수 있어야 한다고 했다. 이 모든 과정에서 필요한 것이 바로 디지털 리터러시, AI 리터러시 역량이다. 챗GPT의 상용화 이후 학습 또는 과제물 제출에서 챗GPT의 활용은 점차 늘어나고 있으나 이를 뒤따르는 윤리적 판단기준이나 허용 설정에 대한 이견에서 발생하는 문제들이 적지 않게 존재한다. 특히 학습자 중심의 수업일수록 학습자 스스로 학습 내용에 대해 사전 조사를 진행하고 과제를 수행하도록 요구한다. 정보의 홍수라는 현시점에서 디지털 리터러시[9]로 정의되는 디지털 문해력

---

6) 박세진(2023:3) 참고

7) 이금란(2023:75) 재인용

8) 검색은 과제 해결을 위해 챗GPT에 질문을 입력하고 정보를 검색하는 단계로 볼 수 있으며, 선별은 자신에게 유의미한 자료를 선별하고 학습자 관점에서 요약·종합화하는 것이다. 평가는 단순한 평가 개념보다는 도출된 산출물에 대한 비판적 관점에서 평가 및 피드백을 통해 지식을 수정하고 확장하며, 학습 과정에 대한 성찰을 포함한다. 〈교육공학자가 말하는 챗GPT〉, 전자신문 2023년 4월 30일 기사 (https://v.daum.net/v/20230430160251793) 참고

9) 디지털 리터러시(Digital Literacy)는 컴퓨터·인터넷과 관련된 기술과 콘텐츠를 포괄하는 넓은 의미에서

은 필수 불가결한 요소이며 챗GPT를 외국어 교육에 사용하기 위해서는 이러한 역량이 발휘되고 성장할 수 있도록 하는 기제에 대한 연구가 절실하다. 실제 적용 가능한 기제를 탐색하기 위해 기존에 존재하는 외국어 교육용 텍스트나 외국어 능력평가시험에 대해 챗GPT가 어느 정도의 수준과 분량까지 정보를 제공해 줄 수 있는가, 이러한 정보에 대한 학습자들의 수용 및 선별 가능성은 어느 정도까지인가에 대한 연구가 선행되어야 할 것이다. 또한 기술력의 발달로 점점 진화하는 생성형 AI인 챗GPT가 출시 버전에 따라 정보 제공의 영역과 성질에서 오는 차이를 인지하고 이를 적절하게 이용하는 방법도 필요하다.

현 시점 가장 최신 버전인 챗GPT4.0의 경우 매달 일정액의 사용료를 부담해야 되는 반면 OPEN AI의 챗GPT 이전 버전들과 MS가 제공하는 Bing, 즉 MS 코파일럿은 무료로 활용할 수 있어 접근성이 용이한 편이다.

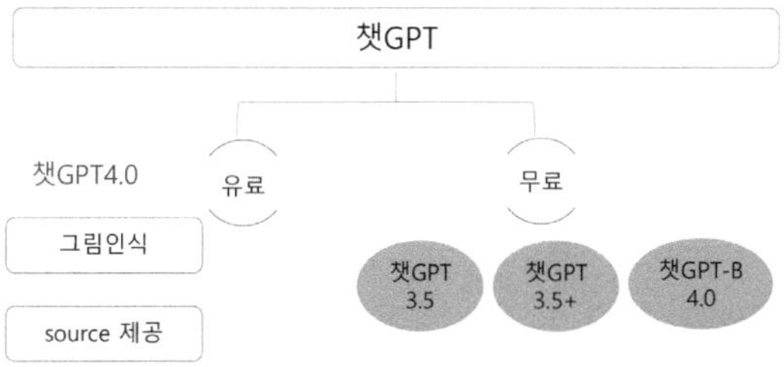

<그림 1> 챗GPT 버전 현황(2024년 4월 기준)[10)]

의 '디지털(digital)'과 글을 올바르게 읽고 쓰고 이해할 수 있는 능력을 가리키는 '리터러시(literacy)'를 결합한 용어로, '디지털 기술과 콘텐츠에 대한 정보 이해 및 표현 능력'을 뜻한다. 인터넷의 발달과 디지털 기기의 보편화, 소셜 네트워크 서비스(SNS)의 확산, 빅데이터, 클라우드 컴퓨팅 등 다양한 디지털 기술과 도구가 확산됨에 따라 디지털 리터러시는 단순히 디지털 도구와 기술을 사용하는 것뿐만 아니라 디지털 정보를 이해하고 활용할 수 있는 능력을 비롯하여 이를 비판적으로 수용하는 것까지 포함하는 개념으로 그 범위가 확장되었다. 디지털 리터러시 [Digital Literacy] (두산백과 두피디아, 두산백과) 참고

10) 2024년 7월 18일 Open AI가 챗GPT4o-mini를 출시했다. 멀티기능(텍스트, 이미지)이 가능하고 추후 오디오 기능을 추가할 예정이다. 성능은 다음과 같다. (https://artificialanalysis.ai/models/gpt-4o-mini) 참조

위의 그림과 같이 챗GPT는 무료 버전인 3.5와 유료 버전인 4.0으로 구분되어 사용되고 있다. 챗GPT의 3.5 버전은 2022년 1월로 예정되었던 마지막 업데이트를 2023년 11월까지로 연장 시킨 이후 명시된 업데이트 일자는 없으며 2023년 3월 14일 챗GPT4.0 버전이 유료와 무료 버전으로 출시되었다. 또한 2023년 2월 7일 Microsoft는 챗GPT와 통합된 새로운 Bing을 출시했다.

챗GPT3.5와 챗GPT4.0의 가장 큰 차이점은 응답을 제시할 때 3.5는 기존의 학습된 데이터를 이용하는 반면에 4.0은 학습된 데이터와 더불어 인터넷 source, 즉 웹기반 정보를 함께 제공한다는 점과 이미지 인식이 가능하게 되었다는 것이다. 이로 인해 3.5버전의 경우 학습되지 않은 새로운 지식에 대한 답변을 제공할 때 학습데이터의 한계성을 가진다. 본고에서는 학습자의 접근성과 활용도를 고려하여 챗GPT 무료 버전을 활용하여 기초중국어와 대학수학능력시험 중국어 영역을 중심으로 챗GPT의 중국어 교육 및 학습 가능성을 모색해 보고자 한다.

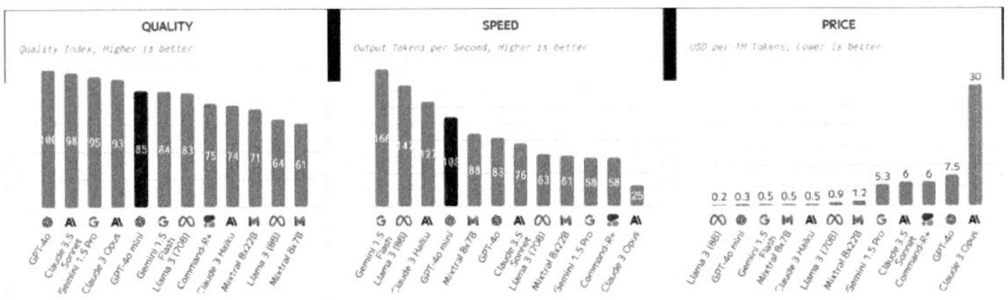

3. 중국어 학습과 챗GPT

3.1. 기초중국어와 챗GPT

기초 수준의 중국어 학습자의 챗GPT 활용 가능성 및 활용 방안 탐색을 위해 기초중국어 또는 중국어1 회화 교재에 보편적으로 출현하는 인사·이름·장소 등에 대한 질문[11]을 챗GPT에 입력한 후 미션 수행 상태를 살펴보았다. 여기에서는 무료 버전 중 하나인

11) 입력 프롬프트는『두근두근중국어1』,『니하오중국어1』,『중국어의 신1』,『퍼펙트중국어1』,『신공략중국어 기초편』에 출현하는 기초 회화문을 참고하여 작성하였고 챗GPT와 본격적으로 대화를 시작하기 전 해당 대화에 임하는 역할과 상황을 부여했다.

here are the sentences what I want to practice with you . 1. 你好 2. ~好吗？ 3. 你~吗？ 4. ~不~？ 5. 你叫甚麽名字？ 6. 您贵姓？ 7. 你是~吗？ 8. 你是哪国人？ 9. 你今年多大？ 10. 这是甚麽？ 11. 你家有幾口人？ 12. 你在哪兒工作？ 13. 你幾年级？ 14. 你想做甚麽？ 15. 你~甚麽？ 16. 你想~甚麽？ 17. 你要去哪兒？
I'd like you to help me practice my chinese. You can do a role-playwith me. Soyou can be my best friend at school. I am 20 years old. Both of us are 20 years old, and please do not give the full dialogue all once. Say one sentence and wait for my response. So we can take turns.

MS Bing을 통하여 분석을 진행하였으며 그 결과는 〈표 1〉과 같다.[12)]

<표 1> 기초중국어회화 질문

영역	입력 프롬프트	응답 여부 –MONICA
사회적 대화 능력	你好? (안녕하세요?)	你好！有甚麽我可以帮助你的吗？ (안녕하세요! 무엇을 도와드릴까요?)
	你最近好吗? (요즘 잘 지내십니까?)	作为一個AI助手，我没有感觉，但我一直在正常运行并为用户提供帮助。谢谢你的关心！ (AI 비서로서 느낌은 없지만 항상 정상적으로 작동하고 사용자에게 도움을 주고 있습니다. 신경 써 주셔서 감사합니다!)
	你忙吗? (당신은 바쁩니까?)	我是一臺计算機程序，不会感到忙碌或不忙。我随时准备回答您的问题或提供帮助。请告诉我您需要甚麽帮助。 (저는 컴퓨터 프로그램이라 바쁘거나 바쁘지 않은 것을 느낄 수 없습니다. 저는 언제든지 당신의 질문에 대답하거나 도움을 줄 준비가 되어 있습니다. 어떤 도움이 필요하신지 말씀해주세요.)
	你叫甚麽名字? (이름이 무엇입니까?)	我是Monica，是一名AI助手。 (저는 AI 비서 모니카입니다.)
	你家有幾口人? (가족이 몇 명입니까?)	作为一個AI助手，我没有家庭，也没有口人。我的存在是为了帮助您解决问题和提供信息。请告诉我您需要甚麽帮助。 (저는 AI 비서로서 가정도 없고 가족도 없습니다. 저는 당신의 문제해결과 정보 제공을 돕기 위해 존재합니다. 어떤 도움이 필요하신지 말씀해주세요.)
	你在哪兒? (어디에 있습니까?)	我是一名虚拟AI助手，不存在於任何物理位置。我是在计算機服务器上运行的程序，可以通过互联網與您进行交互。 (저는 가상 AI 비서이며 물리적 위치에 존재하지 않습니다. 저는 컴퓨터 서버에서 실행되는 프로그램이며 인터넷을 통해 당신과 상호 작용할 수 있습니다.)
	现在你做甚麽？ (지금 뭐하고 있습니까?)	现在我正在等待您的问题或指示，以便我可以回答您的问题或提供幫助。请告诉我您需要甚麽幫助。 (지금 제가 답변이나 도움을 드릴 수 있도록 질문이나 지시를 기다리고 있습니다. 어떤 도움이 필요하신지 말씀해주세요.)

12) 신동광·정혜경·이용상(2023:178) 참고

영역	입력 프롬프트	응답 여부 –MONICA
사회적 대화 능력	今天天氣怎麽样 ? (오늘 날씨가 어떻습니까?)	很抱歉，作为一個AI助手，我没有访问天氣信息的权限。但是，您可以通过搜索引擎或天氣应用程序查看您所在地区的天氣情况。 (죄송하지만 AI 비서로서 날씨 정보에 접근할 수 있는 권한이 없습니다. 그러나 검색 엔진이나 날씨 앱을 통해 해당 지역의 날씨를 확인할 수 있습니다.)

먼저 기초중국어 회화 교재에 보편적으로 등장하고 있는 가장 기본적인 문장을 활용하여 묻고 답하는 형식의 대화를 시도할 때 통상적으로 예상되는 대답이 나오지 않는 것을 발견할 수 있다. 예를 들어 "你忙吗?"라는 질문에 "我是一臺计算機程序, 不会感到忙碌或不忙。"라고 대답한 부분이나 "今天天氣怎麽样?"이라는 질문에 "很抱歉, 作为一個AI助手, 我没有访问天氣信息的权限。"라고 대답한 부분이 이를 대표적으로 나타낸다.[13] 이들 외에도 위의 표에서 보듯이 챗GPT의 대답은 일상적 질문에 대한 대답치고는 필요 이상으로 길고 복잡하다. 이러한 현상의 원인은 "作为一名AI助手(AI비서로서)"라고 스스로 밝힌 것처럼 대화의 상대가 비서 역할을 담당하는 인공지능이라는 점에서 기인한다. 그러므로 챗GPT 상에서 기초중국어 학습 과정에서 자주 등장하는 날씨를 묻거나 안부를 묻는 등 일반적 대화를 시도할 때 지리적 상황, 환경적 상황이 구체적으로 전제되지 않을 경우 정확한 정보 제공이 어려우며 대화의 상대가 인간이 아닌 인공지능이므로 실제 의사소통 상황에서 나타나는 인격체와 인격체 간의 대화 전개 양상을 보이지 않는다. 반면 최근 출시된 챗GPT4o[14]의 경우 일상 대화를 모방하는 사용자 경험(UX) 제공, 텍스트와 오디오, 이미지 등 멀티모달(Multimodal)입력이 실시간으로 가능하고 사용자의 감정 또한 실시간으로 감지하고 표현할 수 있어 기존 버전보다 실제 대화 구현 능력이 향상되었다.[15] 그러나 현 시점에서 접근성이 용이한 무료 버전의 경우 기초중국

13) 학습된 데이터를 바탕으로 제공하기에 시간·날짜·날씨 등과 관련된 정보를 제공하지 않는다.

14) 챗GPT4o는 2024년 5월 13일(미국 현지시간)에 공개되었다.

15) 챗GPT4o는 음성 설정모드에서 남성2명, 여성2명의 보이스를 제공한다. 본고는 유료버전에서 간단한

어를 이용한 자연스러운 대화 구현에 명백한 한계가 존재한다. 다음으로 기초중국어에 출현하는 어구나 문법 항목에 대한 챗GPT의 답변을 알아보았다. 입력 프롬프트에 기초중국어 회화에서 자주 등장하는 구 및 특수문형에 대한 질문을 넣은 후 챗GPT의 반응을 살펴보았다. 이를 정리하면 다음과 같다.

<표 2> 기초중국어 구 및 특수문형에 대한 답변

프롬프트	답변
[번역요청] 1) '수업을 마치고'를 중국어로 어떻게 말하니? 2) '수업을 마치고 난 이후'에는 중국어로 무엇이니? 3) '下课以後'와 '下课後' 사이에 차이점이 있니?	1) '수업을 마치고'는 중국어에서 '下课了(xià kè le)' 혹은 '课结束了(kè jié shù le)'로 번역될 수 있습니다. 2) '수업을 마치고 난 이후'에는 중국어로 '下课後(xià kè hòu)' 혹은 '课程结束後(kè chéng jié shù hòu)'로 번역될 수 있습니다. 3) '下课以後'와 '下课後'의 의미는 같습니다. 모두 '수업이 끝난 후'의 의미로서 호환 가능합니다. 이 중 '下课以後'의 '以後'가 나타내는 것은 '뒤'의 의미이며 시간상 선후순서를 강조합니다. 그러나 '下课後'의 '後'는 '-한 후에'의 의미로서 시간상의 순서를 강조합니다.
[차이점 설명 요청] "你有甚麽事？"와 "你有甚麽事吗？"는 어떤 차이가 있니?	"你有甚麽事？"와 "你有甚麽事吗？" 모두 "당신은 무슨 일이 있으신가요?"라는 뜻을 가지지만, 두 문장의 차이점은 다음과 같습니다. "你有甚麽事？"는 일반적인 문장으로, "당신은 무슨 일이 있으신가요?"라는 질문을 의미합니다. 반면에 "你有甚麽事吗？"는 더 구체적인 맥락에서 사용되는 문장입니다. 예를 들어, 상대방이 "我告诉你一個好消息"(저한테 좋은 소식이 있어요) 라고 말했을 때, "你有甚麽事吗？"라고 물으면 "어떤 소식이에요?"라는 뜻이 됩니다. 즉, 이 문장은 이전에 상대방이 언급한 것에 대한 확인을 요청하는 것입니다.
[문법 설명 요청] 1) "这是甚麽吗?"는 중국어로 정확한 문장이니? 2) "这是甚麽吗?"에 문법적 오류가 있니?	1) "这是甚麽吗？"는 중국어로 정확한 문장입니다. 이 문장은 "이게 뭐에요?" 또는 "이것이 무엇인가요?"와 같은 의미를 가집니다. 2) "这是甚麽吗?"에는 문법적 오류가 없습니다. 이 문장은 중국어로 올바르게 구성된 문장입니다.

대화 테스트를 진행했다. 그 결과 기존 버전보다는 향상된 대화 응답속도와 자연스러운 대화 패턴을 보였다.

프롬프트	답변
[문법 설명 요청] "我在学校上课。"에 대한 부정문을 만드시오.	"我재학校上课[16)] (나는 학교에서 수업을 듣고 있다)"의 부정문은 동사 앞에 부정어 "不"를 붙여서 만들 수 있습니다. 따라서 "我不我校上课(나는 학교에서 수업을 듣지 않습니다)"가 됩니다. 이는 중국어에서 부정문을 만드는 일반적인 규칙을 따릅니다. 여기서 '不'는 동작을 부정하기 위해 동사 앞에 배치됩니다.

기초중국어 수업 시 자주 출현하는 구 혹은 특수문형에 대한 질문을 챗GPT 프롬프트에 넣고 그에 대한 답을 살펴본 결과 중국어 오류 문장, 문법적 차이에 대해 인식하고 이에 대해 대체적으로 정확하게 답을 제공했다. 첫 번째 '수업을 마치고'를 중국어로 변환하는 명령에 대해서는 '수업을 마치다'까지만 반영하여 출력이 되었지만 '수업을 마치고 난 이후'와 같이 프롬프트 입력값을 좀 더 정확하게 바꾸자 출력값 역시 요구에 따른 정확한 답변으로 바뀌었다. 또한 "你有甚麼事?"와 "你有甚麼事吗?"의 의미 차이에 대해서도 비교적 정확한 답변을 제시했다. 그러나 기초중국어 학습자 가운데 종종 발견되는 오류문장 "这是甚麽吗？"의 오류에 대해서는 정확하게 답변을 제시하지 못했다.[17)] "这是甚麽吗？"는 의문사 '甚麽'와 문미에 의문을 나타내는 어기사 '吗'가 동시에 출현하므로 일반적으로는 단독으로 사용될 경우 비문으로 간주한다. 그러나 일상회화에서 "你知道这是甚麽吗?"와 같이 문장 안에 하나의 내포절로 출현할 때에는 가능하다. 챗GPT는 이러한 특수상황에 대한 자세한 언급 없이 단순히 "这是甚麽吗？"에 문법적 오류가 없다고 제시했다. 한편 챗GPT의 자동번역 기능으로 인해 프롬프트 명령 수행 중 중국어 문장을 한자어로 변환하는 오류도 존재한다. 예를 들어 "我在学校上课。"에 대한 부정문을 만들라는 요청에 어휘의 일부분을 한자어로 변환하거나 혹은 이를 설명하는 과정

---

16) 한글로 쓴 부분은 오타가 아니라 챗GPT의 한자변환 오류를 그대로 재현한 것이다.

17) 프롬프트에서 기초 중국어 학습자로 설정했으나 일반의문문과 의문사의문문의 차이점을 설명해주지 못했다. 비록 BCC(多領域) 코퍼스 상 "这是甚麽吗?"가 문장 안에 하나의 내포절로 출현하는 용례가 186개가 존재하지만 중국이 챗GPT에 정보를 제공하지 않는다는 점에 근거할 때 챗GPT의 사전학습(pre-training)과정에서의 정확도가 미흡해 보인다.

에서 제시된 "我不我校上课。"와 같은 오류문장이 이에 해당된다. 이상을 통해 볼 때, 프롬프트 입력값이 구체적이고 정확할수록 출력값 또한 구체적이고 정확함을 알 수 있다. 여기서 얼마나 정확하고 정교한 프롬프트를 제시하는가의 여부는 챗GPT 활용능력과 밀접한 관련을 가진다. 그러므로 챗GPT 출력내용을 통해 정확하고도 효용성 높은 학습 결과를 얻기 위해 챗GPT가 제공하는 정보의 정확성을 확인할 수 있는 선행 지식이 필요하다. 챗GPT를 통한 기초중국어 회화의 사회적 교제 능력은 학습자들의 호기심을 충족시켜줄 수는 있으나 교과서와 같은 수준의 답을 제시할 수 없다.[18] 또한 챗GPT는 프롬프트 입력과정에서 제로샷(zero shot), 원샷(one shot) 그리고 퓨샷(few shot)에서 각각 다른 답변을 제공하는데[19] 이는 스스로 질문자의 의도를 파악하기 위해 답변을 지속적으로 변화시키는 것으로 선행 지식이 없을 경우 답변 과정에서 발생할 수 있는 오류를 학습자가 모두 판단할 수 어렵다는 한계가 있다.

챗GPT3.5와 챗GPT4.0-B는 답변을 하기 위해 참고한 사이트를 제공하는데 학습자로 하여금 관련 지식을 확장하고 심화시킬 수 있다는 점에서는 큰 장점으로 볼 수 있다. 그러나 참고 정보에 따라 챗GPT의 답변이 유동적으로 변경될 수 있으며 제공된 정보의 정확성 또한 학습자 스스로 판단해야 한다는 단점이 있다. 만약 "다음을 연동문으로 만들어 주세요."라고 명령하면 챗GPT는 중국어 문법 용어에서 정의하는 연동문과 실내에 설치하는 문의 한 종류인 연동문을 참고사이트로 함께 제시한다. 이는 중국어 문법 용어에 대한 이해와 동음한자어 인식으로 인해 발생한 현상이다. 그러므로 챗GPT에 의해 제시된 정보를 판별하고 선택하는 주체의 정확한 선행 지식과 정보 선별이 무엇보다 중요하다.

---

18) 챗GPT4.0의 유료버전의 경우 '나만의 챗GPT'만들기 기능(GPTs)을 통해 제한된 데이터베이스를 설정하고 이에 근거해 대답하게 할 수 있다. 그러나 무료 버전에서는 이러한 기능 설정과 사용이 불가능하다.

19) 프롬프트 입력 방식에서 제로샷(zero shot)은 예시 없이 답을 구하는 것이고 원샷(one shot)은 예문이 1개, 퓨샷(few shot)은 예문이 2개 이상인 경우를 의미한다. 본고는 가장 손쉽게 사용하는 제로샷을 기반으로 실험을 진행했으며 프롬프트 기법 중 하나인 페르소나(persona, 역할부여)를 특정하지 않았다.

3.2. 대학수학능력시험과 챗GPT

대학수학능력시험 외국어 영역 중 하나인 중국어 시험은 성적표에 등급만 제공되며 중국어의 경우 문항 당 배점은 1점 또는 2점이다. 그러나 2024학년도 수능에서는 2점 또는 3점으로 배점이 변화되어 책정되었다. 2024학년도 수능 중국어의 경우, 체감 난이도 조사에서 50%의 학생이 매우 어려웠다고 응답한 바 있다.[20] 그러나 전체 문항 중 50%에 해당되는 15개 문항이 EBS와 연계되어 출제되었으며 특히 문법 문항인 27-30번은 EBS와 연계출제 되었음[21]에도 불구하고 여전히 오답율에서 1-3위를 차지했다.

수능 중국어 출제의 기본 방향은 2015 개정 교육과정의 내용과 수준에 따라 학습자의 외국어 능력과 한문 이해 능력을 평가할 수 있도록 출제되었으며 제2외국어 교과는 일상생활에서 해당 외국어로 의사소통할 수 있는 언어사용 능력과 해당 외국(어권) 문화에 대한 이해 능력을 평가할 수 있도록 출제되었다. 또한 제2외국어 교과는 교육과정에 제시된 각 과목별 '기본 어휘표'와 '의사소통 기본 표현'을 참고하여 출제되었으며 2024학년도 수능 중국어의 경우 외국어 의사소통 능력이 향상될 수 있도록 일상생활에서 사용 빈도가 높은 대화문과 서술문 등을 활용하여 문항이 출제되었다.[22] 이처럼 출제 시 문항의 소재는 교과서뿐만 아니라 교과서 밖에서 접할 수 있는 일상생활, 시사적인 내용 등이 활용되었다. 문항별 출제 분야를 살펴보면 다음과 같다.

---

20) 체감난이도 조사 (https://www.ebsi.co.kr/ebs/xip/xipa/retrieveSCVMainInfo.ebs?irecord=202311163&targetCd=D300&cookieGradeVal=high3)

21) 2024학년도 대학수학능력시험 보도자료(2023:60)참조

22) 2024학년도 대학수학능력시험 보도자료(2023:55-56)참조

<표 3> 대학수학능력시험 수능 중국어 분야

학년도	2022학년도	2023학년도[23)]	2024학년도
성조	1, 2	1, 2	1, 2
한자표기	3	3	3
어휘	4, 5,	4, 5, 24, 26	4, 5
대화문 완성	7, 10, 11, 12, 13, 14, 18, 19, 20, 27[24)]	7, 9, 10, 11, 12, 16, 17, 18, 20, 27[25)]	6, 7, 9, 10, 15, 16, 17, 18, 19, 24
독해	6, 8, 9, 15, 16, 17, 21, 22, 23, 24, 25, 26	6, 8, 11, 13, 14, 15, 19, 21, 22, 23, 25	8, 11, 12, 13, 14, 20, 21, 22, 23, 25, 26, 27
문법	28, 29, 30	28, 29, 30	28, 29, 30

대학수학능력시험 중국어영역은 6가지 분류항목에 일정한 비율로 문제가 출제되고 있다. 그리고 매년 실시되는 대학수학능력시험은 중국어를 학습하는 학생들이 EBS 또는 인터넷 블로그, SNS 등을 통해 이와 관련된 문제와 정답 및 다양한 관련 정보를 접할 수 있을 뿐만 아니라 한국교육과정평가원에서 정답을 제시하고 있어 학습된 데이터의 유효성과 제공하는 정보의 정확성 또는 적절성이 기준에 따라 명확하게 판단될 수 있으며 제공하는 정보의 오류 역시 판단 가능하다.

학습된 데이터 또는 source에 근거한 응답 제공에 기반하는 챗GPT도 접근 가능한 정보를 토대로 학습자들의 질문에 응답할 것이다. 기초회화와 같은 사회적 대화능력 테스트를 할 때에는 일정한 프롬프트 입력 또는 페르소나를 통한 추가 설정값이 필요하나 정보제공 능력 파악을 위한 테스트에서는 문제에 대한 해답 제시 요청만 해도 된다. 2022학년도 수능문제를 넣고 확인한 결과, 챗GPT3.5는 전체 30개 문항에서 그림을 보고 응답해야 하는 6번 문항, 10번 문항, 13번 문항, 22번 문항을 제외한 26개 문항에서 5개 문

23) 24번 문항과 26번 문항은 대화문과 설명문에 근거해 알맞은 어휘를 찾는 문제이기에 어휘로 분류하기로 한다.

24) 대화문에 근거해 알맞은 구를 찾는 문제이다.

25) 대화문에 근거해 알맞은 구를 찾는 문제이다.

항(1번 문항, 2번 문항, 4번 문항, 11번 문항, 30번 문항)을 틀려 약 19% 오류율을 보였다. 오류는 성조 2문제, 어휘 2문제, 문법 1문제이다. 각각의 오류를 나타내면 다음과 같다.

성조

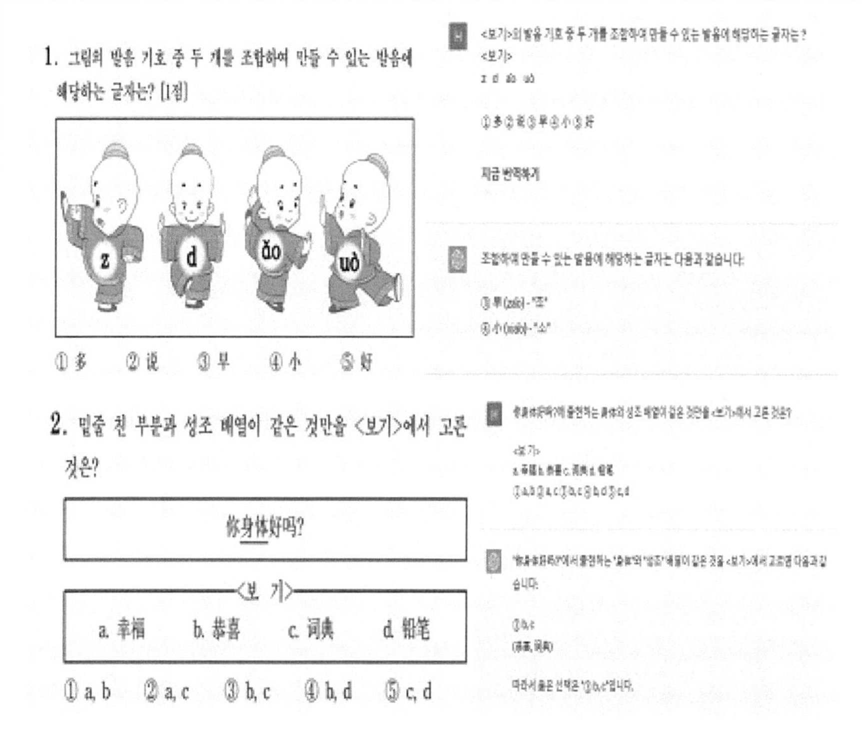

<그림 2> 2022학년도 오류-성조

1번 문항은 제시된 한어병음을 조합하여 만들 수 있는 발음에 해당되는 글자를 고르는 문제로서 첫 번째 시도에서는 정답을 제시하지 못하였으며 두 번째 시도에서야 정답을 제시했다. 이러한 오류는 챗GPT3.5(source)와 챗GPT4.0-B에 테스트한 23학년도와 24학년도 수능에서도 동일하게 나타났다. 2번 문항은 성조 배열이 같은 단어를 주어진 〈보기〉에서 2개 찾는 문제로서 챗GPT3.5 뿐만 아니라 테스트한 23학년도와 24학년도 수능에서도 모두 정답을 제시하지 못했다. 다음으로 어휘 관련 문항을 살펴보자.

어휘	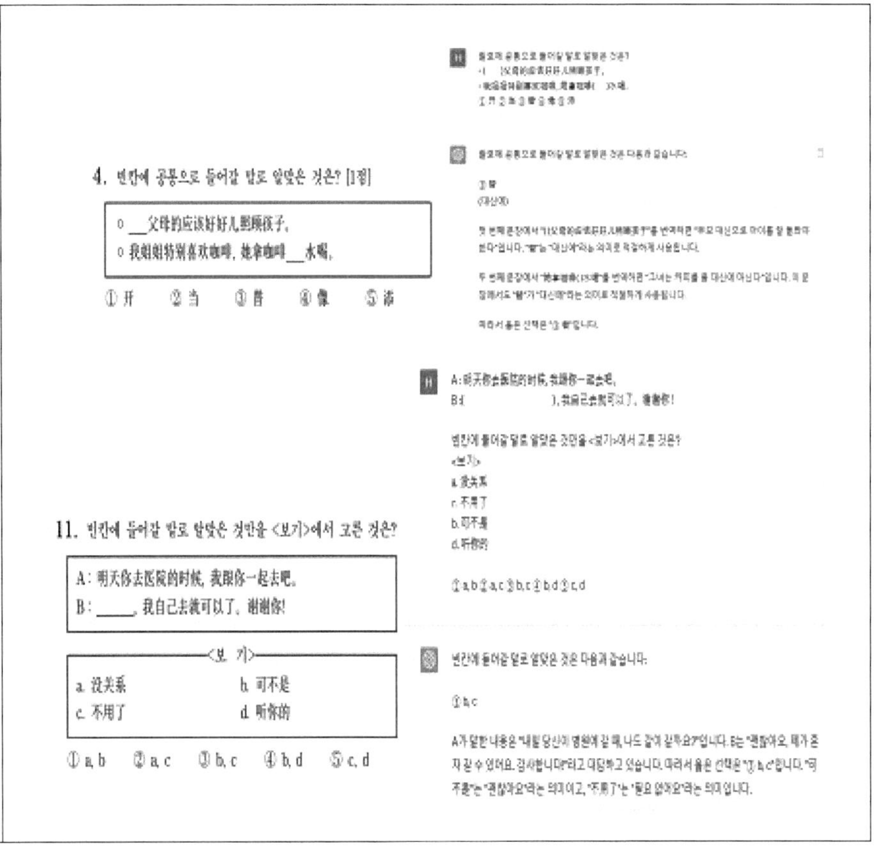

<그림 3> 2022학년도 오류-어휘

4번 문항의 경우 '當(當父母的/當水)'이 정답이다. 그러나 챗GPT3.5는 '替(替父母的/替水)'를 정답으로 제시했다. 학습된 데이터를 기반한다는 점에 착안해 BCC 코퍼스를 통해 '當父母的/替父母的'의 사용빈도를 비교해 보았다. '當父母的'의 용례는 135개였으나 '替父母的'의 용례는 0이다. '當水喝/替水喝'를 비교한 결과 '當水喝'의 용례는 126개였지만 '替水喝'의 용례는 0이다.[26] 그렇다면 챗GPT는 어떤 연유로 '替(替父

26) https://bcc.blcu.edu.cn/compare 참조. BCC 多領域에서 '當父母的'의 용례는 135개, '替父母的'의 용례는 0이다. 또한 '當父母/替父母'의 용례는 각각 334개, 77개(https://bcc.blcu.edu.cn/compare)로 '當

母的/替水)'를 정답으로 선택하였을까? 해답을 찾기 위해 챗GPT와 인공지능 번역앱인 Papago, DeepL과의 번역 결과를 비교 해 보았다. 이를 나타내면 다음과 같다.[27)]

<표 4> 인공지능 번역앱 번역결과 비교

	DeepL	파파고	챗GPT3.5+	챗GPT4.0-B
當水喝	물로 마신다	물로 마실 때	물로 마시다	당 물 마시기
當父母的	부모의	부모	부모가 되다	부모의 역할을 대신하기
替水喝	대신 물을 마십니다.	물 대신 마시기	물 대신 마시다	물 대신 마시기
替父母的	로코 모리스에서[28)]	부모를 대신하는	부모 대신의	부모의 역할을 대신하기

인공지능 번역앱의 번역결과를 볼 때 '替'는 '대신하여'라는 의미를 나타내므로 직관적 해석으로 '替'를 선택했을 가능성도 있고 '當' 용법에 대한 챗GPT의 학습 부족으로 인한 것일 수도 있다.[29)] 좀 더 명확하게 알아보기 위해 챗GPT4.0-B에서 중국어 '當'의 의미항을 묻는 질문을 한 결과 다음과 같이 나타났다.

父母'의 사용률이 여전히 높다. '當水喝'(https://bcc.blcu.edu.cn/compare)의 용례는 126개이다. 일반적으로 BCC 코퍼스에서 '文學'과 '報刊'에 수록된 용례가 규범적이고 나머지 영역은 일상 대화 속 비규범적 표현들도 포함되어 있다고 간주된다. 비규범적 표현까지 포함하여 '當'과 '替'의 '父母'와 '水'의 결합을 비교해 보면 '當'의 사용빈도가 더 높다. 그럼에도 불구하고 챗GPT가 '替'를 답으로 선택한 것으로 보아 어휘학습 오류의 가능성을 예측할 수 있다.

27) 전체 문맥이 아니 구만을 입력했다.

28) 인공지능 번역기 사용자들 중에서 번역 정확도가 상대적으로 높은 것으로 평가되는 DeepL에서도 번역 오류는 여전히 존재한다. DeepL에서 '替父母'까지 입력하였을 때에는 '부모를 대신하여'라고 번역이 되나 '替父母的'를 입력했을 때 전혀 다른 결과물이 출력되었다. 이러한 원인불명 현상에 대한 규명은 본고의 논의대상이 아니므로 여기에서는 더 이상 언급하지 않기로 한다.

29) 챗GPT4o에서는 '물로 여겨라, 부모로 여겨라, 물을 대신 마셔라, 부모를 대신하라'로 번역했다.

<그림 4> 중국어 '當' 의미항 종류 질문에 대한 챗GPT4.0-B의 답안

챗GPT4.0-B 무료버전을 사용할 수 있는 마이크로소프트 Copilot에서 중국어에서 '當'의 의미와 의미별 예제를 함께 제시해 달라고 명령한 결과 '當'이 나타내는 5개의 의미항에 대해 답을 제시했으나 여기에는 '대신하다' 의미를 나타내는 의미항은 포함되어 있지 않았다. 이를 통해 챗GPT의 '當'의 의미와 예제에 대한 학습이 다소 미흡하다는 사실을 확인할 수 있다. 한편 11번 문항의 정답은 'a(没关系), c(不用了)'이다. 그러나 챗GPT가 제시한 정답은 'b(可不是), c(不用了)'이다. 챗GPT는 '可不是'의 의미를 '그래도[그러나] …은 아니다. / 어찌 …이 아닌가, 정말 …이 아닌가'로 파악하여 '괜찮다'의 용법으로 해석하는 오류를 범하여 오답을 제시한 것이다.

수능중국어에서 문법문제는 28번-30번 문항이다. 이 가운데 28번 문항은 오답률 58.6%, 29번 문항은 55.7%이고 30번 문항은 53.6%이다.[30] 그러나 오답률이 가장 낮은 30번 문항에 대해 챗GPT3.5는 오답을 제시했다.[31] 다음을 살펴 보자.

30) https://www.ebsi.co.kr/ebs/xip/xipa/retrievePastGrdCutWrongAnswerRate.ebs?tab=1 참조

31) 2022학년도 30번 문항의 정답은 ①b이다. '是…的'의 문법 특징에 따라 일부 학자들은 문제의 오류를

<table>
<tr><td rowspan="2">문법</td><td>

30. 문장 표현이 옳은 것만을 있는 대로 고른 것은?

a. 我是在商店见到的他。 b. 你哥哥哪一年回的国? c. 我来学汉语的, 不来玩的。

① b　② c　③ a, b　④ b, c　⑤ a, b, c

</td></tr>
<tr><td>

</td></tr>
</table>

제기해 ③a, b를 정답으로 제시했다. 본고는 한국교육과정평가원의 기준에 따라 챗GPT의 문항 답변을 오류로 처리했다.

문법

H 문장 표현이 옳은 것만을 있는 대로 고른 것은?
a. 我是在商店见到的他。
b. 你哥哥哪一年回的国?
c. 我来学汉语的, 不来玩的。
① b ② c ③ a, b ④ b, c ⑤ a, b, c

문장 표현이 옳은 것만을 있는 대로 고르면 다음과 같습니다:

② c

- c. 我来学汉语的, 不来玩的。

H 문장 표현이 옳은 것만을 있는 대로 고른 것은?
a. 我是在商店见到的他。
b. 你哥哥哪一年回的国?
c. 我来学汉语的, 不来玩的。
① b ② c ③ a, b ④ b, c ⑤ a, b, c

문장 표현이 옳은 것만을 있는 대로 고른 것은 다음과 같습니다:

① a, b

- a. 我是在商店见到的他。
- b. 你哥哥哪一年回的国?

H 문장 표현이 옳은 것만을 있는 대로 고른 것은?
a. 我是在商店见到的他。
b. 你哥哥哪一年回的国?
c. 我来学汉语的, 不来玩的。
① b ② c ③ a, b ④ b, c ⑤ a, b, c

문장 표현이 옳은 것만을 있는 대로 고른 것은 다음과 같습니다:

③ a, b

- a. 我是在商店见到的他。
- b. 你哥哥哪一年回的国?

<그림 5> 2022학년도 오류-문법

30번 문항의 경우 1차 시에는 자동번역 기능으로 인해 영어로 질문이 제시되었으며 영어 번역문에 대한 2차례의 질의에 모두 오답을 제시했다. 이 과정에서 동일하게 보기①, 보기②를 제시했다. 중국어로 제시한 3차 시도에서 보기③을 제시했으며 중국어 4차 시도에서는 보기①, 보기②를 정답으로 제시했으나 제시된 5지 선답에서 정확한 번호를 선택하지 못했다. 중국어 5차 시도에서 보기①, 보기②를 제시했으나 여전히 오답이다. 또한 문법에 해당하는 29번 문항, 30번 문항을 보기가 없는 상태에서 질문만을 제시한 채 선택하게 하자 챗GPT3.5는 모두 오답을 제시했다. 이처럼 지속적으로 동일한 질문을 할 경우 챗GPT조차도 동일한 질문에 대한 대답을 계속 수정하여 제시한다. 즉 답안에 대한 신뢰도가 낮기에 전문가에 의한 정확한 답안 제시가 되지 않을 경우 응답 오류 여부를 판단하기 어렵다는 큰 문제점을 가진다.

업그레이드된 버전인 챗GPT4.0-B에서 24학년도 수능은 33.33%의 오답율을 보였다. 아래 24학년도 응답현황을 살펴보자.

<표 5> 2024학년도 수능 중국어 응답

분야	문항	챗GPT4.0-B	GPT3.5+
성조	1번	오답	오답
	2번	오답(그림/문자)[32]	오답(1개맞고, 1개틀림-火車라고 인식하지 못함, 救火라고 인식→결과적으로 100%오류)
한자표기	3번	정답	오답(1개 맞고, 1개 틀림→50%오류)
어휘	4번	정답	오답
	5번	정답	오답(1개 맞고, 1개 틀림→50%오류)

32) 성조 관련 부분을 '핀인(拼音)'이라고 제시, 3성 성조 변환 규칙을 잘못 설명했다. 11번, 12번, 13번, 14번, 20번, 27번 문항은 그림과 문자가 혼합된 문제로서 GPT3.5+에서는 문자로 변환해서 질문했으며 챗GPT4.0-B에서는 그림인식과 문자인식, 두 가지 형식으로 질문했다. 예를 들어 〈그림 8〉과 같은 문제에서 그림을 제외한 부분을 모두 문자로 변환해서 질문한 경우 '문자인식', 전체 문형을 jpg 또는 PDF 형태로 질문한 경우를 '그림인식'으로 표기한다.

분야	문항	챗GPT4.0-B	GPT3.5+
대화문	6번	오답(그림인식)	*[33]
	7번	정답	정답
	9번	정답	정답
	10번	오답(2개선택→답포함), 설명은 맞음	정답
	15번	정답	오답
	16번	정답	오류(⑤)
	17번	정답	정답
	18번	정답	정답
	19번	정답	정답
	24번	정답	정답
독해	8번	정답	정답
	11번	정답(그림인식)	정답
	12번	정답(그림,문자[34])	오답
	13번	정답(그림인식)	정답
	14번	정답(그림인식)	정답
	20번	오답(그림인식) 정답(문자인식)[35]	정답
	21번	정답	정답
	22번	정답(그림인식)	*[36]
	23번	정답	정답
	25번	정답	정답
	26번	정답	정답

33) 대화문을 보고 그림을 선택하는 문항으로 그림인식기능이 없기에 응답 불가하다.

34) 문자로 변환해 연속 질문 시 답변은 동일하다. 그러나 그림 제시가 없음에도 불구하고 문구에 "그림과 텍스트를 토대로 자기소개를 이해한 내용으로 알맞지 않은 것을 고르는 것입니다."라고 제시되었다.

35) 문자인식과 그림인식 시에 지문에 대한 해석은 동일하다.

36) 대화문을 보고 그림을 선택하는 문항으로 그림인식기능이 없기에 응답할 수 없다.

분야	문항	챗GPT4.0-B	GPT3.5+
독해	27번	오답(문자/그림)	오답
문법	28번	정답[37)]	오답
	29번	정답	정답
	30번	정답[38)]	오답

24학년도 수능 중국어 문제를 대상으로 챗GPT3.5+와 챗GPT4.0-B의 응답 결과를 비교해 볼 때 챗GPT3.5+의 오답율이 미세한 차이로 더 높은 것으로 나타났다. 23학년도 수능에 대한 챗GPT3.5+는 전체 30개 문항에서 그림인식 3개 문항(6번, 19번, 22번)을 제외하고 59.25%의 오답율을 보였으며 24학년도 수능에서는 35.71%의 오답율을 보였다. 업그레이드된 버전인 GPT4.0에서 24학년도 수능은 33.33%의 오답율을 보였다.

이전 챗GPT3.5와 달리 챗GPT3.5+와 챗GPT4.0-B의 가장 큰 차이는 그림인식이 가능하다는 것이며 응답하는 과정에서 참고한 source도 함께 제공한다는 것도 큰 특징이다. 다음 8번 문항의 사례를 통해 살펴보자.

문제	답변
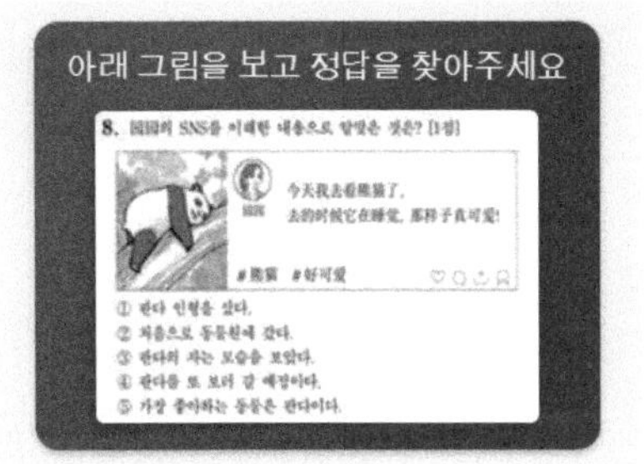	

<그림 6> 2024학년도 8번 문항

37) 문법과 한자 인식 모두 오류: 他们不地跑很快 (그들은 빨리 달리지 않는다)

38) '嗎'의문문 설명 오류: 多+형용사와 결합할 수 없는 이유에 대해 제대로 설명하지 못함

우선 8번 문항과 같이 이미지가 나온 문제를 챗GPT3.5는 인식하지 못했으나 챗GPT3.5+와 챗GPT4.0-B는 문제에 나온 팬더 이미지를 정확하게 인식했다. 그러나 이미지 인식이 가능하다는 사실이 정확한 답변을 제공한다는 것을 의미하지는 않는다. GPT3.5+와 챗GPT4.0-B은 이미지 인식에는 성공했지만 팬더 이미지에 집중한 나머지 제시된 문제보다 팬더에 대한 정보 제공을 우선으로 생각하여 전혀 다른 방향으로 응답했다. 또한 일정 시간 경과 후 다시 질문하자 오답을 제시할 뿐 아니라 2차례에 걸친 재시도에서 동일한 source 사이트에 기반해 전혀 다른 해석을 도출했다. 즉 시간차를 두고 동일한 프롬프트를 실행할 경우 문장해석과 문제 이해 방면에 완벽한 오류가 존재했다. 이를 해결하기 위해 이미지를 제외하고 문자로만 질문했을 때에야 비로소 원하는 답을 얻을 수 있었다. 이를 통해 최신 버전의 챗GPT에서도 이미지 인식 부분과 관련해 여전히 오류 발생의 가능성이 존재함을 일 수 있다. 또한 동일한 프롬프트를 실행한다 하더라도 시간차를 두고 진행할 경우 결과가 다르게 나올 수 있다. 비단 답안의 내용이 다를 뿐 아니라 시점의 차이에 따라 챗GPT가 참고하는 source의 종류와 내용에도 차이가 발생한다. 본고는 2023년 11월과 2024년 4월, 두 개의 다른 시점에 24학년도 수능 문제를 동일하게 프롬프트에 넣고 그 출력물의 차이를 살펴보았다. 그 결과 문제에 대한 기본 답안에는 큰 차이가 없었으나 챗GPT4.0-B가 학습하거나 검색한 내용에는 차이가 존재했다. 18번 문항의 경우를 예로 들면 다음과 같다.

<table>
<tr><th>문제</th><th>답변</th></tr>
<tr><td rowspan="2">18. 빈칸에 들어갈 말로 알맞은 것은?

A：听说你感冒了，现在身体怎么样了？
B：吃了几天药，好多了。
A：好好儿休息，__________，你再忙也得注意身体啊！

① 生活很方便　② 健康最重要
③ 风景可美了　④ 照片更清楚
⑤ 节目比较精彩</td><td>[1차 시도: 2023년 11월]
여러분의 질문은 중국어로 쓰여진 대화를 완성하는 문제입니다. A가 B에게 감기에 걸렸다고 들었고, 지금 몸 상태가 어떤지 물어보고 있습니다. B가 며칠 약을 먹고 나아졌다고 말하고 있습니다. A가 B에게 잘 쉬라고 하고 몸이 가장 중요하다고 말하고 있습니다. 그러므로 괄호에 들어갈 말로 알맞은 것은 ②번입니다. 健康最重要은 건강이 가장 중요하다는 뜻입니다. 다른 보기들은 대화와 관련이 없거나 잘못된 내용입니다.
감기는 흔한 질병이지만, 심각한 경우에는 합병증이 발생할 수 있습니다. 감기의 증상과 치료에 대해 알아보겠습니다....감기의 증상은 다음과 같습니다. 콧물, 코막힘, 재채기, 목 아픔, 기침, 가래, 오한, 열, 두통, 근육통, 피로, 식욕부진, 소화불량, 감기의 치료는 다음과 같습니다.</td></tr>
<tr><td>[2차시도: 2024년 4월]

안녕하세요, 이것은 빙입니다. 당신의 질문에 답하겠습니다.

괄호에 들어갈 말로 알맞은 것은 ② 健康最重要 입니다. 이 문장은 '너 감기 걸렸다던데, 지금은 몸이 어때? 며칠 약 먹었더니 많이 좋아졌어. 잘 쉬어, 건강이 제일 중요해. 바쁘더라도 건강 잘 챙겨!' 라는 대화입니다. 대화 속에서 등장하는 感冒 (감기)、药 (약)、注意身体 (몸 조심해) 라는 말을 보니 건강이 중요하다는 말이 가장 적절하네요 :)

이 문제는 2024학년도 중국어 수능 문제의 18번 문제와 동일합니다. 더 자세한 해설을 보고 싶으시면 메이샨 수능 중국어 블로그를 참고하세요.

자세한 정보 1 blog.naver.com 2 bing.com 3 blog.naver.com
1 / 30</td></tr>
</table>

<그림 7> 2024학년도 18번 문항

살펴본 바와 같이 2023년 11월 첫 번째 시도에서는 문제에 대한 답을 제시하기는 했지만 문제와 관련된 다른 정보가 따로 없었던 시점이므로 키워드 중 하나인 '감기'에 치중하여 전혀 다른 방향으로 추가 정보를 제시했다. 수능시험이 막 끝난 시점인 11월과

달리 수능 문제 답안과 풀이 및 해석 내용이 광범위하게 공유되고 있는 이듬해 4월에 시도한 결과는 조금 달랐다. 인터넷 자료 검색 과정을 거쳐 도출된 답안에서는 문제의 내용이 2024학년도 수능중국어와 연관성이 있음을 알아냈으며 관련 정보가 위치한 source 사이트도 나타냈다. 수능문제 풀이에 대한 질문자의 의도를 파악했기 때문에 그와 관련된 간결한 해답을 제시할 뿐 첫 번째 시도에서처럼 논점에서 벗어난 부수적 정보를 제공하지 않는다. 프롬프트를 실행한 시점을 기준으로 인터넷 검색으로 획득할 수 있는 정보의 양과 종류가 달라지므로 챗GPT를 이용하여 학습할 때에는 시점에 따른 출력 결과의 상이함에 대해 어느 정도 고려해야 할 필요가 있다.

한편 기존 버전에 비해 어느 정도 개선된 점이 있는가를 알아보기 위해 챗GPT3.0에서 오류를 보였던 성조, 한자인식, 문법문제를 중심으로 살펴보았다. 살펴본 결과 수능문제에서 응시자들의 오납율이 가장 높은 28번 문항-30번 문항은 어려움 없이 제시하는 반면 성조와 관련된 1번 문항과 2번 문항, 한자어휘와 관련된 문항에서는 오답을 제시했다. 먼저 성조 문제를 살펴보자.

<table>
<tr>
<td>1. 그림의 발음 기호 중 두 개를 조합하여 만들 수 있는 발음에 해당하는 글자는? [1점]

① 国 ② 买 ③ 早 ④ 谜 ⑤ 来</td>
<td>1차시도: 그림의 발음 기호 중 두 개를 조합하여 만들 수 있는 발음에 해당하는 글자는 ①입니다. 발음 기호 "m"과 "g"를 조합하면 "国"라는 글자를 만들 수 있습니다 .</td>
</tr>
</table>

<그림 8> 2024학년도 1번 문항

챗GPT4.0-B에서는 그림인식 기능을 이용하여 이미지를 인식시킬 수 있었으며 프롬프트에는 문제와 보기를 입력하여 답을 구했다. 이 문제의 원래 정답은 ②이다. 그러나 오답인 ①을 정답으로 제시했으며 'm'과 'g'를 조합해서 '國guó'를 만들 수 있다는 것

은 한어병음의 기본적인 음절구조에 대한 인식이 결여된 것으로 보인다. 뿐만 아니라 챗GPT4.0의 유료 버전에서도 성조와 관련된 문항에 대해 오답을 제시했다. 다음을 보자.

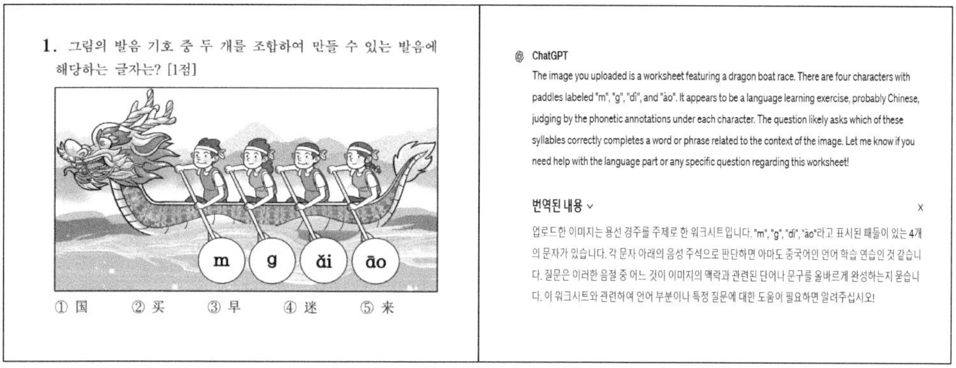

<그림 9> 2024학년도 오류-성조

그림인식이 가능한 챗GPT4.0의 유료버전 1차 시도에서 챗GPT는 그림에 대한 설명을 제시하며 질문자의 의도가 무엇인지 확인하기 위해 어떤 도움이 필요한지 반문한다. 그림인식 과정에서 'm, g, dì, ào'에 대해 언급했지만 성조 인식을 명확하게 해내지는 못했다. "이 문제를 풀어서 정답을 제시해줘."라고 명령하자 용선의 이미지에 집중하여 용선과 관련된 단어의 음절을 제시하는 문제로 유추된다는 답변을 내놓는다. 또한 이와 관련된 'long', 'zhou'라는 단어를 만들기 위해 주어진 음절(m, g, dì, ào)을 사용할 수 없다고 제시한다. 이러한 답변을 통해 볼 때 챗GPT4.0 유료버전 또한 성조 인식이 명확하지 못하며 음절에 대한 기본 개념도 확실하게 정립되지 못한 상황임을 알 수 있다. 왜냐하면 음절로 제시한 m, g는 단독으로 음절이 될 수 없는 성모이기 때문이다.

한자 표기와 관련된 3번 문항의 경우 챗GPT3.5는 오답을 제시했으며 별다른 부가 설명이 없었다. 반면 챗GPT4.0-B에서는 정답을 제시했으며 설명 과정에서 예문(a)의 문장을 수정하고 예문(d)의 한자를 수정했다. 이를 나타내면 다음과 같다.

<table>
<tr>
<td rowspan="2">
3. 밑줄 친 부분의 한자 표기가 옳은 것만을 고른 것은?

a. 穿的衣服很票亮。
b. 我每天都去游泳。
c. 周末我在家休息。
d. 我去操场踢足求。

① a, b ② a, c ③ b, c ④ b, d ⑤ c, d

다음 아래 a, b, c, d의 괄호 안의 한자 표기가 옳은 것만을 고른 것은?
a. 穿的衣服很(票亮)。
b. 我每天都去(游泳)。
c. (周末)我在家休息。
d. 我去操场踢(足求)。
① a, b ② a, c ③ b, c ④ b, d ⑤ c, d
</td>
<td>
〈챗GPT3.5〉
다음 중에서 옳은 한자 표기를 가진 것은:
⑤ c, d
c. (주말에) 나는 집에서 쉰다. d. 나는 놀이터에 가서 축구를 하러 갔다.
이 두 문장이 한자 표기가 옳습니다.
</td>
</tr>
<tr>
<td>
〈챗GPT4.0-B〉
→ 안녕하세요, 이것은 빙입니다. 당신의 질문에 답하겠습니다.
다음 아래 a, b, c, d의 괄호 안의 한자 표기가 옳은 것만을 고른 것은 ③ b, c입니다. 즉 '游泳'과 '周末'의 한자 표기가 옳습니다. '游泳'은 '수영'이라는 뜻이고 '周末'은 '주말'이라는 뜻입니다.
a와 d에서는 괄호 안의 한자 표기가 잘못되어 있습니다. a에서는 '票亮'이라고 되어 있는데, 이는 '표량'이라는 뜻이고 '밝다'라는 뜻은 '亮'이라고 써야 합니다. 따라서 '穿的衣服很亮'이라고 써야 옳습니다. d에서는 '足求'라고 되어 있는데 이는 '족구'라는 뜻이고, '축구'라는 뜻은 '足球'라고 써야 합니다. 따라서 '我去操场踢足球'라고 써야 옳습니다.
</td>
</tr>
</table>

<그림 10> 2024학년도 3번 문항

살펴본 바와 같이 챗GPT3.5의 경우 d의 "我去操场踢(足求)。"의 '足求'를 맞는 한자라고 인식하여 정답을 맞히지 못했다. 챗GPT4.0-B의 경우 '游泳'과 '周末'와 같이 맞는 한자를 골라냈다. 그러나 정답에서 제외된 a의 '穿的衣服很(票亮)。'의 오류를 잘못된 한자로 보지 않고 오히려 '穿的衣服很亮'으로 수정한 점은 주목할 만하다. 즉 잘못된 한자 '票亮'을 수정하여 '漂亮'으로 바꾸기보다는 앞의 '票'를 제거하고 '亮'으로만 구성된 문장을 제시한 것은 특이하다고 할 수 있다. 이를 통해 챗GPT가 오류를 발견할 수는 있으나 출제자의 의도를 이해하지 못하고 자체적으로 인지한 기준에 근거하여 자의적으로 답을 제시할 가능성이 있음을 알 수 있다.

수험생 오답율이 가장 높은 문법 문항에 챗GPT4.0-B이 어떻게 대응하는지 살펴보자. 수능중국어 28-30번은 주로 문법과 관련된 문제가 출제된다. 24학년도 수능중국어 문법 문제를 챗GPT4.0-B 프롬프트에 넣고 실행한 결과 문제의 정답은 제대로 제시되었으나 정답을 설명하는 과정에 적지 않은 오류가 나타났다. 예를 들면 다음과 같다.

28번 문항	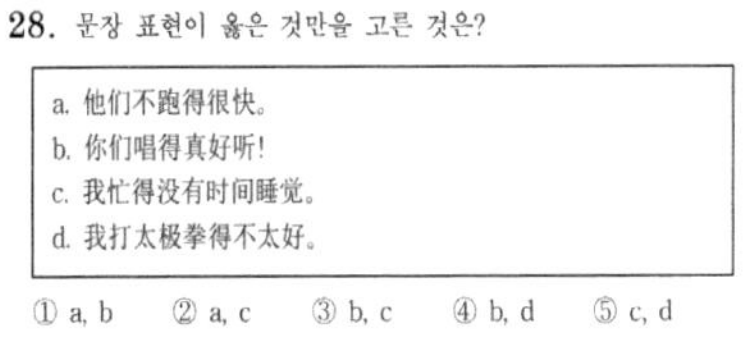 28. 문장 표현이 옳은 것만을 고른 것은? a. 他们不跑得很快。 b. 你们唱得真好听! c. 我忙得没有时间睡觉。 d. 我打太极拳得不太好。 ① a, b ② a, c ③ b, c ④ b, d ⑤ c, d 문장 표현이 옳은 것만을 고른 것은? a. 他们不跑得很快。 b. 你们唱得真好聽! c. 我忙得没有时间睡觉。 d. 我打太极拳得不太好。 ① a, b ② a, c ③ b, c ④ b, d ⑤ c, d	안녕하세요, 이것은 빙입니다. 당신의 질문에 답하겠습니다. 문장 표현이 옳은 것만을 고른 것은 ③ b, c입니다. 즉, 你們唱得真好聽!(너희들 노래 잘 부르네!)와 我忙得没有时间睡覺(나는 바빠서 잠을 자는 시간이 없어)라는 문장은 올바른 표현입니다. 이 문장들에서 '得'는 동사와 형용사 사이에 오는 연결어로 동사의 정도나 방식을 형용사로 나타내 줍니다. 예를 들어, 你们唱得真好聽!에서 '得'는 '唱'(노래하다)라는 동사와 '真好聽'(정말 잘 들리다)라는 형용사를 연결해주고 '노래하는 정도가 정말 잘 들린다'라는 뜻을 표현합니다. 마찬가지로 我忙得没有时间睡觉에서 '得'는 '忙'(바쁘다)라는 동사와 '没有时间睡觉'(잠을 자는 시간이 없다)라는 형용사를 연결해주고 '바쁜 정도가 잠을 자는 시간이 없다'라는 뜻을 표현합니다. 하지만 a와 d에서는 '得'를 잘못 사용하고 있습니다. a에서는 '不'(부정)와 '很'(매우)이라는 부사가 '得' 앞에 오고 있습니다. 이 경우에는 '得' 대신에 '地'를 사용해야 합니다. '地'는 부사와 동사 사이에 오는 연결어로 부사가 동사의 방식을 나타내줍니다. 예를 들어 他们不地跑很快(그들은 빨리 달리지 않는다)라고 말할 수 있습니다. d에서는 '得' 뒤에 '不太好'(별로 좋지 않다)라는 부정적인 형용사가 오고 있습니다.

28번 문항		이 경우에는 '得' 대신에 '的'를 사용해야 합니다. '的'는 명사와 형용사 사이에 오는 연결어로, 형용사가 명사의 특성을 나타내줍니다. 예를 들어 我打的太极拳不太好 (나는 태극권을 잘 치지 못한다)라고 말할 수 있습니다. 중국어 문법에 대해 더 알고 싶으시다면, 다음의 웹사이트들을 참고하시기 바랍니다. 중국어 문법 기초 중국어 '得'의 용법과 구별 방법 중국어 '地'와 '的'의 용법과 차이점 감사합니다. 빙과의 대화를 즐기셨으면 좋겠습니다.

<그림 11> 2024학년도 28번 문항

살펴본 바와 같이 챗GPT4.0-B는 문법 문제에 대한 정답은 제대로 제시했으나 설명하는 과정에서 오류를 나타냈다. '예문(a)他们不跑得很快。'를 설명하는 과정에서 부정부사 '不'와 결합하기 위해 부사와 동사를 연결하는 '地'를 사용해야 한다고 하면서 '他们不地跑很快'라고 했다. 이 부분은 '他们跑得不快'나 '他们跑不快'로 제시되어야 한다. 이처럼 도출된 정답에 문제가 없다고 하더라도 도출 과정에 오류가 존재할 경우 이를 완전한 정답으로 볼 수 없다. 또한 이러한 사실에 대한 확인은 전문가나 배경지식이 있는 사람이 아니고서는 판단하기 어렵다. 챗GPT가 제시하는 참고 사이트의 전문성에 대한 판단은 오롯이 사용자의 몫이다. 넘쳐나는 인터넷 정보 가운데 가장 적합한 근거를 찾아내고 이를 응용해 질문에 대한 대답을 제시하는 챗GPT는 자신의 대답 근거를 확인할 수 있는 자료를 함께 제시해 준다는 점에서 한 단계 발전되었다고 볼 수 있다. 그러나 학습자로 하여금 질문에 대한 대답과 이에 대한 근거 정보의 정확성을 재확인하게 하고 이를 통해 자신의 대답을 선택하게 한다는 점에서는 여전히 한계가 존재한다.

또 하나의 한계점은 챗GPT가 답안의 설명을 복수로 제시한 후 사용자로 하여금 선택하게 한다는 점이다. 챗GPT4.0 유료버전에 유사한 질문을 계속하자 두 가지 유형의 답변을 제시하고 이에 대해 사용자가 선택하도록 유도했다. 24학년도 3번 문항의 답변을 보자.

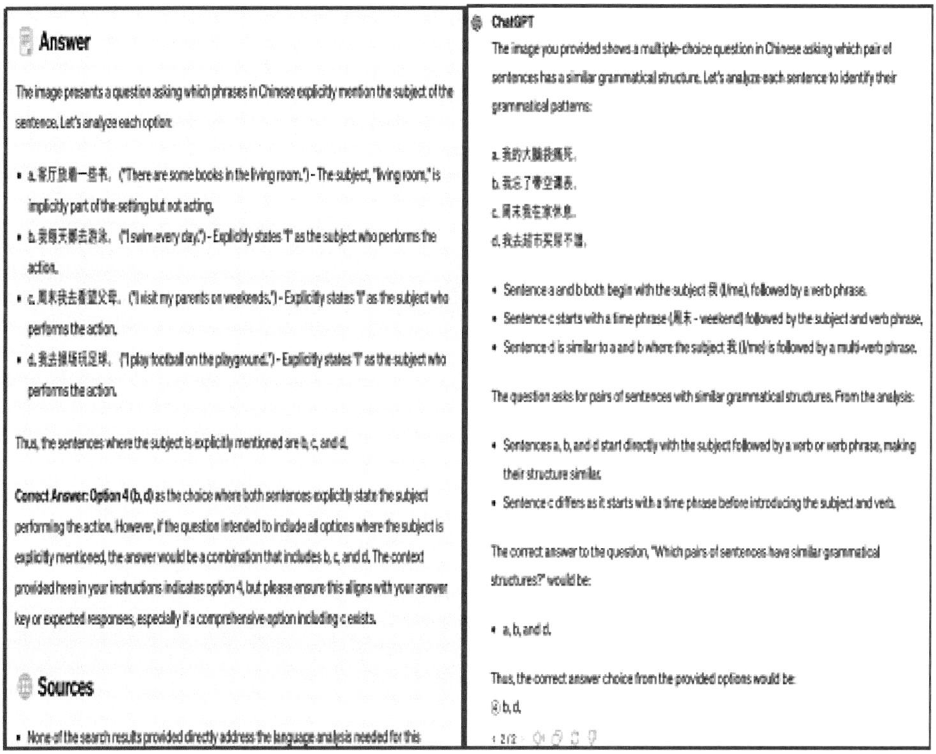

(A) (B)

<그림 12> 답변유형 선택

위에서 보듯이 챗GPT4.0 유료버전은 질문에 대해 (A)형과 (B)형으로 답변을 제시했다. 선다형에서 제시된 예시문 4가지의 간체자를 정확하게 인식하지 못했을 뿐만 아니라 (A)형과 (B)형 모두 각기 다른 예문을 제시했다. 그럼에도 불구하고 ④b, d를 정답으로 동일하게 제시했다. 또한 답변 설명 유형을 살펴보면 (A)형은 주제에 대한 언급을 중심으로 (B)형은 통사적 유사구조에 따라 답변을 제시한다고 말하고 있다.

지금까지 분석한 내용을 정리하면 다음과 같다. 기초 중국어 학습에서 챗GPT는 학습자의 호기심을 충족시킬 수 있다. 그러나 명확한 프롬프트와 페르소나가 교수자에 의해서 제시되지 않는다면 학습자들이 직접적으로 기초중국어 회화 문답에 챗GPT를 사용하기에 어려움이 있다. 대학수학능력시험 테스트의 경우 챗GPT3.5+에서는 그림을 제외하고 23학년도 59.25%, 24학년도 35.71%의 오답율을 보였다. 챗GPT4-B4.0의 경우 그림인식이 가능하며 24학년도 수능에 대해 33.33%의 오답율을 보여 기능적인 측면에서 발전하고 있음을 확인할 수 있다. 그럼에도 불구하고 최신 버전인 챗GPT4.0유료 버전에서도 여전히 성조나 한자 오류 문제가 존재[39)]하며, 문법 문제에 대한 정답 제공은 가능하지만 정답 도출 과정에 오류가 있기에 챗GPT를 통한 중국어 학습에 한계가 있음을 시사한다. 또한 학습자들이 정확성이 확보되지 못한 정보에 노출될 가능성이 없지 않아 반드시 전문가의 도움과 지도가 수반되어야 한다. 특히 챗GPT를 기초 단계에서 활용할 경우 학습하는 상용구나 문법 질문에서 학습자가 원하는 교과서와 동일한 수준의 답을 제공받을 수 없으며 학습자 스스로 오류를 판단하기 어려우므로 챗GPT의 할루시네이션을 확인해 줄 수 있는 교수자의 도움이 필수적이다.

39) 이것은 챗GPT의 이미지(Vision)인식 기능과도 상관성을 가진다. 챗GPT의 중국어 이미지 인식기능은 다음과 같다. (https://chatgpt.com/c/d9c81e2a-f341-4100-8f55-4975edc09c99)

Feature	ChatGPT3.5	ChatGPT4.0	ChatGPT4o	MS Copilot
Chinese Character Recognition	Moderate(60%)	Good(80%)	Excellent(90%)	Excellent(95%)
Chinese Tone Recognition	Basic(50%)	Improbed(70%)	Advanced(85%)	Advanced(90%)
Image Processing Speed	Moderate	Fast	Vest Fast	Vest Fast
Multimodal Capabilities	Limitied	Enhanced	Advanced	Advanced
Error Rate	High(20%)	Lower(10%)	Very Lower(5%)	Very Lower(5%)

4. 나가기

본 연구는 중국어 교육에서 챗GPT 활용 가능성 여부와 활용 방안을 모색하고자 했으며 챗GPT를 활용한 중국어 교육 방안의 실질적인 가능성 여부에 대해 기초중국어 문답 테스트와 대학수학능력시험 중국어영역 테스트 및 해설능력 테스트를 실시했다. 고찰 결과 기초중국어학습에서 챗GPT의 활용이 학습자들의 호기심을 충족시켜줄 수는 있으나 기초중국어회화 문답이 챗GPT를 통해 원활하게 이루어지기에는 어려움이 있음을 발견했다. 상용구나 문법에 대한 질문의 경우 교과서와 동일한 수준의 답을 제시할 수 없으며 답변 과정에서 발생할 수 있는 오류를 학습자가 모두 판단할 수 없다는 한계가 있다. 챗GPT를 활용한 대학수학능력시험 중국어 영역 문제풀이를 통해서는 성조나 한자오류 문제에 대한 정확한 답을 제시하기 어려우며 문법 문제의 경우 정답을 제시할 수는 있으나 정답 도출 과정에 오류가 존재할 수 있음을 발견했다. 중국어 학습에 있어 챗GPT는 영어와 달리 제한된 데이터베이스를 기반으로 작동한다. 따라서 관련 정보 또는 인용된 정보의 오류 유무가 챗GPT의 대답에 직접적인 영향을 끼친다. 뿐만 아니라 수능의 한자나 한어병음 오류를 찾는 문제에서 챗GPT는 한자의 오류를 찾아내 올바른 단어로 제시하지 못한다. '的/得/地', '嘛/嗎' 등 동일한 위치에 출현하는 동일 발음의 단어에 대해 배경지식에 대한 사전 판단이 이루어지지 않을 경우 잘못된 정보를 토대로 지식이 제공되는 것을 막을 수 없다. 그러므로 중국어 기초 학습단계에서 챗GPT의 사용은 비교적 제한적이라고 볼 수 있으며 반드시 전문가인 교수자의 지도와 계획 아래 학습이 이루어질 필요가 있다.

챗GPT를 개발한 오픈AI팀은 챗GPT를 사용하는 청소년, 만 13세 이상-만 18세 미만은 부모 등 보호자의 관리하에 사용하고 만 13세 미만 초등학생에게는 챗GPT사용을 권장하지 않는다. 최근에는 Bing chat, Bing ai, MS copilots 등의 서비스는 부모의 동의가 없으면 사용이 불가하다.[40] 그러나 요즘 초등학생을 대상으로 하는 학원에서부터 대학생, 성인 학습자를 위한 외국어 학습에 챗GPT를 사용하고 있다. 이러한 챗GPT의 활용과정에서 가장 중요한 것은 바로 프롬프트, 즉 명령어이다. 얼마나 명확하고 구체적인 명령어를 입력하는가에 따라 사용자의 요구에 적절한 대답을 제시할 수 있다. 그러므로 교수자는 학습자들이 챗GPT를 적절하게 사용할 수 있도록 프롬프트를 사전에 설정하는 방식과 예측 결과치를 미리 제시하는 방식을 통해 챗GPT를 중국어 수업에서 보조적인 수단으로 사용하도록 하고 그 활용 결과를 지속적으로 공유하도록 해야 한다. 챗GPT의 학습 및 교학 도구로서의 속성을 인식하고 개방적이고 포괄적인 태도를 취하여 이를 교육 자원 구축 및 실제 교실 수업에 적용하는 방법을 적극적으로 탐색한다면 학습자의 자기 주도 학습능력과 교육 효과를 동시에 높일 수 있을 것이다.

40) 2024년 2월 5일 Microsoft는 Bing Chat, Bing AI, MS Copilot 등의 서비스에 대해 부모의 동의가 필요하다는 정책을 발표했다.

〈參考文獻〉

고권태·이효영(2020), 〈인공지능 챗봇의 중국어 교육 활용〉, 『中國學』72: 215-233.

金旋(2023), 〈ChatGPT深度融入国际中文教育的应然功能、实践困境和应用策略〉, 『雲南師範大学学报』4: 52-58.

唐瑞瑀(2023), 〈对外汉语写作课中ChatGPT的辅助应用研究——从教师备课到学生自主学习〉, 『漢字文化』21: 190-195.

박세진(2023), 〈ChatGPT를 활용한 독일어 쓰기 학습 방안: 독일어능력시험 A2 쓰기능력 평가를 중심으로〉, 『언어과학연구』106:1-20.

백미경(2023), 〈ChatGPT의 한국어 능력 평가에 대한 연구- 한국어능력시험 읽기 영역 및 관용구를 중심으로-〉, 『언어사실과 관점』59: 279-308.

宋飛·郭佳慧·曲暢(2023), 〈ChatGPT在漢語作爲外語教學中的應用體系及實踐〉, 『北京第二外國語學院學報』: 1-19.

이금란(2023), 〈Chat GPT 활용 수업을 통한 대학생의 생성형 AI에 대한 인식 및 자기 주도학습 역량의 변화〉, 『대학 교수-학습연구』제16권3호: 71-94

이아형(2023), 〈챗 GPT의 번역 수업 활용 방안 고찰——한중과학기술번역을 중심으로〉, 『中國語文學誌』85: 153-176.

장혜지·소효정(2023), 〈ChatGPT의 교육적 활용 관련 연구동향 및 주제 분석〉, 『교과교육학연구』4: 387-401.

조경연(2023), 『AI 챗봇을 활용한 고등학교『중국어Ⅰ』수업 교수·학습 방안』, 강원대학교 대학원 중어중문학과 석사학위 논문.

지윤주·이상빈·이선우(2023), 〈학부번역전공자의 챗GPT 관련 인식과 챗GPT 번역 및 포스트에디팅 실험 연구〉, 『통번역학연구』 3: 203-226.

진준화(2023), 〈중국어 문법 연구에 있어 '생성형 AI 언어 모델 서비스: ChatGPT'를 어떻게 활용할 것인가?〉, 『중국과 중국학』50: 165-196.

戚靈隆, 那日松(2023), 〈基於ChatGPT的国际中文语法教学辅助应用的探讨〉, 『現代語言學』3: 955-962.
冯志伟, 张灯柯, 饶高琦(2023), 〈从图靈测试到ChatGPT——人機对话的裏程碑及启示〉,『语言战略研究』2: 20-24.
하두진(2023), 〈생성 기반 AI와 중국어 교육의 공전 가능성에 관한 초탐〉,『中國人文科學』83: 411-432.
2024학년도 대학수학능력시험 출제본부(2023), 〈2024학년도 대학수학능력시험보도자료〉

〈摘要〉

本研究旨在探讨ChatGPT在汉语教学中的应用可能性。通过设计基础汉语问答测试、韩国高考汉语模拟测试及问题解决能力测试, 验证其在初级汉语教学中的实际可行性。研究发现, ChatGPT需在外语专家指导下才能有效运用於外语学习。教师通过预设引导性提示语并提供参考结果, 可使学生将ChatGPT作为辅助工具融入课堂教学。持续的师生交流與共享不仅能提升学习者自主学习能力, 也能增强教师教学实效。

〈ABSTRACT〉

The purpose of this study is to explore the possibility of using ChatGPT in Chinese language education and how to use it. Based on this question and idea, we tested ChatGPT with primary chinese text and the College Scholastic Ability Test of Korea. We found that ChatGPT is clearly aware of the conceptual parts of the Chinese tone, Chinese character recognition, and grammar, but have certain errors in solving the problem. Moreover, the fact that learners are leaning on their ability to judge information, especially the high rate of incorrect answers to basic knowledge, We suggests that learners below a certain level need expert guidance when learning Chinese through ChatGPT.

* 이 글은 2024년『중국어문학논집』제147호에 게재된「중국어 학습에서의 챗GPT 활용 가능성 탐색 — 기초중국어와 대학수학능력시험 평가지를 중심으로」논문을 토대로 하여 작성된 것임을 밝혀둔다.

조선시대 운서한자음의 체계적 정리와 활용 기반

임다영*

1. 서론

조선시대는 훈민정음 창제 이후 한자의 음을 한글로 표기한 韻書가 편찬되면서 풍부한 한자음 자료가 축적된 시기이다. 전기에는 『동국정운』(1447)을 시작으로 『홍무정운역훈』(1455)과 『사성통해』(1517)가 간행되었고, 후기에는 『정음통석』(1747), 『삼운성휘』(1751), 『규장전운』(1796)이 연이어 편찬되었다. 이들 韻書는 한자 발음의 표준화라는 공통의 목적을 지니지만 수록된 한자음의 종류와 성격, 수록 정보의 범위 등에서는 서로 차이를 보인다. 예를 들어 『동국정운』은 한국한자음을 수록한 운서로 23字母와 91韻目 체계를 이루고 있으며, 『홍무정운역훈』은 중국한자음을 한글로 표기한 운서로 31字母와 76韻目 체계를 따르는 등이다. 이러한 차이는 조선시대에 이루어진 한자음 연구의 다채로움을 보여주지만, 동시에 관련 자료를 통시적이고 종합적으로 분석하는 데에는 제약으로 작용하고 있다.

오늘날 이들 韻書 자료에 대한 디지털화가 점차 이루어지고 있으나, 대다수가 원문

* 林茶英(Lim Dayoung) : 梨花女子大學校 中國文化研究所 學術研究教授

이미지나 단순 전자문서 형태에 머물러 있어 특정 한자음 정보를 추출하거나 비교하는 작업을 하기에는 한계가 따른다. 이러한 문제는 대규모 자료를 활용한 계량적 연구나 통시적 비교 연구에서 특히 두드러진다. 한자음 연구자들은 단일 韻書 내 정보 검색을 넘어, 여러 韻書 간 한자음 표기의 차이 비교, 특정 시기의 한자음 비교 분석, 한글 字母 표기의 통시적 변화 등 다양한 정보 탐색 요구를 가지고 있다. 그러나 현재의 디지털 자료 환경은 이러한 요구를 수용하기에 제한적이며, 이는 연구 효율성을 저해하는 요인으로 작용하고 있다.

따라서 조선시대 韻書 자료를 일관된 체계로 정리하고, 연구자의 요구를 반영한 데이터 구조와 검색 기능을 마련하는 일이 필요하다. 이를 위해 각 韻書의 수록 방식과 구조적 특징을 분석하여 공통 요소와 고유 요소를 파악하고, 이를 바탕으로 통합 검색과 비교 분석이 가능하도록 하는 스키마 설계가 핵심 과제로 제시된다. 아울러 연구자가 실제로 활용할 수 있는 다양한 질의 유형을 반영함으로써 효율적인 검색과 통시적 분석을 지원할 수 있는 구조를 구상해야 한다.

이러한 통합 데이터베이스는 운서한자음 자료를 단일 권차 수준을 넘어 종합적으로 관리할 수 있게 하고, 한자음의 변화 양상과 규범화 과정을 보다 정밀하게 파악할 수 있는 기반이 된다. 조선시대 韻書에 수록된 한자음 정보를 통합적으로 관리하고 활용할 수 있는 체계가 마련된다면, 향후 운서한자음 연구의 효율성과 접근성이 크게 향상될 것이다. 다만 본 데이터베이스는 한자의 자형 관계(이체자군)를 중심으로 한 문자학적 분석보다는 韻書에 나타난 한자음 표기의 통시적 분석에 초점을 둔 음운 중심 데이터베이스이다. 이에 따라 한자의 이체자 정보는 최소한의 수준으로만 다룬다는 점을 미리 밝혀 둔다.

2. 조선시대 韻書와 운서한자음

조선 전기에 편찬된 韻書들은 수록된 한자음의 종류에 따라 크게 한국한자음 韻書와 중국한자음 韻書로 구분된다. 전자는 조선에서 통용되던 한자음을 일정한 규칙에 맞추어 정리하고자 한 것이고, 후자는 중국의 한자음을 한글로 표기하여 제시한 韻書이다. 조선 후기로 들어오면 이 두 종류의 한자음을 함께 수록한 혼합형 韻書가 등장하여, 전기 韻書들과는 다른 양상을 보인다. 본 장에서는 조선시대 韻書들의 편찬 배경과 수록 정보의 범위, 그리고 한자 배열 방식 등을 개관하고, 운서한자음 검색시스템 구축을 위한 데이터베이스 스키마 설계에 필요한 정보를 정리한다.

2.1. 조선 전기 韻書의 특징

조선 전기에 편찬된 韻書 가운데 『동국정운』은 한국한자음을 수록한 韻書이고, 『홍무정운역훈』과 『사성통해』는 중국한자음을 수록한 韻書이다. 먼저 『동국정운』은 신숙주(申叔舟, 1417-1475), 최항(崔恒, 1409-1474) 등 집현전 학사들이 편찬에 참여하였으며 세종 29년(1447)에 완성되었다. 이 韻書는 '東國正韻'이라는 명칭에서 알 수 있듯이 당시 통용되던 현실한자음을 정리하고 표준화하기 위한 목적으로 간행되었으며, 총 6권 6책으로 이루어져 있다.

중국의 전통 韻書에서 수록자를 먼저 聲調를 기준으로 분류한 뒤, 다시 韻별로 나누고, 마지막으로 聲이 같은 것끼리 묶는 방식으로 배열한 것과 달리, 『동국정운』은 韻-聲-聲調의 순으로 수록자를 분류한 점이 특징적이다. 구체적으로는 18,000여 자에 달하는 수록자를 23字母, 91韻目, 그리고 4개의 聲調로 분류하였다. 『동국정운』에서는 한자의 발음을 한글로 표기했는데, 23字母는 훈민정음의 초성자 23개를 이용하여 표기하였다. 聲調 표기의 경우, 평성은 점을 찍지 않았고, 상성은 한자음 좌측에 점 두 개를, 거성과 입성은 한자음 좌측에 점 한 개를 찍어 구별했다. 91韻目은 서로 다른 중성자와 종성자의 조합으로 구별하였다. 이렇게 표기한 한자음 아래에는 발음이 같은, 즉 韻·聲·聲調가 동일한 한자들을 차례로 배열하였다. 음과 뜻은 같지만, 모양이 다른 이체자는 이어서 배열한 뒤 '上同'이라고 써서 그 관계를 나타냈다. 또한 하나의 한자가 복수의 음을 가질 경우, '又○韻'이라고 적어 異音 정보를 표시하였다.

『홍무정운역훈』은 단종 3년(1455)에 간행되었고 신숙주와 성삼문(成三問, 1418-1456) 등이 주도하여 편찬했다. 이 책은 명나라 홍무제의 명으로 만들어진 『洪武正韻』(1375)의 한자음을 한글로 표기한 것으로, 중국의 표준 한자음을 학습하기 위한 목적으로 제작되었다. 총 16권 8책으로 구성되어 있으며, 제1책은 실전되었으나 박병채(1974)가 이를 복원하였다.

『홍무정운역훈』에는 16,000여 자 이상의 한자가 수록되어 있다. 한자 배열은 먼저 聲調에 따라 평성·상성·거성·입성의 4성으로 나눈 뒤, 각 聲調 내에서 다시 韻을 기준으로 분류하는 전통적인 중국 韻書의 체계를 따르고 있다. 한자음은 정음과 속음, 두 종류를 제시하는데, 정음을 먼저 한글로 표기하고, 그 아래에 『홍무정운』에 실린 반절을 그대로 적은 뒤, 속음이 존재하는 경우, 반절 아래에 한글로 그 음을 적는 방식을 취하고 있다. 즉, 『홍무정운역훈』의 한자음 표기 방식은 한글과 반절 두 가지를 이용하고 있다. 聲調는 『동국정운』과 마찬가지로 방점을 사용하여 구별하였다. 이 외에도 『홍무정운역훈』은 각 한자의 발음뿐만 아니라 뜻풀이를 함께 제시했으며, 이체자는 '亦作○'으로, 異音은 '又○韻'으로 표기하여 나타냈다.

정음의 경우 31字母, 76韻目 체계를 이루는데, 훈민정음의 초성자가 총 23개이므로, 나머지 8개 字母를 표기하기 위해 새로운 초성자가 추가로 마련되었다. 구체적으로는 순경음을 나타내기 위한 초성자 'ㅸ, ㆄ, ㅱ', 치두음을 나타내기 위한 초성자 'ᅎ, ᅔ, ᅏ, ᄼ, ᄽ', 그리고 정치음을 나타내기 위한 초성자 'ᅐ, ᅕ, ᅑ, ᄾ, ᄿ'를 새로 만들어 사용하였다.

『사성통해』는 중종 12년(1517)에 최세진(崔世珍, 1468-1542)이 편찬하였다. 간행 목적은 변화된 중국한자음을 반영하여 이를 조선에서 학습할 수 있도록 하는 데 있었다. 총 2권

2책으로 이루어져 있으며, 수록자는 15,000자 이상에 달한다. 각 한자를 먼저 운류를 기준으로 분류한 뒤, 韻母 중성에 따라 세분하고, 이어서 聲과 聲調의 순서로 구분하여 배열하였다.

표기된 음의 종류는 정음, 속음, 금속음의 세 가지이며, 이 외에도 『中原音韻』이나 『蒙古韻略』 등, 중국에서 편찬된 韻書에 실린 한자음까지 한글로 표기했다는 점이 주요한 특징이다. 이처럼 다양한 韻書의 한자음을 기록한 자료는 한국어 내부의 음운 변화뿐 아니라, 한중 간 음운 접촉 및 수용 양상을 탐색할 수 있는 자료가 되며, 나아가 동아시아 번역사, 지식 교류사 등 여러 분야에서 활용될 수 있다.

『사성통해』의 字母 체계는 음의 종류와 무관하게 31字母 체계를 따르며, 이는 『홍무정운역훈』과 동일한 특징이다. 韻母 역시 음의 종류와 관계없이 80韻目 체계를 유지하고 있다. 이 외에도 『사성통해』에는 다양한 중국 韻書의 주석이 제시되어 있으며, 일부 한자에 대해서는 우리말 주석이 덧붙여져 있다.

2.2. 조선 후기 韻書의 특징

조선 후기에 들어서면서 韻書의 성격은 점차 변화했다. 이 시기에는 한국한자음과 중국한자음을 함께 수록한 혼합형 韻書가 주로 편찬되었으며, 이는 실용적인 한자 학습에 대한 필요성이 커진 시대적 상황을 반영한 것으로 볼 수 있다. 후기 韻書 가운데 가장 먼저 만들어진 韻書는 영조 23년(1747)에 박성원(朴性源, 1697-1767)이 편찬한 『정음통석』으로, 현실한자음을 수록한 최초의 韻書이자, 한국한자음과 중국한자음을 병기한 최초의 '華東 兩音 倂記 韻書'이다. 총 2권 1책으로, 수록자는 11,000자 이상이며 한자 배열 방식은 중국 전통 韻書의 것을 그대로 따르고 있다. 한국한자음과 중국한자음을 모두 한글로 표기하였으며, 한국한자음에 속음이 존재하는 경우에는 이를 별도로 제시하였다.

초성은 한국한자음이 16字母, 중국한자음이 18字母 체계로 구성되어 있으며, 특히 중국한자음을 표기하기 위한 특수 字母 '◇'을 새로 만들었다는 점이 특징적이다. 韻 체계는 106韻을 기준으로 하였으며, 聲調는 별도로 구별하지 않았다. 조선 후기 韻書의 공통된 특징 중 하나는 聲調를 별도로 표기하지 않는다는 점이다. 이는 전기 韻書가 통단 형식으로 구성된 것과 달리, 삼단 또는 사단 형식으로 구성되어 있어서 방점을 사용하지 않더라도 聲調를 구별할 수 있었기 때문이다. 이 외에도 각 한자의 의미를 간략하게 덧붙여 놓았으며, 이체자나 속자는 글자 아래에 '同' 또는 '俗'이라고 써서 표시했다.

『삼운성휘』는 홍계희(洪啟禧, 1703-1771)가 편찬한 韻書로, 영조 27년(1751)에 간행되었으며, 2권 2책으로 이루어져 있다. 수록자는 총 12,000자 이상이며, 『정음통석』와 마찬가지로 한국한자음과 중국한자음을 모두 한글로 표기했다. 한자의 배열은 가장 먼저 聲調에 따라 분류하고, 다음으로 韻별로 분류한 뒤, 그 안에서 다시 韻母 중성에 따라 세분하고, 마지막으로 초성에 따라 구분하여 배열하는 방식을 취했다. 초성을 배열할 때 중국 韻書의 字母 순이 아니라, 한글 字母의 순서에 따라 배열해 놓은 것이 『삼운성휘』의 가장 큰 특징이라고 할 수 있다.

초성은 한국한자음이 14字母, 중국한자음이 31字母의 체계를 이루고 있으며, 聲調는 따로 표기하지 않았다. 이 외에 각 한자의 의미를 간략히 주석으로 달았으며, 異音이 존재할 경우, 작은 원 안에 聲調 또는 韻을 써서 표시했다. 또한 이체자와 속자는 각각 '仝'과 '俗'으로 나타냈다.

『규장전운』은 정조 20년(1796)에 간행되었으며 이덕무(李德懋, 1741-1793) 등이 편찬에 참여하였다. 2권 1책으로 이루어져 있고 수록자는 13,000여 자에 달한다. 한자 배열 방식은 『삼운성휘』와 동일하며, 초성 체계는 한국한자음이 15字母 체계로 『삼운성휘』의 14字母에 'ㅿ'이 하나 더 추가되었다. 중국한자음은 31字母 체계를 이루고 있으며 聲調 표기는 따로 하지 않았다. 이 밖에도 한자의 의미를 간략히 주석으로 붙였고, 이체자는 '仝'을 써서 표시했다. 異音은 원 안에 해당 韻을 표기하여 나타냈다.

이처럼 조선시대의 韻書들은 편찬 시기와 목적에 따라 수록 한자음의 종류와 표기 방식 등에서 차이를 나타낸다. 이러한 차이는 각 韻書가 가지고 있는 고유한 정보 구조를 공통 요소를 기준으로 정규화하여 통합 관리할 수 있는 체계적 설계가 필요함을 시사한다. 특히 동일한 한자라 하더라도, 어떤 韻書는 규범적인 한자음을 기록하고 있는 반면, 다른 韻書는 당시 실제로 통용되었던 현실한자음을 반영하고 있으며, 표기 방식에서도 한글 字母만을 사용하는 경우와 반절을 병기하는 경우가 혼재하는 등 일관적이지 않다. 따라서 이러한 다양성을 유연하게 수용할 수 있는 데이터 구조가 요구되며, 韻書별로 상이한 韻目 체계 등을 효과적으로 연결하기 위해서는 이를 표준화하여 대응할 수 있는 코드 체계가 필수적이라고 할 수 있다.

3. 자료 활용 요구와 데이터베이스 설계 방향

한자음 연구자들의 자료 활용 요구는 크게 네 가지로 요약된다. 첫째, 韻書 간 한자음 비교를 위한 정보에 대한 수요이다. 조선시대 韻書 간의 동일 한자에 대한 음가 차이를 비교하기 위해서는 동일 한자를 기준으로 각 韻書에 수록된 정보를 한눈에 확인할 수 있는 자료가 필요하다. 이를 위해 특정 한자를 기준으로 韻書별 표기 음가를 나란히 배열하고, 韻目, 字母, 韻書명 등을 기준으로 정렬할 수 있어야 하며, 정음·속음·금속음 등의 표기 방식이 시각적으로 구분되어야 한다.

둘째, 중국어 중고음과의 대응 관계를 분석하기 위한 수요가 있다. 중고음은 聲·韻·聲調로 이루어져 있으며, 이 가운데 聲은 五音과 淸濁에 따라 세분되고, 韻은 等과 開合에 따라 더 작게 분류된다. 이러한 각 요소가 조선시대 한자음 체계와 어떤 방식으로 연결되는지, 또는 어떤 차이를 보이는지를 분석하려면, 중고음의 구성 요소가 분해된 형태로 제시되어야 한다. 사용자는 중고음의 字母, 韻目, 聲調뿐 아니라 聲과 韻을 세분하는 기준(예: 五音, 淸濁, 等, 開合)을 각각 독립적인 검색 조건으로 질의할 수 있어야 한다. 또한 각 한자에 대한 상세 정보가 하나의 화면에 항목별로 상세하게 나타나야 한다. 나아가 중고음 체계를 기준으로 한 검색도 가능해야 하며, 이를 위해 필터 기능과 함께 둘

이상의 조건을 조합한 검색도 가능해야 한다.

셋째, 시대별 한자음 표기 체계의 변화 양상을 분석하기 위한 수요도 빼놓을 수 없다. 연구자들은 특정 시기의 韻書에서 사용된 한글 字母 체계가 어떠하며, 그것이 다른 시기의 韻書와 어떤 점에서 차이를 보이는지를 비교함으로써, 한글 字母 사용의 변천 과정과 당시 사람들의 음운 인식의 변화 양상을 살펴보고자 한다. 이를 위해 검색시스템은 문헌 연대 기반의 필터링 기능과 한글 자모 및 각 자모를 조합한 검색 기능을 함께 제공해야 한다. 예를 들어 '초성 ㄱ, 중성 ㅏ, 종성 없음'과 같은 조건을 설정한 뒤 해당 조건에 부합하는 자료를 시기순으로 정렬하거나, 타임라인이 시각화된 형태의 결과를 제공할 수 있어야 한다.

넷째, 정음·속음·금속음 등의 병기 양상을 살펴보고자 하는 수요도 중요하다. 연구자들은 동일한 한자에 대해 복수의 음가가 제시되는 현상, 즉 정음과 속음, 혹은 금속음 등의 병존 현상을 체계적으로 분류하고자 하며 이를 통해 시대별·문헌별 규범음과 현실음의 차이를 분석한다. 이를 위해 데이터베이스에는 각 음가의 유형이 명확히 기록되어야 하며, 병기 여부에 관한 질의도 처리할 수 있어야 한다.

이 외에도 검색 결과는 다양한 기준으로 정렬할 수 있어야 하며, 웹 기반 시각화 도구와 연계하여 시각적 분석 자료로 확장될 수 있어야 한다. 또한 Excel, CSV, PDF 등 다양한 형식으로 저장하여 활용할 수 있도록 하는 것도 필요하다.

이처럼 한자음 연구자들은 다층적 분석과 비교가 가능한 정교한 자료를 요구한다. 이를 충족하기 위해서는 데이터베이스 구조 역시 다음과 같은 요건을 갖추어야 한다. 첫째, 각 한자에 대해 韻書별 한자음과 해당 음의 배속 정보를 함께 제공하는 구조, 둘째, 중고음 구성 요소(예컨대 字母, 韻目, 聲調뿐 아니라 聲과 韻을 세분하는 기준) 별로 해당하는 한자를 조회할 수 있는 구조, 셋째, 韻書별로 수록 한자를 어떠한 기준으로 분류하였는가를 비교할 수 있는 구조, 넷째, 정음·속음 등 복수 음가의 병기를 처리할 수 있는 데이터 구조 등이다. 결국, 이러한 자료 수요와 데이터베이스 구조 설계는 상호 유기적으로 연결되어야 하며, 이 글에서 제안하는 DB 구조를 기반으로 구축되는 가칭 '한자음통합검색시스템(이하 검색시스템으로 줄여 부른다.)'은 연구자의 검색·비교·해석·가공·재사용이라는 전 과정을 일관되게 지원할 수 있어야 한다.

4. 운서한자음 통합 데이터베이스 스키마 설계

이제 앞에서 살펴본 조선시대 주요 韻書들의 수록 한자음 종류, 한자음 표기 방식 등을 바탕으로, 이들 자료를 통합적으로 수용할 수 있는 데이터베이스 스키마의 설계 방안을 제시한다. 이를 위해 먼저 데이터베이스의 핵심 개체(entity)와 그들 간의 관계를 정의하고, 각 개체가 가져야 할 속성(attribute)을 체계적으로 설계한 후, 이를 관계형 데이터베이스 모델에 맞게 테이블 구조로 구체화한다. 이러한 설계는 각 韻書의 고유한 특성을 유지하면서도 통합 검색과 비교 분석이 가능한 틀을 마련하는 데 중점을 둔다.

4.1. 조선시대 韻書의 구조

아래의 〈표 1〉은 통합 데이터베이스 스키마 설계를 위한 기초 자료로 활용하고자, 조선 전기 및 후기 韻書들에 대한 주요 정보를 항목별로 정리한 것이다. 본 표는 각 韻書에 수록된 한자음의 종류, 표기 방식, 편찬 국가 및 시기 등 핵심 요소들을 중심으로 구성되었으며, 이는 韻書 간 한자음 표기 체계의 차이를 체계적으로 파악하고 통합 스키마 설계의 기준점을 설정하기 위한 분석 자료로 활용된다.

<표 1> 조선시대 韻書 정보 비교표

서명	저자	한자음 종류	표기 방식	국가	시기
동국정운	신숙주 외	1.한국한자음 정음	한글	한국	1447
홍무정운역훈	신숙주 외	1.중국한자음 정음 2.중국한자음 속음	정음: 한글, 반절 속음: 한글	한국	1455
사성통해	최세진	1.중국한자음 정음 2.중국한자음 속음 3.중국한자음 금속음	한글	한국	1517
정음통석	박성원	1.한국한자음 정음 2.한국한자음 속음 3.중국한자음 정음	한글	한국	1747
삼운성휘	홍계희	1.한국한자음 정음 2.중국한자음 정음	한글	한국	1751
규장전운	이덕무	1.한국한자음 정음 2.중국한자음 정음	한글	한국	1796
廣韻	진팽년	1.중국한자음 정음	반절	중국	1008

韻書와 관련한 핵심 정보는 다음의 여섯 가지 항목이다.

㉠ 서명: 각 韻書를 고유하게 식별할 수 있는 기본 단위로, 데이터베이스 내에서의 기본 키 역할을 수행한다.

㉡ 저자: 韻書의 편찬자 또는 편찬 기관은 당시의 음운 인식 및 표기 관행을 반영하므로, 자료 해석의 역사적 맥락을 이해하는 데 필수적이다.

㉢ 수록 한자음 종류: 한국 한자음, 중국 한자음, 정음과 속음 등 수록 음의 범주 및 성격은 음운 자료의 비교 및 계통 분석에 중요한 기준이 된다.

㉣ 한자음 표기 방식: 한글, 반절 등 표기 방식은 음가의 구체적 해석과 디지털 데이터로의 변환 가능성에 직접적으로 영향을 미친다.

㉤ 편찬 국가: 동일 시기의 韻書라 하더라도 편찬 국가에 따라 표기 목적과 체계가 달라질 수 있으므로, 국가 구분은 비교 분석의 기초가 된다.

ⓑ 편찬 시기: 시간의 흐름에 따른 음운 표기 방식의 변화를 추적할 수 있게 하며, 韻書 간 상호 영향 관계를 밝히는 데 중요한 기준이 된다.

이 외에도 판본의 수나 한자 배열 방식, 주석의 유무 등, 다른 정보도 존재하지만, 이는 본 연구에서 중점적으로 다루는 '음운 정보의 구조적 비교'라는 목적에 비추어 보았을 때 분석의 1차 기준에서는 제외되었으며, 향후 확장 항목으로 고려될 수 있다.

4.2. 한자음 관련 주요 속성

한자음의 구조를 분석하기 위해서는 먼저 그것을 구성하는 속성에 대한 이해가 선행되어야 한다. 일반적으로 한자음은 聲調, 韻, 聲이라는 세 가지 요소로 이루어진다. 각 속성에 대한 개략적인 설명은 다음과 같다.

첫째, 聲調는 한자음의 음높이 변화와 관련된 요소로, 평성·상성·거성·입성의 네 가지로 분류되며, 이를 통칭하여 四聲이라 한다. 조선과 중국에서 편찬된 대부분의 韻書는 동일한 사성 체계를 바탕으로 음을 분류하였으며, 양 지역 간 聲調 체계도 일치한다. 다만 여기서 聲調 체계가 일치한다는 것은 한자음의 聲調가 동일한다는 의미이며, 한국어 고유어 성조의 경우 중국어의 聲調 체계와는 관련이 없다.

둘째, 韻은 聲을 제외한 음절의 나머지 부분이다. 聲調가 동일하고, 주요모음과 말음의 조합이 일치하는 경우 하나의 韻으로 분류된다. 예를 들어, 東韻과 董韻은 모두 [uŋ] 계열의 소리를 가지지만, 전자는 평성, 후자는 상성에 속하므로 다른 韻으로 간주된다. 마찬가지로, 嚴韻[iɐm]과 凡韻[iwɐm]은 동일한 평성이지만, 개음이 각각 'i'와 'iw'로 다르기 때문에 서로 다른 韻으로 분류된다. 이처럼 韻은 단지 소리의 유사성뿐 아니라 聲調와 韻 내부 구조까지 종합적으로 고려하여 설정된다. 韻의 개수는 韻書마다 상이하며, 『廣韻』은 206개, 『新刊韻略』은 106개, 『洪武正韻』은 76개(또는 80개) 韻을 설정하고 있다. 또한, 한자는 표의문자이므로 해당 韻을 대표하는 대표자, 즉 韻目字를 韻書 상에 기재하여 해당 음의 집합을 나타낸다.

韻과 관련된 개념으로 等과 開合, 그리고 攝 또는 韻部 등이 있다. 이 가운데 等은 일등, 이등, 삼등, 사등으로 나뉘는데, 그 분류 기준에 대해서는 현대 음성학적으로 설명하기 어렵다. 다만 주요 모음의 음성적 특성이나 聲母와의 결합 제약 등에 따라 결정되는 것으로 이해된다. 開合은 현대 음성학의 원순성(roundness) 개념과 유사하며, 開口와 合口로 나뉜다. 즉, 開口는 원순성이 없는 음, 合口는 원순성이 있는 음에 해당한다. 명·청대 이후의 韻圖에서는 이를 더 세분화하여, 開口, 齊齒, 合口, 撮口의 四呼 체계로 확장하였다.

한편, 攝 또는 韻部는 유사한 음을 가지는 韻들을 묶은 상위 분류 단위이다. 이는 주로 말음이 같고 주요모음이 유사한 韻들 간의 관계를 바탕으로 설정된다. 예컨대, 東韻[uŋ], 冬韻[uoŋ], 鍾韻[iuoŋ]은 모두 말음 'ŋ'을 공유하며, 주요모음도 유사하므로 通攝으로 분류된다. 마찬가지로 嚴韻[iɐm]과 凡韻[iwɐm]은 咸攝에 속한다. 『廣韻』의 206개 韻은 16개 攝으로 묶을 수 있으며 『동국정운』의 91韻은 26개 韻部로 묶을 수 있다.

셋째, 聲은 음절의 맨 앞에 위치하는 자음성 요소를 의미하며, 이를 분류·표기하기 위해 대표 한자를 설정한 것이 바로 字母이다. 중국의 전통적인 음운 분류 체계에서는 聲을 총 36개의 字母로 나누어 체계화하였다. 반면, 『동국정운』에서는 韻書를 만들 당시의 한국어 음운 체계에 맞추어 23개 字母 체계를 설정하였다. 즉, 字母는 동일한 자음을 가진 漢字群을 대표하는 한자라고 할 수 있는데, 韻書마다 대표 한자 설정이 조금씩 다르며, 그 체계 또한 다르다. 字母는 일반적으로 淸濁 및 五音에 따라 분류된다. 淸濁은 현대 음성학의 유성·무성 및 기식 유무와 관련되며, 五音은 조음 위치(예: 아음, 설음, 순음, 치음, 후음)에 따른 분류로서, 五音에 반설음(來母)이나 반치음(日母)을 따로 설정하여 七音 체계라고 부르기도 한다.

이와 같은 속성들은 각 韻書에서 한자음을 분류하는 기준이자, 해당 문헌의 음운 체계를 이해하는 데 핵심적인 개념이다. 또한 조선시대 韻書와 중국 韻書를 비롯하여, 각 운서에 수록된 한자음을 서로 비교할 때에도 중요한 분석 기준이 된다.

4.3. 한자음 표기 구분 체계

韻書마다 상이한 한자음 표기 방식의 차이를 통합적으로 관리하고, 향후 한·중·일 한자음의 비교 연구까지 염두에 두어 확장 가능성을 높이기 위해서는 한자음의 언어, 사용자 유형, 표기 방식의 세 가지 요소를 기준으로 한 3자리 표기 코드 체계를 설정할 필요가 있다. 이 코드는 첫째 자리에 언어 구분(K:한국한자음, C:중국한자음), 둘째 자리에 한자음의 사용자에 따른 구분(1:정음, 2:속음, 3:금속음 등), 셋째 자리에 표기 방식(1:한글, 2:반절, 3:IPA)을 반영하여 부여된다.

예컨대 'C11'이라는 코드는 '중국한자음(C)'에 속하며, 그 중 '정음(1)'을 '한글(1)'로 표기한 유형을 의미한다. 이와 같은 체계는 다종다양한 음 표기의 유형을 정형화된 코드로 통합 관리함으로써, 데이터베이스 내에서의 자동 분류, 검색, 시각화 등의 기능을 체계적으로 구현할 수 있게 한다.

한편, 〈표 1〉에 의하면 『사성통해』에는 총 세 종류의 중국한자음이 수록되어 있는데, 이 가운데 정음은 다시 『홍무정운역훈』의 정음과 중국 韻書의 정음, 두 종류로 세분된다. 즉 '정음'과 '속음'은 『홍무정운역훈』의 정음과 속음 체계를 따른 것이며, '금속음'은 최세진이 당시의 실제 발음을 재정리하여 기록한 것으로, 이들은 모두 조선 학자들에 의해 체계화된 한자음이다. 반면, 중국 韻書에서 인용한 정음은 『蒙古韻略』, 『中原音韻』, 『五音集韻』, 『中原雅音』, 『韻學集成』, 『古今韻會擧要』 등 중국에서 간행된 韻書를 참조하여 기록된 것이다. 외부 문헌의 발음을 인용한 참고용 자료이면서, 드물게 나타난다는 점에서도 다른 세 유형의 한자음과 구별된다. 따라서 데이터베이스 구조 설계 시, 특별한 주의가 필요하다.

이 유형에 속하는 한자음은 단일한 문헌에 근거한 것이 아니라, 총 6종의 중국 韻書에 수록된 발음을 참조하여 표기된 것이다. 이들 자료는 최세진이 참고한 외부 문헌들로, 한자음 표기의 근거 자료로 기능하며, 동일한 유형의 음('중국한자음'의 정음)이라 하더라도 실제 음가의 출처가 다르므로 추가로 표기된 음가가 있을 경우에는 이를 별도의 정보로 다루는 것이 타당하다고 본다. 즉, (출처, 한자음_표기코드, 음가)를 나타내는 별도의 테이블을 추가함으로써, 구조적 일관성과 확장성을 동시에 확보할 수 있다.

이는 동일 유형의 음가에 대한 분류의 일관성을 유지함과 동시에, 사용자로 하여금 필요시 특정 참조 문헌 기준의 음가만을 필터링하여 조회하거나 분석할 수 있게 해준다. 향후 다른 중국 韻書 또는 새로운 외부 자료가 추가되더라도, 기존의 코드 체계를 수정하지 않고 추가되는 데이터만 데이터베이스에 포함하면 되므로 유지보수와 정보 확장의 유연성 측면에서도 효과적이다.

아래의 〈표 2〉는 이 체계에 따라 정의된 각 코드의 구조와 의미를 정리한 것이다.

<표 2> 한자음 표기 구분 테이블

한자음표기코드	언어	사용자	표기방식
K11	한국한자음	정음	한글
K12	한국한자음	정음	반절
K13	한국한자음	정음	IPA
K21	한국한자음	속음	한글
K22	한국한자음	속음	반절
K23	한국한자음	속음	IPA
C11	중국한자음	정음	한글
C12	중국한자음	정음	반절
C13	중국한자음	정음	IPA
C21	중국한자음	속음	한글
C22	중국한자음	속음	반절
C23	중국한자음	속음	IPA
C31	중국한자음	금속음	한글
C32	중국한자음	금속음	반절
C33	중국한자음	금속음	IPA

이 글에서는 조선시대에 만들어진 韻書 6종과 중국 韻書 1종(『廣韻』)에 수록된 한자음을 대상으로 실제 데이터를 구축하며, 표기 코드 체계 역시 이 범위 내의 표기 방식에 한정하여 구성하였다. 그러나 향후 일본 한자음이나 베트남 한자음에 대한 자료가 추가될 경우, 본 코드 체계는 언어 구분자만 추가함으로써 동일한 형식으로 확장 적용이 가능하다. 예를 들어, 일본한자음의 경우 한국한자음과 달리 '정음', '속음'이 아닌, '吳音', '漢音', '唐音' 등의 유형으로 분류되므로, 이들에 대한 사용자 구분자를 각각 '4', '5', '6'으로 부여할 수 있다. 즉, 일본한자음을 포함할 경우, 언어 구분자는 'J'로 지정하고, '吳音', '漢音', '唐音'에 대해 각각 사용자 구분자 '4', '5', '6'을 부여한다. 표기 방식의 경우에도 기존의 한글 字母(1), 반절(2), IPA(3)에 더하여 일본어 가나 문자(4) 등을 포함시킬 수 있다. 예를 들어, 'J44'는 일본 한자음 중 吳音을 가나 문자로 표기한 경우를, 'J54'는 漢音을 가나 문자로 표기한 경우를 의미한다. 이와 같이 구성된 코드 체계는 표기 방식이나 언어 유형에 관계없이 일관된 형식으로 분류 및 관리가 가능하며, 후속 연구에서 한·중·일 각국의 한자음 비교 및 변천 양상 분석에 효과적으로 활용될 수 있다.

4.4. ER 다이어그램

위에서 논의한 바에 따라 한자음 통합 검색에 필요한 엔티티와 엔티티 사이의 관계를 다이어그램으로 표현하면 아래의 〈그림 1〉과 같다.

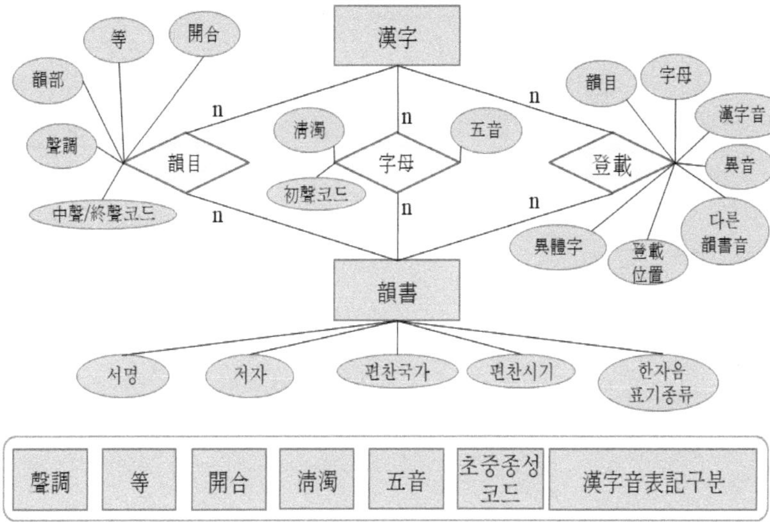

<그림 1> ER 다이어그램[1)]

조선시대 韻書에 수록된 한자음을 통합적으로 저장·관리함에 있어 가장 핵심적인 엔티티는 '韻書'와 '漢字'이다. 그러나 한자음과 관련된 세부 속성을 관리하는 데 필요한 정보를 저장하고, 다양한 검색 및 비교 기능을 지원하기 위해서는 별개의 독립적인 엔티티들이 필요하다. 4.2절에서 기술한 한자음 관련 주요 속성을 분석한 결과, 필요한 엔티티로 '聲調', '等', '開合', '淸濁', '五音' '초성/중성/종성 코드', '한자음표기구분'을 설정하였다.

1) 개체 타입과 관계 타입을 사용하여 현실 세계를 개념적으로 표현한 것을 Entity Relationship Diagram, 즉 ER 다이어그램이라고 한다. 〈그림 1〉의 ER 다이어그램에는 총 세 가지 기호가 사용되었다. 이 가운데 직사각형은 개체(Entity) 타입을 의미하며, 데이터베이스에서 독립적으로 존재하는 정보 단위를 나타낸다. 예를 들어'漢字'와 '韻書'는 각각 하나의 개체로 설계되어 직사각형으로 나타냈다. 다음으로 마름모는 관계(Relationship) 타입을 나타내며, 개체들 간의 연결 관계를 표현한다. 예를 들어 '韻目', '字母', '登載'는 각각 '漢字'와 '韻書' 사이의 관계를 나타내는 요소이므로 마름모 형태로 나타냈다. 마지막으로 타원형은 속성(Attribute)을 나타내는 기호이며, 개체나 관계가 가진 구체적인 정보 값을 표현한다. 예를 들어 '字母', '韻目', '다른 韻書音', '편찬국가', '한자음표기종류' 등은 모두 타원으로 표현되어 각 개체나 관계의 속성을 구성한다.

또한 韻書에 수록된 한자를 분류하는 기준으로 채택된 韻目과 字母는 韻書와 한자 사이를 연결하는 '韻目' 관계와 '字母' 관계로 설정하였다. 각 한자가 韻書에 어떻게 등재되었는지를 나타내기 위해서 '登載' 관계를 설정하였는데, 이 관계의 속성 가운데 가장 중요한 것은 '漢字音'과 '다른 韻書音'이다. 여기서 '漢字音'은 해당 韻書에서 직접 표기한 한자의 음을 의미하며, '다른 韻書音'은 다른 韻書에서 인용한 음을 가리킨다. '韻目'과 '字母'는 데이터베이스가 구축된 이후에 다양한 자료 검색에 효과적으로 대응할 수 있도록 하는 속성이다.

4.5. 테이블 설계 방안

(1) 참조 테이블

이 글에서 구축하는 데이터베이스는 조선시대 韻書에 수록된 한자음을 구조화하여 저장하기 위해, 반복적으로 사용되는 항목들을 별도의 참조 테이블(reference table)로 구성하였다. 참조 테이블이란 실제 데이터 테이블에서 자주 등장하는 속성값들을 표준화된 코드 형태로 분리하여 저장해 놓은 기준 테이블로, 전체 데이터의 일관성과 관리 효율성을 높이는 역할을 한다. 예컨대 '聲調', '等', '開合', '淸濁', '五音'과 같은 항목들은 '登載' 테이블에서 반복적으로 사용되므로, 해당 값을 미리 코드화하여 별도의 참조 테이블로 저장하였다. 각 참조 테이블은 아래의 〈표 3〉과 같다.

<표 3> 聲調, 等, 開合, 淸濁, 五音 테이블

聲調
평
상
거
입

等
1
2
3
4

開合코드	開合
1	開口
2	合口

淸濁코드	淸濁
11	全淸
12	次淸
21	全濁
22	次濁

五音코드	五音	五音코드	五音
10	牙	32	輕脣
20	舌	40	齒
21	舌頭	41	齒頭
22	舌上	42	正齒
23	半舌	43	半齒
30	脣	50	喉
31	重脣		

다음으로, 조선시대 韻書에서는 한국한자음뿐만 아니라 중국한자음에 대해서도 훈민정음, 즉 한글을 이용한 표기 방식이 사용되었다. 韻書마다 배열 순서나 구성 항목에 일부 차이가 있으나, 한자음 표기에 사용된 초성, 중성, 종성 자모는 대부분 공통적으로 나타난다. 이에 본 연구에서는 조선시대 韻書 전체를 포괄할 수 있도록 초성자 38자, 중성자 35자, 종성자 15자를 각각 통합된 참조 테이블로 구성하였다. 아래 〈표 4〉부터 〈표 6〉까지는 초·중·종성 참조 테이블의 전체 내용이다.

<표 4> 초성 코드 테이블

초성 코드	초성자	초성 코드	초성자
C01	ㄱ	C20	ㅅ
C02	ㅋ	C21	ㅆ
C03	ㄲ	C22	ᅎ
C04	ㆁ	C23	ᅔ
C05	ㄷ	C24	ᅏ
C06	ㅌ	C25	ᄼ
C07	ㄸ	C26	ᄽ
C08	ㄴ	C27	ᅐ
C09	ㅂ	C28	ᅕ
C10	ㅍ	C29	ᅑ
C11	ㅃ	C30	ᄾ
C12	ㅁ	C31	ᄿ
C13	ㅸ	C32	ㆆ
C14	ㆄ	C33	ㅎ
C15	ㅹ	C34	ㆅ
C16	ㅱ	C35	ㅇ
C17	ㅈ	C36	ㄹ
C18	ㅊ	C37	ㅿ
C19	ㅉ	C38	◇

〈표 4〉의 초성 테이블은 ㄱ, ㄴ, ㄷ 등 일반적인 현대 한글 字母 외에도 15세기 문자 체계에 등장하는 옛 字母(예: ㆁ, ㅸ, ㆅ, ㅿ 등)를 포함하며, 특수한 표기 기호인 ◇는 『정음통석』에서 순경음의 중국한자음을 표기하기 위해 창안한 글자이다.

<표 5> 중성 코드 테이블

중성코드	중성자	중성코드	중성자	중성코드	중성자
J01	ㆍ	J13	ㅝ	J25	ㅖ
J02	ㅡ	J14	ㅚ	J26	ㆇ
J03	ㅣ	J15	ㅟ	J27	ㆊ
J04	ㅗ	J16	ㆉ	J28	ㆋ
J05	ㅏ	J17	ㆌ	J29	ㆈ
J06	ㅜ	J18	ㆎ	J30	ᆎ
J07	ㅓ	J19	ㅢ	J31	ᅶ
J08	ㅛ	J20	ㅐ	J32	ᅸ
J09	ㅑ	J21	ㅔ	J33	ᅽ
J10	ㅠ	J22	ㅙ	J34	ᆕ
J11	ㅕ	J23	ㅞ	J35	ᆛ
J12	ㅘ	J24	ㅒ		

〈표 5〉의 중성 테이블에는 각 韻書에서 한자음을 표기할 때 사용된 모든 중성자가 포함되어 있다. 따라서 이 표에는 현대 한국어에서 여전히 쓰이는 중성자뿐 아니라, 'ㆍ', 'ㆎ', 'ㆋ' 등 중세 국어에서 사용되었으나 현재는 소실된 중성자들도 함께 수록되어 있다.

<표 6> 종성 코드 테이블

종성코드	종성자	종성코드	종성자	종성코드	종성자
F01	ㆁ	F06	ㅁ	F11	ㆆ
F02	ㄱ	F07	ㅂ	F12	ᇙ
F03	ㄴ	F08	ㅱ	F13	ㅗ
F04	ㄷ	F09	ㅸ	F14	ㅜ
F05	ㄹ	F10	ㅇ	F15	Ø

〈표 6〉의 종성 테이블은 ㄱ, ㄴ, ㄷ 등 기본 받침 외에도 ㆁ, ㆆ, ㅱ, ㅸ, ᇙ 등의 종성자

가 포함하며, 특히 F15 'Ø'는 종성이 존재하지 않음을 나타내는 기호로, 종성이 없는 음절 구조를 구분하기 위한 항목이다.

이와 같은 참조 테이블의 도입은 각 항목에 대한 정규화 수준을 높이고, 데이터 중복을 방지하며, 추후 유지보수 및 확장성을 확보하는 데에 중요한 역할을 한다. 또한, 표기 방식(예: IPA) 추가 시에도 일괄적 수정 및 검색 최적화가 가능하여, 분석 효율성 또한 향상된다.

(2) 엔티티 테이블

이 데이터베이스 구조에서 주요 엔티티에는 한자 엔티티와 韻書 엔티티가 있다. 한자 엔티티의 경우, 韻書별로 등재된 한자들이 登載 관계 테이블에 모두 나타나므로 별도의 독립적인 테이블로 만들 필요가 없을 뿐만 아니라, 만약 필요하다면 字典을 DB화 해놓은 기존의 테이블을 활용할 수 있을 것으로 판단된다. 반면 韻書 엔티티는 각각의 韻書가 고유한 메타 정보를 포함하고 있어, 독립적인 테이블로 설정할 필요가 있다. 韻書 테이블은 다음과 같은 속성을 포함한다:

㉠ 韻書코드: 韻書를 구분하기 위한 고유 식별자(ID).

㉡ 서명: 韻書의 정식 명칭.

㉢ 저자: 편찬자 혹은 책임자.

㉣ 편찬 국가: 해당 韻書가 간행된 국가로, 국가별 한자음 체계를 구분하고 필터링하는 데 활용됨.

㉤ 편찬 시기: 韻書의 간행 연도.

㉥ 한자음 표기 종류: 해당 韻書에 수록된 한자음의 표기 유형을 나타내는 속성으로, 韻書별로 사용하고 있는 '한자음표기코드'를 콤마로 구분하여 기록한다.

예컨대 『사성통해』는 ① 중국한자음 정음, ② 속음, ③ 금속음의 세 가지 음을 모두 표기하고 있어, 해당 속성값으로 세 개의 항목이 입력된다. 이 값은 위의 〈표 2〉에서 정의한 '한자음 표기 구분 코드'를 콤마(,)로 구분하여 저장한다.

본 데이터베이스 구축 대상은 앞서 검토한 조선시대 주요 韻書 6종(『동국정운』, 『홍무정운역훈』, 『사성통해』, 『화동정음통석운고』, 『삼운성휘』, 『규장전운』)과 중국의 대표 韻書인 『廣韻』을 포함한 총 7종이다. 이들에 대한 韻書 테이블은 아래의 〈표 7〉과 같이 구성된다.

<표 7> 韻書 테이블

韻書 코드	서명	저자	국가	시기	한자음표기종류
1	동국정운	신숙주 외	한국	1447	K11
2	홍무정운역훈	신숙주 외	한국	1455	C11, C12, C21
3	사성통해	최세진	한국	1517	C11, C21, C31
4	화동정음통석운고	박성원	한국	1747	K11, K21, C11
5	삼운성휘	홍계희	한국	1751	K11, C11
6	규장전운	이덕무	한국	1796	K11, C11
7	廣韻	진팽년	중국	1008	C12
8	蒙古韻略	미상	중국	미상	C11
9	中原音韻	주덕청	중국	1324	C11
10	五音集韻	한도소	중국	1211	C11
11	中原雅音	미상	중국	미상	C11
12	韻學集成	미상	중국	미상	C11
13	古今韻會擧要	웅충	중국	1297	C11

(3) 관계 테이블

아래에서는 〈그림 1〉 ER 다이어그램에서 보인 韻書와 한자 간의 세 가지 관계를 표현하기 위한 관계 테이블의 설계 방안을 제시한다.

첫째, 韻目 관계 테이블은 특정 韻書에서 수록된 한자들의 분류를 위하여 채택한 韻目에 관한 자료를 저장한다. 韻目은 중성과 종성의 조합에 따른 음운 구조를 분류하고 분석하는 데 핵심적인 역할을 한다.

둘째, 字母 관계 테이블은 특정 韻書에 수록한 한자들의 字母 체계와 해당 초성 표기 정보를 저장한다. 字母는 수록된 한자의 분류 기준으로, 개별 한자에 대한 초성 표기 정보를 검색하거나, 韻書 간 字母 체계를 비교하는데 매우 유용하다.

셋째, 登載 관계 테이블은 각 韻書에 수록된 한자의 발음 정보를 저장한다. 특정 한자가 어떤 韻目과 字母로 분류되었는지, 그 한자의 음가는 무엇인지, 그리고 異音, 다른韻書音 등에 관한 정보를 포괄적으로 수록한다.

이 세 개의 관계 테이블은 韻書 간 음운 체계의 차이를 비교하고, 특정 한자의 발음 변화나 표기 경향을 추적하기 위한 정보를 검색하는 데 가장 중요한 역할을 담당한다. 각 테이블을 구체적으로 설명하면 다음과 같다.

먼저, 한자의 발음을 韻書별로 분류하고 비교하기 위해서는 각 韻書에 수록된 韻目 정보를 별도의 관계 테이블로 구조화할 필요가 있다. 韻目은 韻書에서 한자음을 분류하는 핵심 단위로, 동일한 한자가 韻書에 따라 서로 다른 韻目에 속할 수 있으므로, 韻書 엔티티와 한자 엔티티 간의 다대다(n:n) 관계를 표현할 수 있는 관계 테이블로 설계하였다. 韻目 테이블에는 각 韻書 내에서 부여된 韻目 번호를 기준으로 韻目의 정렬 순서를 관리할 수 있으며, 여기에 韻目의 실질적 내용을 설명하는 속성으로는 韻目명, 한글 표기, 聲調, 等을 포함한다. 아래의 〈표 8〉은 『동국정운』에 수록된 일부 韻目 데이터를 예시로 하여, 위와 같은 구조로 韻目 정보를 정리한 사례를 보여준다. 각 항목은 한자 韻目명, 정음 기반 한글 표기, 聲調 구분, 開口/合口 여부 등을 포함하며, 이를 통해 음운 분류 체계 간의 구조적 차이를 효과적으로 비교·분석할 수 있는 기반을 제공한다.

<표 8> 韻目 테이블

韻書코드	韻目번호	韻目	중성	종성	聲調	韻部	等	開合
1	1	揯	J02	F01	평	揯	1	1
1	2	肯	J02	F01	상	揯	1	1
1	3	亘	J02	F01	거	揯	1	1
1	4	亟	J02	F02	입	揯	3	1
...	...	...	...	...	...	...	...	...

〈표 8〉에 제시된 각 항목의 의미는 다음과 같다. '韻書코드'는 〈표 6〉에서 각 韻書에 부여한 고유 번호이다. '韻目번호'는 韻書 내에서 각 韻目의 배열 순서를 나타내는 일련번호이다. '韻目'은 해당 韻目에 해당하는 한자를 의미하며, 일반적으로 韻書에서 각 음운군을 구분하기 위해 제시되는 대표자이다. '韻部'는 韻目 보다 큰 카테고리이다. '중성'과 '종성'은 韻書에서 해당 韻目의 음을 훈민정음 字母를 사용하여 표기한 것이다. '聲調'는 평성, 상성, 거성, 입성의 네 가지로 구분되며, 조선 전기 韻書에서는 방점을 통해 이를 구별하였다. 마지막으로 '開合'은 해당 韻目이 開口인지 合口인지를 나타내는 항목으로, 중국어 중고음의 모음 체계 분석에 중요한 기준으로 작용한다.

다음으로, 한자의 발음을 字母 단위로 분석하고 韻書 간 字母 체계를 비교하기 위해서는 각 韻書에 수록된 字母 정보를 별도의 테이블로 구조화할 필요가 있다. 字母는 韻書에서 한자음을 분류하는 기본 요소로, 동일한 字母라도 韻書에 따라 체계적 분류 방식이나 표기 방식이 다를 수 있으므로 韻書 엔티티와 한자 엔티티 간의 多對多(n:n) 관계를 표현할 수 있는 관계 테이블로 설계하였다.

字母 테이블에는 각 韻書 내에서 부여된 字母 번호를 기준으로 정렬 순서를 관리할 수 있으며, 字母명, 초성 표기, 淸濁 구분, 그리고 五音 체계의 분류 항목을 속성으로 포함한다. 字母 번호는 각 韻書가 고유한 字母 배열 기준에 따라 부여한 일련번호이며, 데이터 정렬이나 검색의 기준이 될 수 있다. 또한 중국어 음운학에서 字母 분류 기준으로 사용되는 七音 체계는 五音의 확장 개념으로 볼 수 있으므로, 본 연구에서는 이를 통합하여 모두 五音으로 명시하였다.

아래 〈표 9〉는 이러한 설계 원칙에 따라 구성된 字母 테이블의 예시로, 『동국정운』에 수록된 일부 字母 항목에 대한 정렬 정보와 음운 분류 기준을 보여준다.

<표 9> 字母 테이블

韻書코드	字母번호	字母名	초성	淸濁	五音
1	1	君	C01	11	10
1	2	快	C02	12	10
...	...	...	...	...	...

마지막으로 한자의 韻書별 수록 정보를 통합적으로 관리하기 위해서는, 등재된 한자에 대한 정보를 테이블로 구조화할 필요가 있다. 하나의 한자가 복수의 韻書에 중복되어 등장하며, 각 韻書에서 표기된 음가가 다를 수 있기 때문에, 이는 韻書 엔티티와 한자 엔티티 간의 다대다(n:n) 관계로 정의되며, 이를 표현하는 관계 테이블을 '登載漢字' 테이블로 설정한다. 이 테이블은 향후 다양한 검색 조건(예: 韻目 기준, 字母 기준, 특정 표기 방식 기준 등)에 따라 韻書 간 음가 비교나 발음 변천 추적을 위한 핵심 정보 구조로 활용되며, 漢字, 韻母, 字母, 漢字音, 異音, 다른韻書音, 登載位置, 異體字 등을 주요 속성으로 포함한다.

이 가운데 異音은 동일한 字形이면서 음이 다른 경우를, 異體字는 동일한 음과 의미를 가지되 字形이 다른 경우를 뜻한다. 異音과 異體字가 수록되어 있는 경우, 각각의 값을 해당 속성 필드에 입력한다. 登載位置는 특정 韻書에서 해당 漢字가 수록되어 있는 위치(권, 책, 면, 행)를 기록한다.

登載漢字 테이블에서 가장 중요한 속성은 '한자음'이다. 각 韻書에서는 하나의 한자에 대해 여러 가지의 표기 방식으로 음가를 기록하고 있으며, 심지어는 다른 韻書에 수록된 한자음을 인용하여 병기한 경우도 있다. 전자는 '한자음'에 기록하고 후자가 있는 경우에는 '다른_韻書音_수록여부'에 'y'로 표기한 후 별도의 '다른_韻書音_수록내용' 테이블에 그 내용을 기록한다.

'한자음' 속성은 표기 방식별 음가를 모두 기록하기 위해서 자료형(data type)은 문자열(string)로 하고, 다음과 같은 형식으로 데이터를 입력한다.

(한자음표기코드, 음가), (한자음표기코드, 음가), (한자음표기코드, 음가), ...

漢字音, 異音, 異體字 등의 속성은 하나의 필드에 복수의 값을 포함할 수 있어, 형식적으로는 제1정규형(1NF)에 위배되나 본 연구에서는 1NF를 절대적으로 준수하는 것보다, 예상되는 질의 목적에 부합하는 효율성을 우선적으로 고려하여 설계하였다. 즉, 해당 속성들은 대부분 단일 조건에 따른 검색에 활용되며, 만약 한자음표기코드별 음가를 별도의 테이블로 분리할 경우 전체 DB 규모가 불필요하게 커질 우려가 있다. 특히 한자음의 경우, 초성·중성·종성이나 음절 단위로 필터링은 가능하나, 질의 과정에서 분해하여 처리할 필요성은 낮다고 판단하였다. 이에 따라 전체 구조를 단순화하고 검색 효율을 높이는 방향으로 설계를 진행하였다.

반면, '다른韻書音'의 경우는 상황이 다르다. 이는 『사성통해』에 한정적으로 나타나는 정보로, 전체 수록자에 일괄적으로 적용되는 항목이 아니다. 따라서 이를 登載漢字 테이블의 속성으로 포함시킬 경우, 다수의 null 값이 발생하게 되어 비효율적이다. 이에 따라 '다른_韻書音_수록내용'을 별도의 테이블로 분리함으로써 DB 저장공간의 효율성을 확보하였다.

<表 10> 登載漢字 테이블

韻書코드	漢字	韻目	字母	漢字音	異音	다른_韻書音_수록여부	登載位置				異體字
							권	책	면	행	
1	搄	1	1	(K11, 긍)	x	n	1	1	1a	3	揯
1	揯	1	1	(K11, 긍)	x	n	1	1	1a	3	搄
1	縆	1	1	(K11, 긍)	x	n	1	1	1a	3	絙
1	絙	1	1	(K11, 긍)	亙韻,干韻	n	1	1	1a	3	縆
...	...	...	...	...	...	...	...				...

'다른_韻書音_수록내용' 테이블은 韻書코드, 漢字, 출처, 한자음표기코드, 漢字音 등의 속성으로 구성되며, 그 구조는 아래의 〈표 11〉과 같다.

<표 11> 다른_韻書音_수록내용 테이블

韻書코드	漢字	출처	한자음표기코드	漢字音
3	葅	8	C11	주
3	葅	13	C11	주
...	...	...	...	...

이 테이블의 속성은 총 다섯 개이다. '韻書코드'는 해당 정보를 병기한 조선 韻書의 고유 번호이며, '한자'는 음가가 병기된 한자, '출처'는 참조된 외부 韻書의 코드값이다. '한자음표기코드'는 해당 음가의 언어/유형/표기 방식을 나타내는 3자리 코드이며, '漢字音'은 실제 표기된 음가를 나타낸다. 예컨대 〈표 11〉의 첫 두 행은 『사성통해』(韻書코드 3)에서 '葅'라는 한자의 음을 『蒙古韻略』(출처 8)과 『古今韻會擧要』(출처 13) 두 문헌에서 인용하여 병기하고 있음을 보여준다.

5. 예상 질의와 처리 알고리즘

이 글에서 제안한 데이터베이스 구조는 아직 실제 검색시스템으로 구현된 것은 아니다. 그러나 3장에서 살펴본 한자음 연구자의 자료 수요를 반영하여 설계되었기 때문에 향후 시스템이 개발된다면 예상되는 질의에 다음과 같이 대응할 수 있을 것이다.

첫째, 동일 한자에 대한 韻書 간 음가 비교 질의이다. 어떤 한자가 각 韻書에서 어떤 음가로 표기되었는지 확인하고자 할 경우, 본 데이터베이스 구조는 韻書별 표기 음가와 함께 해당 韻目, 字母, 표기 유형(정음·속음·금속음 등)을 일괄적으로 조회할 수 있는 구조를 갖추고 있다. 이를 통해 각 문헌 간의 음가 차이와 표기 경향을 한눈에 비교할 수 있다. 이를 처리하는 알고리즘은 다음과 같다.

1단계: 登載漢字 테이블에서 '한자' 속성의 값이 질의 대상 한자인 행(rows)을 찾는다.
2단계: '韻母'와 '字母' 속성을 통하여 韻目 테이블과 字母 테이블로부터 연구자가 필요로 하는 자료를 가져온다.
3단계: 가져온 자료를 연구자가 요구한 분류 기준에 따라 정렬한 후, 화면에 보여준다.

둘째, 중국어 중고음 체계와의 대응 관계에 대한 질의이다. 연구자들이 특정 중고음 조건(예: 字母=端母(舌頭, 全淸), 韻目=東韻(合口, 1), 聲調=평)에 해당하는 한자의 음이 조선시대 韻書에서 어떻게 표기되었는지 분석하고자 할 경우, 본 데이터베이스는 중고음의 字母·韻目·聲調를 세분 기준(五音, 淸濁, 等, 開合)과 함께 분해하여 저장함으로써, 이러한 조건 검색이 가능하도록 설계되어 있다. 이를 통해 중고음 체계와 조선시대 한자음 체계 간의 대응 양상을 분석할 수 있다. 이에 대한 처리 알고리즘은 다음과 같다.

1단계: 韻目 테이블과 字母 테이블에서 연구자의 질의에 부합하는 '韻母'와 '字母'를 찾는다.

2단계: 登載漢字 테이블에서 '韻母'와 '字母' 속성의 값이 일치하는 행(rows)을 찾는다.

3단계: 가져온 자료를 연구자가 요구한 분류 기준에 따라 정렬한 후, 화면에 보여준다.

셋째, 시대별 한자음 변화에 대한 질의이다. 초성 'ㄱ', 중성 'ㅏ', 종성 '없음'과 같이 특정 자모 조합을 설정하고, 해당 조건에 맞는 자료를 시기별로 정렬하여 한자음 변화를 추적하고자 할 경우, 한글 자모를 초·중·종성 단위로 분리 저장하고 문헌의 연대 정보를 함께 관리함으로써 이러한 시계열 분석을 지원할 수 있다. 이를 통해 한자음의 변천 과정과 음운 인식의 변화를 파악할 수 있으며 이에 대한 처리 알고리즘은 다음과 같다.

1단계: 字母 테이블에서 '韻母' 속성이 질의한 초성과 일치하는 행(rows)의 '韻書코드' 와 '字母번호'를 가져온다.

2단계: 韻目 테이블에서 '중성'과 '종성' 속성이 질의한 중성 및 종성과 일치하는 행(rows)의 '韻書코드'와 '운목번호'를 가져온다.

3단계: 韻書테이블에서 '편찬시기' 속성을 읽어 온다.

4단계: 登載漢字 테이블에서 '韻書코드', '韻母' 및 '字母' 속성의 값이 일치하는 행(rows)을 찾아, '한자'와 '한자음' 속성을 가져온다.

5단계: 찾은 자료를 연구자가 요구한 분류 기준에 따라 정렬한 후, 화면에 보여준다.

6. 맺음말

조선시대에 편찬된 여러 韻書는 수록된 한자음의 종류와 표기 방식이 서로 달라, 동일 한자의 음가를 비교하거나 운서 간 음운 체계를 분석하기 위해서는 방대한 자료를 개별적으로 대조해야 하는 비효율성이 있었다. 이러한 문제를 해결하기 위해서는 각 운서의 구조적 특징을 반영하면서도 일관된 형식으로 통합 관리할 수 있는 데이터베이스가 필요하다.

이를 위해 본고에서는 전기와 후기 韻書의 수록 한자음의 종류, 배열 방식, 字母 체계, 표기 방식 등, 각 韻書가 지닌 구조적 특징을 분석하고, 한자음 연구자들이 실제로 필요로 하는 정보 유형과 활용 목적 및 그에 따른 데이터 수요를 정리하였다. 연구자들은 단순한 음가 확인을 넘어 韻書 간 한자음 비교, 중고음 체계와의 대응 관계, 한자음의 시대별 변천, 정음·속음 등의 병기 양상 파악을 위한 정교한 데이터 구조를 요구한다는 점을 확인할 수 있었다.

이러한 요구를 반영하여 '韻目', '字母', '登載漢字' 등 관계 테이블을 설계하고, 聲調, 等, 開合, 淸濁, 五音 등의 음운 분류 기준은 별도의 참조 테이블로 만들었다. 또한 한글 자모는 각각 통합된 테이블로 구성하여 韻書 간 비교 분석이 가능하도록 하였다. 아울러 언어 유형, 사용자 구분, 표기 방식을 결합한 3자리 표기 코드 체계를 도입하여, 한글·반절·IPA 등 다양한 표기 방식은 물론, 한국·중국·일본 등 각국의 한자음을 일관된 형식으로 분류·관리할 수 있도록 하였다. 이러한 설계는 조선시대 韻書 자료의 이질적 구조를 효과적으로 통합할 수 있을 뿐 아니라, 일본·베트남 등 주변 지역 자료나 새로운 표기 방식으로도 확장될 수 있는 가능성을 지닌다.

또한 예상되는 질의 유형을 설정하여, 제안한 데이터베이스가 이를 어떻게 처리할 수 있는지 검토했다. 구체적인 UI(User Interface)나 검색 기능 구현은 실제 시스템 구축 단계에서 다루어질 과제이지만, 향후 시스템이 개발되고 시각화·분석 도구가 연동된다면, 조선시대 韻書에 수록된 한자음 자료는 훨씬 더 효율적이고 체계적으로 활용될 수 있을 것이다.

【參考文獻】

申叔舟(1448), 『東國正韻』, 서울: 건국대학교출판부.

申叔舟(1455), 『洪武正韻譯訓』, 서울: 고려대학교출판부.

陳彭年(1008), 『廣韻校本』, 北京:中華書局.

이석호(2014), 『데이타베이스 시스템』, 서울: 정익사.

정경일(2002), 『한국韻書의 이해』, 파주: 아카넷.

박병채(1974), 「원본 홍무정운역훈의 결본 복원에 관한 연구」, 『아세아연구』51.

임다영(2023), 「동국정운한자음 데이터베이스 활용 극대화를 위한 검색시스템 개발에 관한 연구」, 『대동문화연구』122.

童琴(2011), 「基於Access的『洪武正韻』查詢系統的設計與實現」, 『現代語文』第2期.

王米娜(2017), 「基於『漢語大字典』(第二版)的全同異體字字庫建設與檢索系統開發」, 華中科技大學 碩士學位論文.

규장각한국학연구원, https://kyudb.snu.ac.kr/book/view.do?book_cd=GI40469_00

규장각한국학연구원, https://kyudb.snu.ac.kr/book/view.do?book_cd=GI40401_00

규장각한국학연구원, https://kyudb.snu.ac.kr/book/view.do?book_cd=GI40395_00

규장각한국학연구원, https://kyudb.snu.ac.kr/book/view.do?book_cd=GI40407_00

<摘要>

朝鮮時代編纂了多種以訓民正音標記漢字音的韻書, 為研究韓國漢字音韻的重要一手資料。然而, 由於各韻書在編纂目的、年代、收錄範圍及分類體系等方面存在差異, 致使對同一漢字的直接比較與歷時分析受到限制。再加上缺乏系統化的資料庫建設, 資料之間的互通性與可用性亦大大受限。

本研究旨在設計一個關於朝鮮時代韻書的數據庫結構, 用以全面存儲與管理其中的音韻資料。研究首先分析各韻書的結構與差異, 並歸納研究者在實際研究中的資料需求。數據庫模式以韻書、漢字、韻目、字母、登載漢字等核心實體為基礎, 並將聲調、等、開合、清濁、五音等音韻特徵規範化為參照表。此外, 透過語言類型、使用者分類及標記方式相結合的三位數編碼, 實現韓、中、日之間的分類標準化。

該框架為跨韻書的比較研究、中古音對應關係分析以及韓國漢字音的歷時性考察提供了堅實基礎, 預期能推動數字化韓國漢字音韻研究的進展, 並拓展以韻書為依據的東亞漢字音比較研究。

<ABSTRACT>

During the Joseon Dynasty, various rhyme books (韻書) were compiled that recorded Chinese character pronunciations in Hangeul. These works are vital primary sources for studying Sino-Korean phonology, yet differences in compilation purpose, date, scope, and classification systems hinder direct comparison and diachronic analysis. The absence of systematic databases further limits interoperability and usability.

This study designs a database schema to comprehensively store and manage phonological data from Joseon-era rhyme books. It first analyzes the structure and variations of each source and identifies the practical data needs of researchers.

The schema structures relationships among core entities—Rhyme Books, Chinese Characters, Rhyme Categories (韻目), Initial Consonants (字母), and Recorded Characters (登載漢字). Phonological features such as tone (聲調), grade (等), open/closed syllable (開合), voicing (淸濁), and the five sound categories (五音) are normalized into reference tables. A three-digit code combining language type, user category, and notation method standardizes classifications across Korea, China, and Japan.

This framework provides a robust basis for cross-rhyme-book comparison, correspondence analysis with Middle Chinese, and diachronic study of Sino-Korean. It is expected to advance digital Sino-Korean phonology research and broaden rhyme book–based studies, including comparative analyses of Chinese character pronunciations in East Asia.

* 이 글은 2025년『중국어문학지』제92집에 게재된「조선 운서한자음 검색을 위한 데이터베이스 구조 설계」논문을 토대로 하여 작성된 것임을 밝혀둔다.

일제강점기 국내 출판 중국어학습서의 디지털화 현황 및 데이터베이스 구축 연구

김아영*·김현철**

1. 들어가며

본 연구는 일제강점기 국내에서 출판된 중국어학습서의 디지털화 현황을 살펴보고, 디지털 인문학[1)]적인 활용을 위해 중국어학습서의 원문 텍스트와 원문 중국어에 대한 현대 한국어 번역문을 디지털 정보로 가공하여 데이터베이스를 구축하는 데 목적을 두고 있다.

일제강점기 중국어학습서는 2007년 鮮文大學校 中韓飜譯文獻硏究所에서 처음으로 『支那語集成』(1921)의 영인교점본을 발행하면서 학계에 소개되기 시작했다. 그 이후 관련 자료들을 모아 『漢語會話書』(2009), 『漢語會話書續編』(2011)을 내면서 문헌들의

* 金雅瑛(Kim A-young) : 延世大學校 中國硏究院 中國語敎育硏究室長(第一著者)

** 金鉉哲(Kim Hyun-cheol) : 延世大學校 中文科 敎授(交信著者)

1) 디지털 인문학(Digital Humanities)이란 디지털로 표현하고 디지털로 소통하는 이 시대에 인문지식이 더욱 의미 있게 탐구되고 가치 있게 활용되도록 하려는 노력이다. 또한 정보통신기술의 도움을 받아 새로운 방식으로 수행하는 인문학 연구와 교육, 그리고 이와 관계된 창조적인 저작활동을 일컫는 말이다. 전통적인 인문학 주제를 계승하면서 연구방법 면에서 디지털 기술을 활용하는 연구, 그리고 예전에는 가능하지 않았지만, 컴퓨터를 사용함으로써 시도할 수 있게 된 새로운 성격의 인문학 연구를 포함한다. 김현 외(2016:17) 참조.

서지적 특징, 문헌 내용에 반영된 중국어 어휘, 어법, 어음 등 어학적 특징 및 저자, 중국어 교육의 시대적 배경 등을 고찰한 연구들이 이뤄지고 있다.[2] 국내뿐만 아니라 중국에서도 北京官話를 다루고 있는 이 자료들에 관심을 갖고 '早期北京話珍本典籍校釋與硏究' 과제의 성과로 2017년 북경대학출판사에서 영인교점본 10종을 출판했다.[3] 조선시대 사역원에서 펴낸 역학서인 『老乞大』, 『朴通事』 등의 중국어학습서와 마찬가지로 일제강점기의 중국어학습서 자료들 역시 당시의 표준 중국어 학습서로서, 일상생활과 밀접한 주제들로 내용이 구성되어 있어 당시의 생생한 중국어 구어는 물론 대역문을 통해 우리나라의 언어 특징 및 사회문화상도 엿볼 수 있는 양면성을 갖고 있다. 이처럼 언어 및 문화교류의 역사적 산물이라 할 수 있는 자료 내용을 집적해 보다 다양한 연구에 활용할 수 있도록 데이터베이스[4]를 구축한다면, 관련 연구자뿐만 아니라 일반인들 역시 접근이 수월해져 자료의 창의적인 활용성이 높아질 것이다.

조선시대 역학서 자료들은 이미 국내의 국립중앙도서관, 한국학중앙연구원, 규장각한국학연구원 등에서 디지털 이미지, 원문 텍스트 등이 제공되고 있으며, 그중 한국학중앙연구원의 '조선시대 외국어 학습서 DB'[5]는 조선시대의 외국어 교재를 총망라하여 데이터베이스를 구축하였다. 최근 일본 간사이대학교는 1718년부터 1915년까지 발행된 중국

2) 金雅瑛·朴在淵(2018) 참조.

3) 朝鮮日據時期漢語會話書彙編으로 『改正增補漢語獨學』, 『修正獨習漢語指南』, 『高等官話華語精選』, 『官話華語教範』, 『速修漢語自通』, 『無先生速修中國語自通』, 『速修漢語大成』, 『官話標準:短期速修中國語自通』, 『中語大全』, 『"內鮮滿"最速成中國語自通』 등 10종의 영인교점본을 출판하였다.

4) 데이터베이스란 여러 사람에 의해 공유되어 사용될 목적으로 통합하여 관리되는 데이터의 집합을 말한다. 자료항목의 중복을 없애고 자료를 구조화하여 저장함으로써 자료 검색과 갱신의 효율을 높인다. 몇 가지 특징을 보면, 첫째 똑같은 자료를 중복하여 저장하지 않는 통합된 자료이며, 둘째 컴퓨터가 액세스하여 처리할 수 있는 저장장치에 수록된 자료이며, 셋째 어떤 조직의 기능을 수행하는 데 없어서는 안 되며 존재 목적이 뚜렷하고 유용성 있는 운영 자료이기 때문에 임시로 필요해서 모아 놓은 데이터나 단순한 입출력 자료가 아니라는 점이며, 넷째 한 조직에서 가지는 데이터베이스는 그 조직 내의 모든 사람들이 소유하고 유지하며 이용하는 공동 자료로서 각 사용자는 같은 데이터라 할지라도 각자의 응용 목적에 따라 다르게 사용할 수 있다는 점이다. 〈두산백과 두피디아〉(https://www.doopedia.co.kr) 참조.

5) http://waks.aks.ac.kr/rsh/?rshID=AKS-2011-AAA-2101.

어 문헌자료를 모아 디지털 아카이브[6] '近代漢語文獻數據庫'[7]를 구축해 중국어 검색 기능을 통해 문헌별 관련 용례, 해당 자료의 디지털 이미지를 함께 볼 수 있도록 제공하고 있다. 이렇게 국내외의 디지털화 연구 성과가 앞다투어 이뤄지는 현실 속에서 일제강점기 중국어학습서 역시 그 속에 담긴 지식 정보를 종합적으로 이용할 수 있는 데이터베이스 구축의 필요성을 절감하며, 본 연구에서는 먼저 이 자료들의 디지털화 현황을 살펴보고 14종 자료를 대상으로 한 원문 내용과 번역문 데이터 구축에 대해 논의하고자 한다.

2. 디지털화 현황 및 발전 방향

지금까지 조사된 바에 의하면 국내 도서관과 개인 소장의 국내 출판 일제강점기 중국어 학습서는 40여 종에 달한다.[8] 이중 국내에서 영인교점본으로 발행된 책은 모두 17종이다.[9] 중국어학습서 유형은 대부분 초중급 수준의 중국어회화 학습서이며, 어휘집과 자전류도 일부 있다.

일제강점기 중국어학습서 자료에 대한 디지털화는 국립중앙도서관에서 가장 많이 진행되고 있다. 국립중앙도서관은 자료검색 카테고리에 '디지털화 자료'를 따로 두어 원문 유형별, 원문 주제별로 검색할 수 있도록 하고 있다. 아래 화면을 보면 디지털화 자료를 단순히 서명으로만 검색하는 것이 아닌 유형이나 주제별로 검색할 수 있도록 하였으며, 일제강점기 중국어 학습서의 경우 원문 유형에서는 '고서·고문서', 원문 주제에서는 '언

---

6) 디지털 도서관, 디지털 박물관 등의 국내 공공분야 정보시스템의 입장에서 정의한다면 1차 자료에 관한 정보를 디지털 형태로 정리, 축적한 데이터베이스라 할 수 있다. 김현 외(2016:196) 참조.

7) 近代漢語文獻數據庫(http://www.ctext.ku-orcas.kansai-u.ac.jp/gxproject)

8) 金雅瑛·朴在淵(2018) 참조.

9) 朴在淵·金雅瑛(2009), 朴在淵·金雅瑛(2011), 朴在淵·金雅瑛(2013), 金瑛·全基廷(2014).

어' 에 속해 있다.[10)]

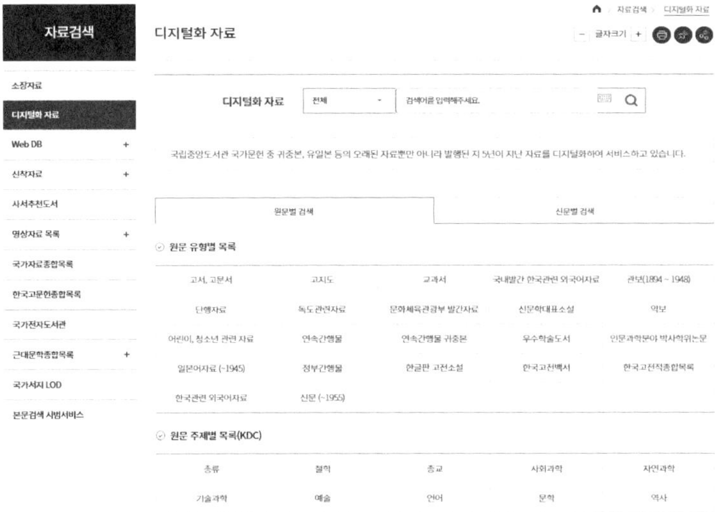

<국립중앙도서관 '디지털화 자료' 검색 화면>

국립중앙도서관은 현재 8종의 국내 출판 문헌 자료를 스캔하여 디지털 이미지로 제

10) 국립중앙도서관은 현재 자체 소장 자료의 디지털 아카이브 구축 단계를 넘어 한국의 고문헌들을 국내외 공공 및 사립 기관과 연계하여 구축한 '한국고문헌종합목록(KORCIS)'을 통해 국내외의 한국 고문헌을 조사하고 관련 정보를 제공하고 있다. 2005년 정보통신부로부터 '국가지식정보자원'으로 지정받아 한국고전적보존협의회(2004년 3월 창립) 회원기관 중 규장각 등 28개 참여기관으로부터 고서목록 DB 37만 건을 제공 받아 '한국고전적종합목록시스템'으로 서비스를 시작하였다. 국내 공공·대학도서관, 박물관, 사찰, 문중, 개인 등 민간소장 고문헌까지 발굴 조사하여 서지 및 원문 DB를 구축하고 있으며, 국외 소장 한국 고문헌을 조사하여 서지 및 원문 DB 구축 작업을 병행하고 있다. 한국고문헌종합목록은 국내 공공·대학도서관, 박물관, 사찰, 문중, 개인 등 민간소장 고문헌을 발굴 조사하여 연간 서지 및 원문 DB 3,000건 이상을 구축하고 있다. 2023년 최근 기준 국내 141개 기관, 국외 50개 총 137개 기관의 목록 DB 50만 건과 원문 DB 5만여 건을 서비스하고 있다. 한국고문헌종합목록은 국내외의 한국 고문헌 소장 기관 및 담당자가 데이터에 접근하기 쉽고 표준화된 목록 DB 구축을 가능하게 하도록 개발되었으며, 고품질의 고문헌 목록 DB를 제공하여 한국학 등 여러 학문 분야 연구에 이바지하고 있다. 〈국립중앙도서관 홈페이지〉(https://www.nl.go.kr) 참조.

공하고 있는데, 향후 더 진행될 것으로 보인다. 아래는 디지털 이미지를 볼 수 있는 자료 목록이다.

<표 1> 국립중앙도서관 소장 디지털이미지 제공 중인 국내 출판 중국어학습서 목록

書名	發行年度	著者	出版社
漢語指南	1913	柳廷烈	唯一書舘
高等官話華語精選	1913	高永完	普書館
官話問答	未詳	未詳	
滿洲語自通	1938	文世榮	以文堂
中語大全	1934	李祐憲	漢城圖書
官話中國語自通	1934	文世榮	漢城圖書
滿洲語速成會話講義錄合本	1934	李春一	新滿蒙社
滿洲語問答會話集	1935	金東淳	實生活社

문헌자료의 디지털 데이터 가공은 크게 세 가지로 나눠진다. 1차 가공은 원문을 영인본 또는 디지털 이미지 형태로 제공하는 것이다. 2차 가공은 원문 내용을 그대로 '디지털 문서화'하여 원문텍스트를 제공하는 것이며, 3차 가공은 디지털로 가공된 자료를 글자나 단어로 정제된 정보를 검색, 열람할 수 있도록 가공한 것이라 할 수 있다.[11] 현재는 디지털로 제공된 자료 이외의 문헌들을 보려면 자료마다 각기 소장처가 다르고 열람 방법이나 열람 시간에 제약이 있는 경우도 많아 사용자가 실제 이용에 많은 불편함을 겪고 있다. 그리고 영인본은 자료의 실제 모습과 내용을 정리해 놓아 보기에 편리한 점은 있지만 역시 도서관에서 대출해야 하고 지면을 통해서만 볼 수 있는 단점이 있다. 또한 원시 자료나 영인본 모두 실제 연구에 활용하려면 연구자 개개인이 직접 필요한 내용을 일

11) 신수영·엄지·김바로·구현아(2022) 참조.

일이 입력하고 정리해야 하는 번거로움이 있고, 이 작업은 연구자들마다 중복적으로 하고 있는 상황이다. 현재 진행되고 있는 1차 가공된 자료의 디지털 이미지 제공은 디지털화의 첫 시작이라 할 수 있는데, 앞으로 더 많은 자료들을 디지털 환경에서 열람할 수 있게 하고 나아가 2차 가공된 디지털 텍스트, 그리고 이를 응용한 데이터를 제공할 수 있는 3차 가공의 단계로 발전시켜 나간다면 국내외의 관련 연구자들이 이 자료들에서 원하는 내용을 언제 어디서든 종합적으로 검색할 수 있고, 이를 통해 공시 · 통시적으로 깊이 있는 연구를 하는 데 매우 유용할 것이다.

3. 데이터베이스 구축 연구 설계

최근 인문학과 관련된 디지털 아카이브 구축은 이미 상당한 건수에 이르고 있고 현재에도 그런 시도가 역시 활발하게 이뤄지고 있다. 디지털화는 아날로그 매체에 수록된 정보를 디지털 매체로 옮기는 단순한 매체 전환이 아니다. 디지털화, 즉 전자 문서 편찬은 새로운 매체에 적합한 형태로 문서 자료 자체를 가공해서 다시 조직하는 것이다.[12] 이 장에서는 연구자료 14종과 향후 추가할 자료들의 디지털화를 고려한 데이터 가공 및 조직, 데이터베이스 구축과정에 대해 살펴보고자 한다.

3.1. 연구자료의 내용 구성 및 데이터베이스 설계

데이터베이스 구축을 위해서는 먼저 연구대상인 문헌자료들의 내부 구성 요소를 분

12) 이남희(2013) 참조.

석한 후 DB 구조를 설계하고 그에 따라 자료를 입력해야 하므로, 본 연구와 관련된 각 학습서의 기본 구성 요소를 살펴볼 필요가 있다. 아래는 학습서들의 구성 내용을 표로 정리한 것이다.

<표 2> 학습서별 기본 구성 내용

文獻名	目次	聲調別 漢字	主題別 單語	會話 原文	原文語音	原文 對譯文	其他
漢語獨學	○		○	○	○	○	
漢語指南	○		○	○	○	○	
高等官話 華語精選	○	○	○	○	○	○	
官話華語教範	○		○	○	○	○	
漢語大成	○	○	○	○	○	○	
支那語集成	○	○	○	○	○	○	어법항목 및 설명
官話問答				○			
官話叢集				○			미주로 보충설명
中國語自通	○		○	○	○	○	
滿洲語講座	○		○	○	○	○	
中語大全	○		○	○	○	○	부수별 색인 어법항목 및 설명
滿洲語自通	○		○	○	○	○	
北京官話 支那語大海	○		○	○	○	○	
內鮮滿最速成 中國語自通	○		○	○	○	○	어법항목 및 설명 북경과 산동 발음 비교 설명

위의 표와 같은 구성 정보를 통해 연구자료들의 텍스트가 갖는 정보 유형과 특징을 알 수 있다. 데이터베이스 구축 시, 이렇게 먼저 연구자료의 구성 정보들을 분석하고 사용자의 연구 목적에 맞게 텍스트 정보를 분류하여 엔티티 타입(Entity Type)[13)]과 관련 속성들을 추출하여 데이터베이스 테이블[14)]을 설계해야 한다. 이때 설계자는 자료의 특성 및 시스템의 효율성 등을 고려하여 테이블을 구성해야 할 것이다. 본 연구자료의 구성 내용에서는 예컨대 목차를 통한 학습 주제 관련 정보, 발음과 성조 학습 정보, 어법항목 정보, 주제별 단어 정보, 회화 원문에 수록된 중국어 문장, 어음 표기, 대역문 등과 관련된 엔티티 타입을 찾아내고 데이터를 구축할 수 있을 것이다. 사용자는 이렇게 구축된 데이터베이스에서 세부 정보를 검색하고 출력함으로써 필요에 맞게 가공하여 사용할 수 있다. 아래에서는 본 연구자료의 가장 많은 내용을 차지하고 있는 중국어 원문, 어음, 대역문 등의 원문텍스트와 일반인들의 원문에 대한 이해를 돕기 위해 중국어 원문을 번역한 현대 한국어 번역문텍스트의 데이터 입력 원칙 및 구축 방법을 살펴보도록 한다.

3.2. 데이터베이스 스키마(Schema) 설계

본 연구는 일제강점기의 국내 출판 중국어학습서를 대상으로 하여 데이터베이스를 구축함으로써 관련 연구자들은 물론 일반 사용자도 필요한 자료를 효율적으로 검색할 수 있도록 하는 것이 목적이다. 따라서 우선 효율적이고 종합적인 검색을 가능하게 하는 데이터베이스 스키마 설계가 중요하다.

---

13) 실세계에 존재하는 개체와 개체들 사이의 관계를 컴퓨터 내부에서 처리할 수 있도록 변환하는 작업을 '데이터 모델링'이라 한다. 그 개체를 엔터티(Entity)라 하며 개체들의 종류를 엔터티 타입(Entity Type)이라 한다.

14) 관계형 데이터베이스의 구조화된 데이터들의 모음으로, 행과 열로 구성되어 있다. 각 행은 데이터 인스턴스(Instance)를 나타내고 각 열은 데이터의 특정 속성이나 필드를 나타낸다. 각 테이블은 테이블 간의 관계를 이용해 데이터 간의 복잡한 관계를 나타내는 관계형 데이터베이스에서 데이터를 저장하고 관리하는 데 사용된다.

먼저 각 문헌의 고유ID, 학습서명, 발행년도, 저자, 형태, 출판사, 소장처[15] 등의 기본적인 서지정보로 구성된 '중국어학습서_서지정보' 메타데이터(Metadata)[16] 테이블이 필요하다. 이 테이블은 다른 데이터들과의 연계를 위한 인덱스 역할을 하는 기초 정보로서, 연구 자료의 원문 텍스트 데이터베이스와의 빠른 연계에 필수적인 부분이다. 테이블의 세부 구조는 다음과 같다.

<표 3> '중국어학습서_서지정보' 메타데이터 테이블

學習書ID	學習書名	發行年度	著者	形態	出版社	所藏處
1	漢語獨學	1911	宋憲奭	舊活字本	新舊書林	鮮文大學校 中韓飜譯文獻研究所
2	漢語指南	1913	柳廷烈	舊活字本	唯一書館	誠庵
3	高等官話 華語精選	1913	高永完	舊活字本	普書舘	修綆室
4	官話 華語教範	1915	李起馨	舊活字本	普昌書舘	선鮮文大學校 中韓飜譯文獻研究所
5	漢語大成	1918	王運甫	舊活字本	以文堂	修綆室
6	支那語集成	1921	宋憲奭	舊活字本	德興書林	鮮文大學校 中韓飜譯文獻研究所
7	官話問答	未詳	未詳	筆寫本		國立中央圖書館

15) 본 연구에서 직접 이용한 문헌들의 소장처이다. 본 자료들을 연구할 수 있게 제공해 주신 소장기관과 소장자 분들께 감사드린다.

16) 메타데이터는 데이터에 관한 구조화된 데이터로서, 여기서는 각 문헌의 기본적인 서지정보를 메타데이터라 할 수 있다. 세계적으로 가장 많이 쓰이는 메타데이터 표준안은 더블린코어로, 더블린 코어는 메타데이터의 요소로서 제목, 작성자, 출판사, 데이터 포맷, 언어 등의 16개의 기본 항목으로 설정되어 있다. 〈저작권 기술 용어사전〉(https://www.copyright.or.kr) 참조.

學習書ID	學習書名	發行年度	著者	形態	出版社	所藏處
8	官話叢集	1924	張子純	筆寫本		鮮文大學校 中韓飜譯文獻硏究所
9	無先生速修中國語自通	1929	白松溪	舊活字本	永昌書館	鮮文大學校 中韓飜譯文獻硏究所
10	滿洲語講座	1933	張志映	가리방인쇄물	朝鮮放送協會	延世大學校 中央圖書館
11	中語大全	1933	李祖憲	舊活字本	漢城圖書株式會社	鮮文大學校 中韓飜譯文獻硏究所
12	速修滿洲語自通	1934	文世榮	舊活字本	以文堂	鮮文大學校 中韓飜譯文獻硏究所
13	北京官話支那語大海	1938	文世榮	舊活字本	永昌書館	鮮文大學校 中韓飜譯文獻硏究所
14	內鮮滿最速成中國語自通	1939	金松圭	舊活字本	南昌書館	鮮文大學校 中韓飜譯文獻硏究所

다음으로 각 문헌의 원문 내용을 저장하기 위해서 '중국어학습서_원문' 테이블을 작성하였다. 이 테이블은 학습서ID, 원문ID, 면, 행, 원문 중국어, 어음, 대역문의 속성을 포함한다. 학습서ID는 '중국어학습서_서지정보'의 학습서ID와 연결되는 속성값이며, 원문ID는 원문 텍스트에 부여한 고유번호이다.

<표 4> '중국어학습서_원문' 테이블

學習書 ID	原文 ID	面	行	原文中國語	語音	對譯文
3	47	70	1	今兒天氣怎麽樣?	진얼톈치즘마양	오ᄂᆞᆯ 일긔 엇더ᄒᆞᆫ 모양이오?

'중국어학습서_번역문' 테이블에는 학습서ID, 번역문ID, 면, 행, 번역문을 속성으로 두었다. 원문 데이터와 동일하게 학습서ID, 면, 행 순서로 데이터를 입력할 수 있도록 하여 데이터 구축이 용이하게 하였으며, 이를 통해 어휘의 용례와 그에 대한 번역문 텍스트를 쉽게 검색할 수 있게 해 줄 것이다.

<표 5> '중국어학습서_번역문' 테이블

學習書ID	飜譯文ID	面	行	飜譯文
3	47	1	1	오늘 날씨 어떻습니까?

한편, 연구 자료의 원문과 번역문 데이터는 전자문서의 표준을 맞추기 위해 유니코드 UTF-8로 인코딩하고 RDB(Relational Database)[17] 적재를 위해 TSV(Tab Separated Values)형식과 부가 정보 처리에 유연한 JSON(JavaScript Object Notation)형식 두 유형의 데이터를 구축했다.[18] TSV는 테이블 형식의 데이터를 저장하는 데 사용하는 파일 형식이며, 탭(tab) 문자로 열을 구분하고 개행(new-line) 문자로 행을 구분한다. 이 파일은 주로 데이터베이스와 스프레드시트 응용 프로그램 간에 데이터를 교환하는 데 사용되며, 탭으로 구분된 구조화된 텍스트 데이터가 포함되어 있다.

---

17) 데이터를 단순한 표(table)형태로 표현하는 데이터베이스로, 계층구조보다 사용자와 프로그래머간의 의사소통을 원활하게 할 수 있는 구조이다. 마치 엑셀 시트처럼 차곡차곡 내용을 쌓아가는 데이터베이스 방식이다. 〈두산백과 두피디아〉(https://www.doopedia.co.kr) 참조.

18) 구현아·김바로·신수영·엄지(2022) 참조.

<『高等官話華語精選』 원문 TSV형식 데이터베이스 구축 예시>

학습서ID	원문ID	면	행	원문중국어	어음	대역문
3	47	70	1	今兒天氣怎麽樣?	진얼텐치즘마양	오ᄂᆞᆯ 일긔 엇더ᄒᆞᆫ 모양이오?
3	48	70	2	今兒個是半陰半晴。	진얼거씌빤인빤칭	오ᄂᆞᆯ은 반쯤 흐리고 반쯤 ᄀᆡ엿소.
3	49	70	3	這幾天, 天氣沒準兒。	저지텐텐치메쥰얼	이 멧칠 일긔를 쥰젹ᄒᆞᆯ 수 업소.
3	50	70	4	昨天暖和, 今天又冷了。	줘텐완훠진텐우렁라	어제는 ᄯᅡ듯ᄒᆞ더니 오ᄂᆞᆯ은 ᄯᅩ 칩다.
3	51	70	5	忽然颳起一陣大風來。	후산과치이진다뻥ᄅᆡ	홀연이 일진ᄃᆡ풍이 부러옵니다.
3	52	70	6	外頭土大得很。	왜투투다더흔	밧게 먼지가 ᄃᆡ단ᄒᆞᆷ이다.
3	53	70	7	這兩天, 連陰着下雨。	저량텐롄인저싸위	이 ᄒᆞᆫ 니틀 연ᄒᆞ야 비가 옴이다.
3	54	70	8	道兒上實在不好走了。	닾얼샹시ᄌᆡ부핲ᄶᅥ라	길 우희 실샹 단니기 됴치 못ᄒᆞ오.

<『高等官話華語精選』 번역문 TSV형식 데이터베이스 구축 예시>

학습서ID	번역문ID	면	행	번역문
3	47	70	1	오늘 날씨 어떻습니까?
3	48	70	2	오늘은 흐렸다 맑았다 합니다.
3	49	70	3	요즘 날씨가 오락가락합니다.
3	50	70	4	어제는 따듯하더니 오늘은 또 춥습니다.
3	51	70	5	갑자기 큰 바람이 불기 시작했어요.
3	52	70	6	밖에 먼지가 대단합니다.
3	53	70	7	요 며칠 계속 비가 내립니다.
3	54	70	8	길이 정말 다니기 좋지 않네요.

JSON은 웹과 컴퓨터 프로그램에서 데이터를 교환하기 위해 데이터 객체를 속성과 값의 쌍 형태로 표현하는 구조 형식이다. 기존의 XML(eXtensible Markup Language)[19]과 비교하면, 두 형식 모두 데이터를 저장하고 전달하기 위해 고안되었고 계층적인 데이터 구조를 가지고 있지만 JSON은 사람과 기계가 모두 이해하기 쉬운 비교적 단순하고 유연한 구조로 표현되고 용량이 작은 장점을 가지고 있어, 최근에는 JSON이 XML을 대체해서 데이터 전송 등에 많이 사용되고 있다.[20] 본 연구도 이 장점을 고려하여 JSON 구조로 데

19) XML(eXtensible Markup Language)은 문서의 구조적인 형식과 내용 요소들이 컴퓨터가 식별할 수 있는 명시적 정보로 기술될 수 있도록 하기 위한 전자문서 마크업 언어이다. 〈기록학용어사전〉(2008) 참조.

20) 두 구조형식은 모두 시스템 환경에 영향 없이 사용할 수 있다. 구축하고자 하는 데이터의 용량과 마

이터를 구축하도록 하였다. 아래는 두 테이블의 JSON형식 데이터 구조 예시이다.

<『高等官話華語精選』 JSON형식 원문 및 번역문 구축 예시>


```
{
  "DefalutMetaInfo": {
    "학습서ID": "3",
    "DB_Table_Name" : "TBL_KOREAN_TEXT"
  },
  "DataList": [
    {
      "학습서ID": 3,
      "번역문ID": 47,
      "면": 70,
      "행": 1,
      "번역문": "오늘 날씨 어떻습니까?"
    },
    {
      "학습서ID": 3,
      "번역문ID": 48,
      "면": 70,
      "행": 2,
      "번역문": "오늘은 흐렸다 맑았다 합니다."
    }
  ]
}
```

```
{
  "DefalutMetaInfo": {
    "학습서ID": "3",
    "DB_Table_Name" : "TBL_CHINESE_TEXT"
  },
  "DataList": [
    {
      "학습서ID": 3,
      "원문ID": 47,
      "면": 70,
      "행": 1,
      "원문중국어": "今兒天氣怎麽樣?",
      "어음": "진얼톈치즘마양",
      "대역문": "오ᄂᆞᆯ 일긔 엇더ᄒᆞᆫ 모양이오?"
    },
    {
      "학습서ID": 3,
      "원문ID": 48,
      "면": 70,
      "행": 2,
      "원문중국어": "今兒個是半陰半晴。",
      "어음": "진얼거씌빤인빤칭",
      "대역문": "오ᄂᆞᆯ은 반ᄶᅳᆷ 흐리고 반ᄶᅳᆷ ᄀᆡ엿소."
    }
  ]
}
```


본 연구에서 상술한 방법으로 구축한 데이터베이스는 향후 이 데이터를 출력할 수 있는 검색시스템을 통해 활용하기 위한 기반이라 할 수 있다. 본 연구자료 외에 동시기의 학습서 자료를 더 추가해 데이터베이스를 구축하고 어휘별 용례를 최대한 검색할 수 있도록 중한 두 언어의 어휘별 인덱스 테이블을 설계하여 최적화된 검색시스템을 개발한다면, 연구자료에 담긴 다양한 지식 정보들을 사용자의 목적에 맞게 종합적이고 유용하게 전달할 수 있을 것이라 생각한다.[21)]

크업 기능의 중요성 여부를 고려하여 선택할 수 있을 것이다.

21) 본 연구에서는 일제강점기 중국어학습서의 원문과 번역문 데이터베이스 구축에 한하여 논의하며, 이를 기반으로 한 검색시스템 구현에 대한 DB 테이블 설계 등의 논의는 다음 연구에서 진행하고자 한다.

3.3. 데이터 입력 원칙

문헌자료 텍스트의 디지털화는 원문 내용을 입력하는 것에서 시작된다. 문자의 입력 방법은 문서편집기로 직접 입력하는 방식과 스캐너를 통해 복사한 후 이미지 기반으로 글자가 입력되는 방식 두 가지가 있다. 후자인 이미지 기반으로 입력하는 방식은 많은 양의 자료들을 디지털화 하는데 좋은 방안이나, 본 연구에서 진행한 텍스트의 디지털 형태 변환 과정은 문자 입력 기반으로 이뤄졌다.[22)]

문헌 내용을 우선 한글 문서편집기에서 입력한 후, 상술한 바와 같이 TSV(Tab Separated Values)파일과 JSON(JavaScript Object Notation)파일 형식으로 전환하는 방식으로 데이터를 구축하였다. 먼저 데이터 입력은 정확성이 중요하므로, 정확한 데이터 확보를 위해 데이터 입력 전체 공정은 아래와 같은 절차로 진행하였다.[23)]

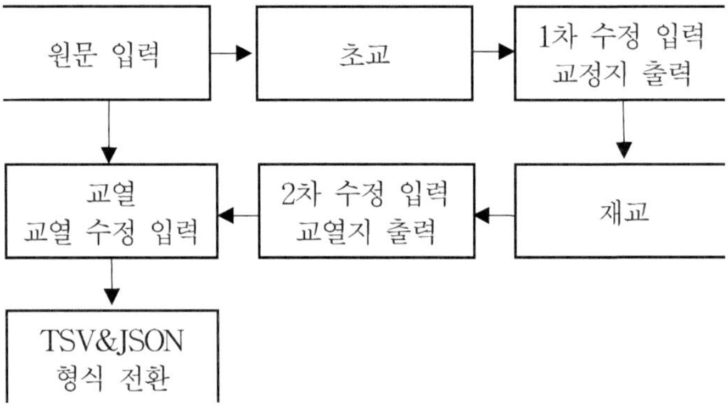

22) 이미지 기반 입력 방식은 구활자본 중국어 학습서의 경우 글자 인식률이 필사본 자료들에 비해 높을 것이며, 향후 더 많은 자료들을 처리하기 위해 충분히 고려할 수 있는 방안이다.

23) 전자화 공정 과정은 한국정보사회진흥원(2014)의 〈국가지식정보자원관리사업〉의 데이터베이스 구축 방법론을 토대로 하였다. 한국정보사회진흥원은 2020년 이후 한국지능정보사회진흥원(https://www.nia.or.kr)으로 바뀌었다.

위의 그림과 같이 문헌 내용은 한글(hwp) 파일에 원문 입력, 1차교정 및 입력, 2차 교열 및 입력, 데이터 전환 등의 공정 과정을 거쳐 데이터베이스로 구축된다. 데이터 입력은 각 문헌별로 원문 텍스트와 원문 중국어에 대한 현대 한국어 번역텍스트로 나누어 진행하였다.

문헌 자료들마다 면의 배열 방식이 다를 수 있는데, 대개는 상단에 중국어 원문과 어음 표기가 있고, 하단에 중국어 원문에 대한 대역문이 있는 형식으로 되어 있다. 아래는 일부 자료의 원문 모습이다.

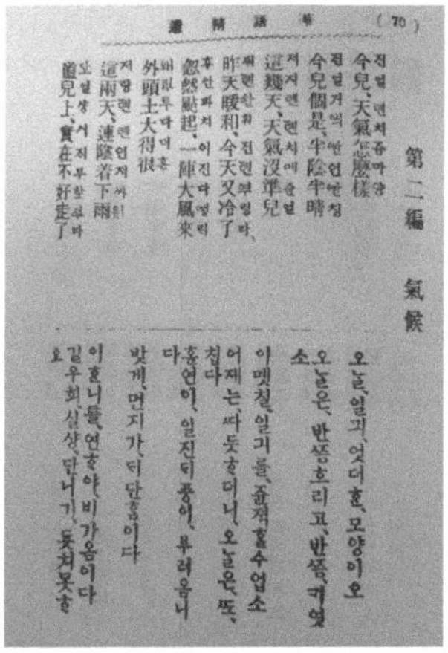

『高等官話華語精選』

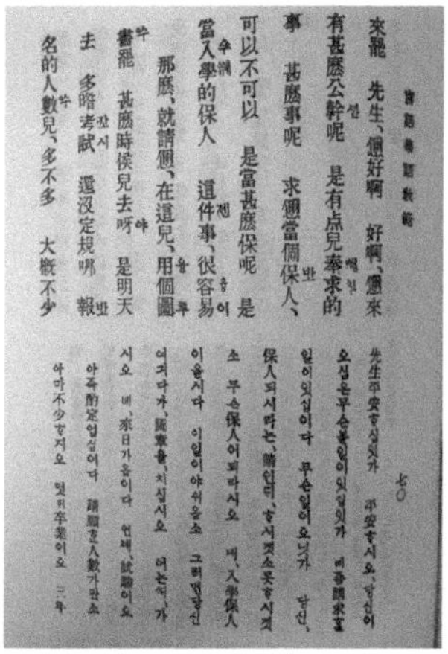

『官話華語教範』

본 연구는 각 학습서의 면과 행을 기준으로 원문 텍스트를 입력하는 것을 기본 스키마로 정했다. 학습서마다 조금씩 다른 텍스트 배열 체제를 고려하여 중국어 원문을 기준으로 행을 파악하고 어음과 대역문 텍스트는 해당 원문과 같은 행에 입력하였다. 텍스트의 디지털화 과정에서 무엇보다도 중요하는 것은 문자 처리 표준화 준수와 정확한 정보 공유를 위한 입력 원칙의 수립이다. 연구 자료들의 기본 문자는 근현대 과도기적인 한자와 한글이므로 데이터의 특징을 고려한 입력 방안에 대해 분명한 기준을 세워야 한다. 본 연구에서 세운 데이터 입력 원칙은 다음과 같다.

첫째, 한자 입력과 관련된 문제이다. 문헌 내용 중 어떤 글자는 정체자보다 이체자의 사용이 빈번하고, 현재 사용하지 않는 한자들도 간혹 보인다. 이는 당시 문자 사용의 한 면모를 살펴볼 수 있는 부분이므로 그대로 입력하였다. 예를 들면, '儞', '徃' 등과 같은 이체자는 대부분의 자료에서 매우 빈번하게 사용한 모습을 볼 수 있다. 필요한 경우 이체자의 유니코드 정보는 한국역사정보통합시스템의 '유니코드한자 검색시스템'[24]을 참고하였으며, 이체자 사전에도 등장하지 않는 신출 한자의 경우, 파자(破字)형식으로 〔 〕[25]괄호 안에 '+'[26]로 입력하였다.

(1) 我不知道毛病是在那兒, 是在擺上, 大概是〔金+乇〕擰的不合式罷。

(저는 문제가 어디에 있는지 모르겠어요. 이 추에 있는데 아마 추를 잘못 틀었겠지요.) (『官話華語教範』159-160쪽)

그리고 확실한 오자로 보이는 글자는 해당 글자 옆에( )[27]를 넣어 그 안에 교정한 한자를 입력하였는데, 아래의 예와 같다.

(2) 你一個人, 别佔(佔)這麽寬地方兒, 還有好些個人要坐着哪。

(당신 혼자 그렇게 넓게 자리를 차지하지 마세요. 더 많은 분들이 앉아야 해요.)

(3) 他那個左皮(脾)氣, 一輩子改不了, 老是這麽樣, 多咱纔出息了呢?

(그의 그 괴팍한 성격은 평생 못 고치고 늘 이 모양이니 언제나 나아질까요?)

(『高等官話華語精選』109-110쪽)

---

24) 유니코드한자 검색시스템(https://www.koreanhistory.or.kr/newchar/), 고전번역교육원 이체자정보(https://db.itkc.or.kr/dch) 참조.

25) 유니코드 3014, 3015.

26) 유니코드 FF0B.

27) 유니코드 FF08, FF09.

이렇게 비교적 특수한 경우에 속하는 한자들은 아래와 같이 목록 카드를 만들어 한자의 음과 출처 정보 등을 표시해 두면 추후 특이 한자 데이터 관리에 편리하다.

<표 6> 신출 한자 목록 카드 예시

番號	資料名	화일名	모양	음/뜻	面	行
1	官話華語教範	004	金+乇	톼/틀다	109	1

<표 7> 오자 목록 카드 예시

番號	資料名	화일名	誤字	校正	面	行
1	高等官話華語精選	003	估	佔	109	1
2	高等官話華語精選	003	皮	脾	110	4

이외에 문헌 내용 중 판독이 어려운 한자는 '□'[28]로 표시하고 추후라도 판독이 되면 처리할 수 있도록 표시하였다. 그리고 원문의 중국어 문장은 표점이 거의 되어 있지 않지만, 데이터 입력 시 현대중국어 문장부호 사용 기준에 맞춰 표점을 함으로써 문장의 빠른 이해를 돕고자 하였다.

둘째, 어음 표기 문제이다. 표음은 모두 옛한글의 입력 문제와 관련이 있는데, 우선 한글에서 자판을 두벌식 옛글로 설정하고 입력하였다. 대부분 문헌이 중국어 발음을 한글 자모 조합으로 최대한 표현하고자 하였기에 당시의 어음 연구에 많은 정보를 주고 있다. 문헌들마다 어음 표기 방식에 차이가 있는데, 어떤 문헌은 문장에 나온 모든 글자의 발음을 표기한 반면 어떤 문헌은 일부 글자만 선정해 발음을 표기하였다. 그러나 데이터 입력시, 원문 중국어에 대응되는 어음 표기를 해야 하므로, 원문 중국어 글자 수만큼 입력하는 것으로 하되 표기가 없는 글자의 어음은 '◯'[29]로 표시하였다. 어음은 원문 중국

28) 유니코드 25A1.

29) 유니코드 25EF.

어 뒤에 [ ][30]안에 입력하였으며, 입력한 예는 아래와 같다.

(4) 您喫飯了?[닌◯빤라]

(5) 我不喝了。[◯◯◯◯]『官話華語教範』9쪽)

(6) 今兒個是半陰半晴。[진얼거씌빤인빤칭](『高等官話華語精選』70쪽)

셋째, 원문에 있는 대역문 입력 문제이다. 문헌자료 가운데 일부는 일어 대역문이 있기도 하나, 본 연구에서는 한글로 된 대역문만 원문에 맞춰 입력하였으며, 문장부호와 띄어쓰기는 현대 한국어 어문 규범에 따라 표기했다. 그리고 한글 대역문은 앞뒤에 '//' 표시를 두었는데, 이와 같은 마크들은 향후 데이터 추출 시 식별 기호로 활용할 것이다. 이렇게 입력한 원문 데이터의 실제 예시는 아래와 같다.

<표 8>『高等官話華語精選』 원문텍스트 입력 예시

面	行	原文 內容
70	1	今兒天氣怎麽樣? [진얼텐치즘마양]//오늘 일긔 엇더ᄒᆞᆫ 모양이오?//
70	2	今兒個是半陰半晴。 [진얼거씌빤인빤칭]//오늘은 반쯤 흐리고 반쯤 ᄀᆡ엿소.//
70	3	這幾天, 天氣沒準兒。 [저지텐텐치메쥰얼]//이 멧칠 일긔를 쥰적ᄒᆞᆯ 수 업소.//
70	4	昨天暖和, 今天又冷了。 [줘텐놘훠진텐우렁라]//어제는 ᄯᅡ듯ᄒᆞ더니 오늘은 ᄯᅩ 칩다.//
70	5	忽然颳起一陣大風來。 [후산과치이진다뻥릐]//홀연이 일진ᄃᆡ풍이 부러옵니다.//
70	6	外頭土大得很。 [왜투투다더흔] //밧게 먼지가 ᄃᆡ단ᄒᆞᆷ이다.//
70	7	這兩天, 連陰着下雨。 [저량텐렌인저싸위]//이 ᄒᆞᆫ 니틀 연ᄒᆞ야 비가 옴이다.//
70	8	道兒上實在不好走了。 [닾얼샹시ᄌᆡ부한적라]//길 우희 실상 단니기 둇치 못ᄒᆞ오.//

30) 유니코드 FF3B, FF3D.

넷째, 현대 한국어 번역문 데이터 입력이다. 중국어 원문에 대한 한글 대역문은 당시 한글 표기이자 현대의 구어체 표현과도 차이가 있기 때문에 원문에 대한 현대 한국어 번역이 있다면 빠른 이해에 도움이 될 것이다. 현대 한국어 번역의 범위는 원문 중국어에 대한 모든 내용을 대상으로 하였으며, 정확한 해석을 위해 원문의 대역문은 참고하되 중국어 원문을 번역하는 것을 원칙으로 삼았다. 또한 비전공자의 이해를 돕기 위한 번역이므로 원문을 직역하지 않고 내용의 앞뒤 맥락을 파악하여 최대한 자연스럽게 표현하는 의역을 원칙으로 하였으며, 화자와 청자의 나이, 신분 등을 고려하여 평서체, 경어체, 반말체 중 적절한 표현을 선택하였다. 인명, 지명, 직위 등의 고유명사는 현대 한국어 번역이라고 해도 중국어 발음대로 표기하지 않고 한자음 그대로 옮기는 것을 원칙으로 하였으며, 괄호 안에 한자를 병기하여 어휘의 이해를 도왔다. 특히 지명의 경우, 예를 들면 자료에 보이는 '성경(盛京)'은 현재 '요녕성(遼寧省) 심양(沈陽)'의 청나라 때 명칭과 같은데, 이렇게 당시의 명칭과 현재 명칭이 다른 시대적 사용의 차이를 보이는 고유명사들이 있기 때문에 문헌에 나온 그대로 적는 것이 혼선을 초래하지 않을 것이다. 그리고 지금은 잘 사용하지 않는 근현대 과도기적 어휘나 방언 어휘의 경우, 사전적 의미를 확인한 후 이해하기 쉽게 풀이하거나 필요시 괄호 안에 보충 설명을 두었다.[31] 기본 스키마는 원문 중국어 텍스트에 대한 번역문이므로 원문 텍스트와 동일하게 적용하였다. 이상과 같은 원칙으로 번역한 현대 한국어 번역문 데이터 예시는 아래와 같다.

31) 어휘 원래 의미 파악을 위해 중국의 포털 사이트 바이두와 전자사전 漢典, 그리고 『現代漢語詞典』을 주로 참고하였으며, 방언어휘는 『東北方言大詞典』, 『漢語方言大詞典』을 참고하였다.

<표 9>『高等官話華語精選』번역문텍스트 입력 예시

面	行	飜譯文 內容
70	1	오늘 날씨 어떻습니까?
70	2	오늘은 흐렸다 맑았다 합니다.
70	3	요즘 날씨가 오락가락합니다.
70	4	어제는 따듯하더니 오늘은 또 춥습니다.
70	5	갑자기 큰 바람이 불기 시작했어요.
70	6	밖에 먼지가 대단합니다.
70	7	요 며칠 계속 비가 내립니다.
70	8	길이 정말 다니기 좋지 않네요.

4. 나오며

본고는 일제강점기 국내 출판 중국어학습서의 디지털화 현황을 살펴보고, 14종 연구자료를 중심으로 원문텍스트와 번역문텍스트의 데이터베이스 구축에 관해 논의하였다. 일제강점기 중국어학습서에 대한 연구가 시작된 지 십여 년이 지난 지금, 이 연구자료들은 국내 학자뿐만 아니라 해외 학자들도 관심을 갖고 영인본을 출판하는 등 관련 연구가 활발하게 진행되고 있다. 근현대 과도기의 한중 언어 변천 및 중국어 교육사, 사회문화 교류 등 다방면의 연구를 할 수 있는 중요한 자료라 생각된다. 본 연구는 지금까지 교점 정리한 14종 자료의 중국어 원문, 어음, 대역문 정보를 담은 원문텍스트와 향후 관련 연구자뿐만 아니라 대중의 원문에 대한 정확한 이해를 돕기 위해 현대 번역문 데이터베이스를 설계하였다. 그리고 정확한 데이터 가공을 위해 데이터 입력 원칙을 세우고 TSV형식과 JSON형식으로 데이터를 구축하였다. 향후 동시기 자료들을 한데 모아 데이터베이스를 설계하고 구축하여 디지털 인문학적인 연구 성과를 만들어 낸다면 관련 인문학 연구의 발전에도 일조할 수 있을 것이다.

〈參考文獻〉

구현아·김바로·신수영·엄지(2022), 〈조선시대 중국어 역학서 데이터베이스 구축 연구〉, 『중국학』78:193-223.

金雅瑛·朴在淵(2018), 〈일제강점기 한국 출판 중국어학습서와 국내의 관련 연구 동향 분석〉, 『中國語文學論集』110:77-103.

_____·유우식(2021), 〈옛한글 문서의 전자문서화와 정보공유 방법 제안〉, 『보존과학회지』37:255-269.

金瑛·全基廷(2014), 『(官話標準短期速修) 中國語自通』, 鮮文大學校 中韓飜譯文獻研究所.

김현·임영상·김바로(2016), 『디지털인문학 입문』, 서울: 한국외국어대학교 지식출판원.

朴在淵·金雅瑛(2009), 『漢語會話書』, 서울: 學古房.

_____·_____(2011), 『漢語會話書續編』, 서울: 學古房.

_____·_____(2013), 『京語會話』, 鮮文大學校 中韓飜譯文獻研究所.

신수영·엄지·김바로·구현아(2022), 〈조선시대 중국어 역학서 어휘 및 어음 정보의 시맨틱 데이터 구축 연구〉, 『중국학보』101:3-23.

이남희(2008), 〈생활사 아카이브 구축을 위한 문서자료의 조직〉, 『영남학』14:63-100.

_____(2013), 〈'인문학 디지털아카이브' 전망과 과제〉, 『원불교사상과 종교문화』56:189-216.

임은기(2012), 〈효율적인 유지보수가 가능한 대학졸업사정 시스템 설계방안〉, 『디지털융복합연구』11:193-203.

조형진(2006), 〈고문헌의 디지털화 성과 연구〉, 『한국문헌정보학회지』40:391-413.
한국기록학회(2008), 『기록학 용어 사전』, 서울: 역사비평사.
한국정보사회진흥원(2014), 『데이터베이스 구축방법론』, 서울: 한국정보사회진흥원.

국립중앙도서관(https://www.nl.go.kr/)
近代漢語文獻數據庫(http://www.ctext.ku-orcas.kansai-u.ac.jp/gxproject)
두산백과 두피디아(https://www.doopedia.co.kr)
한국저작권위원회(2013), 『저작권 기술 용어사전』(https://www.copyright.or.kr)
한국지능정보사회진흥원(https://www.nia.or.kr)

〈摘要〉

本研究旨在探讨日本殖民统治时期在朝鲜半岛出版的中文教科书之数字化现状, 并以14种代表性研究资料为基础, 讨论原文与译文数据库的构建方案。自殖民时期中文学习书籍研究开展以来, 已有十余年历史, 近年来不仅韩国本土学者, 亦有诸多海外学者对此类文献表现出高度关注, 并陆续开展相关研究, 甚至出版英文版成果。此类教材作为近现代过渡期韩中语言变迁、汉语教育史以及社会文化交流等多领域研究的重要基础资料, 具有高度的学术价值。

本研究旨在构建一套现代译文数据库, 系统整理现阶段已整理的14种教材中的汉文原文、训读、对译等信息, 以便研究者及公众更为直观地理解文本内容。为确保数据处理之准确性, 研究确立了统一的数据录入原则, 并以TSV及JSON格式完成数据构建。未来, 若能进一步整合同一时期相关教材, 持续推进数据库设计与建设, 将有助于深化数字人文研究, 推动相关人文学科的发展与创新。

〈 ABSTRACT 〉

This study looked at the current status of digitization of Chinese language textbooks published in Korea during the Japanese colonial era and discussed the establishment of a database of original texts and translated texts, focusing on 14 types of research materials. Now, more than ten years have passed since the study of Chinese learning books during the Japanese colonial period began, not only domestic scholars but also foreign scholars are interested in these research materials, and related studies are actively being conducted, such as publishing English editions. It is thought to be an important resource for research in various fields such as the transition of Korean and Chinese languages in the modern and contemporary transitional period, the history of Chinese education, and social and cultural exchanges. This study designed a modern translation database to help the public as well as related researchers to understand the original texts containing information on the original Chinese texts, pronouns, and double texts of the 14 types of data that have been intersected so far. In addition, data input principles were established for accurate data processing, and data were constructed in TSV and JSON formats. In the future, if data from the same period are gathered together to design and build a database to produce digital humanities research results, it will be able to contribute to the development of related humanities research.

* 이 논문은 2023년『중국어문학논집』제141호에 게재된『일제강점기 국내 출판 중국어학습서의 디지털화 현황 및 데이터베이스 구축 연구』논문을 토대로 하여 작성된 것임을 밝혀둔다.

延世大学 中国研究院 孔子学院 研究丛书 007

중국어의 디지털 인문학적 연구

초판 인쇄 2025년 10월 20일
초판 발행 2025년 10월 30일

저　　자 | 강병규, 김아영, 김현철, 안인, 이석구,
이지민, 임다영, 임수경, 조은경, 진화진
펴 낸 이 | 하운근
펴 낸 곳 | 學古房

주　　소 | 경기도 고양시 덕양구 통일로 140 삼송테크노밸리 A동 B224
전　　화 | (02)353-9908 편집부(02)356-9903
팩　　스 | (02)6959-8234
홈페이지 | www.hakgobang.co.kr
전자우편 | www.hakgobang@naver.com
등록번호 | 제311-1994-000001호

ISBN 979-11-6995-695-6 94720
ISBN 978-89-6071-638-4 (세트)

값 22,000원

파본은 교환해 드립니다.